साक्षात्

हरीश नवल

साक्षात्
हरीश नवल

संपादक

नन्द कुमार झा ''कवि''

डायमंड बुक्स

www.diamondbook.in

प्रकाशक : डायमंड पॉकेट बुक्स (प्रा.) लि.
X-30 ओखला इंडस्ट्रियल एरिया, फेज-II
नई दिल्ली-110020
फोन :011-40712200
ई-मेल : wecare@diamondbooks.in
वेबसाइट : www.diamondbooks.in
संस्करण : 2025
आवरण : एम. सलीम

Shakshat Harish Naval
Edited by *Nand Kumar Jha "Kavi"*

संपादकीय

'साक्षात्कार' शाश्वत ज्ञान परंपरा के उन्मीलन का उत्स है। दिव्य वेद (ज्ञान) ऋषियों ने वेद की ऋचाओं का साक्षात्कार किया था। ज्ञान की वह अजस्र धारा अक्षर बनकर महामानवों की श्रवण ग्रन्थियों में प्रथमतः साकृत हो पाई थी, और कालान्तर में वही प्रथम वैज्ञानिक 'श्रोत्रिय ब्राह्मण' (ऋचाओं को प्रथमतः सुननेवाले) कहलाए। अतएव अनादिकाल से आधुनिक युग तक चली आ रही ज्ञान की शाश्वत या सनातन परंपरा में साक्षात्कार को अनुभूतियों का एक मात्र श्रोत माना जाता है तथा अनुभूतियों को ही सच्चा ज्ञान स्वीकार किया गया है। इसी क्रम में ज्ञान स्वरूप को प्राप्त गुरु प्रवर डॉ. हरीश नवल के सम्यक् अध्ययन के निमित्त कुछ आधुनिक ऋषियों ने साक्षात्कार-यज्ञ का संधान किया है, ताकि व्यंग्य विधा का पर्याय बन चुके डॉ. नवल का वास्तविक ज्ञान विद्यार्थियों एवं शोधार्थियों के साथ-साथ हम ज्ञान-पिपासुओं को भी मिल सके। यह पुस्तक व्यंग्य कुसुम-कानन की सद्यः मुकुलित पुष्प है, जिसमें मर्मज्ञ साक्षातकर्त्ताओं के श्लाघनीय प्रयासों की सुगन्ध है।

स्वातंत्र्योतर हिंदी गद्य व्यंग्य साहित्य में हरीश नवल का अपना एक विशिष्ट स्थान है। वे स्वतंत्रता के बाद की तीसरी पीढ़ी के अग्रिम रचनाकारों में गिने जाते हैं। उनका प्रथम प्रकाशित व्यंग्य 'मिस्टर कमेंट्रीदास' सन 1965 में 'नोंक-झोंक' में छपा था। सन 1975 से वे निरंतर व्यंग्य-लेखन में जुट गए और देश की लगभग सभी महत्वपूर्ण पत्र-पत्रिकाओं यथा–धर्मयुग, सारिका, सा. हिंदुस्तान, कादंबिनी, दिनमान, गगनांचल, नवभारत टाइम्स, दैनिक हिंदुस्तान, जागरण, अमर उजाला, राजस्थान पत्रिका, आज, इंडिया टुडे, साहित्य-अमृत, इंद्रप्रस्थ-भारती आदि में प्रकाशित होते रहे हैं। उनके द्वारा लिखित 'बागपत के खरबूजे' को 1987 में युवा ज्ञानपीठ पुरस्कार प्राप्त हुआ। ज्ञातव्य है कि बीसवी शती के सर्वाधिक महत्वपूर्ण ग्रंथ-साहित्य में टाइम्स ऑफ इंडिया की रपट के अनुसार 'बागपत के खरबूजे' भी सम्मिलित है।

उक्त संकलन के बाद 'पीली छत पर काला निशान', 'दिल्ली चढ़ी पहाड़', 'दीनानाथ के हाथ', 'वाया पेरिस आया गांधीवाद', 'मेरी इक्यावन व्यंग्य रचनाएं' आदि व्यंग्य संकलनों में उनका साहित्य पढ़ने को मिलता रहा। व्यंग्येतर साहित्य प्रकाशन में उनकी पुस्तकें 'मादक पदार्थ और पुलिस की भूमिका' पर डॉ. हरीश नवल को भारत सरकार का 'गोविंद वल्लभ पंत पुरस्कार' और 'पुलिस मैथड' कहानी पर 'साहित्य कला परिषद' पुरस्कार प्राप्त हुए। उन्होंने ग्यारह पुस्तकें संपादित भी की

तथा हिंदी और हिंदी व्यंग्य को भारतीय प्रतिनिधि के रूप में अमरीका, यूरोप, एशिया और अफ्रीका के 49 देशों में प्रसारित किया।

हरीश नवल के व्यंग्य लेखन में उनका युग धर्म को अपनाने का आग्रह मिलता है। वे सामाजिक सरोकारों से विभूषित लेखन प्रस्तुत करते हैं। उनकी लेखनी सोद्देश्य है। लक्ष्य के रूप में वे समाज को चेतावनी सूचक व्यंग्य देते हैं ताकि उनका जागरूकता अभियान चलता रहे। उनके व्यंग्य साहित्य में उनकी सामाजिकता के दर्शन होते हैं। वे हास्य और व्यंग्य को पृथक मानकर रचना करते हैं। उनके व्यंग्य की अंतिम परिणति करुणा है। यही करुणा पाठक का विरेचन करती है, इसलिए हरीश नवल के विशिष्ट पाठकों की लंबी कतार है जो उनके नवीन व्यंग्य की प्रतीक्षा करती हैं। उनकी लोकप्रियता और लेखन की गुणवत्ता का एक प्रमाण है उन्हें अब तक दर्जनों राष्ट्रीय सम्मानों का प्राप्त होना।

वे व्यंग्य विधा में अनेक शैलियां प्रयोग करते हैं। उनके विषयों की विविधता तथा शैली विविधता दोनों ही आकर्षित करते हैं। वे समाज में छिपी बुराइयों का पर्दाफाश बेबाकी से करते हैं। वे शालीनता से विनम्र शब्दों में कटाक्ष की कटार लेकर चलते हैं तथा रूढ़िवादिता, अंधविश्वास, अशिक्षा आदि सामाजिक बुराइयों को छलनी करते हैं।

हरीश नवल के व्यंग्य साहित्य पर शोध करने की बेहद गुंजाइश है। उनके द्वारा प्रयुक्त व्यंग्य-भाषा, नए मुहावरे आदि तथा भाव व्यंजना का अनूठे शिल्प विधान में गुंथा होना उनके अनेक पक्षों को जाहिर करता है। उन पर किया शोध दरअसल समाज की बुराई की परतें उघाड़ कर देखना सिद्ध होगा।

सन् 1996 में हेमवती नंदन बहुगुणा विश्वविद्यालय से उनके व्यंग्य साहित्य पर लघु प्रबंध प्रथम शोध कार्य था। सन 1998 में चेन्नई विश्वविद्यालय के अंतर्गत एम. फिल. के लिए उनके व्यंग्य संकलन 'बागपत के खरबूजे' और हरिशंकर परसाई के संकलन ऐसा भी सोचा जाता है' का तुलनात्मक अध्ययन हुआ। तत्पश्चात हिमाचल विश्वविद्यालय में उनके व्यंग्य-साहित्य पर दो शोध कार्य संपन्न हुए। पीलीभीत में भी उनके व्यंग्य का अनुशीलन किया जा रहा है तथा कुरुक्षेत्र विश्वविद्यालय में भी उन पर विषय दिया गया है।

उल्लेखनीय है कि मारीशस विश्वविद्यालय तथा फीजी के साउथ पेसिफिक विश्वविद्यालय में भी डॉ. हरीश नवल के व्यंग्य साहित्य पर कार्य किए जा रहे हैं।

हरीश नवल के साहित्य पर कार्य करते हुए तथा सामाजिक चेतना को अंतस में रखते हुए एक ऐसी व्यंग्य परंपरा के दर्शन होते हैं जो मध्ययुग में कबीर के लेखन के अवदान की याद दिलाते हैं और आधुनिक युग के सूत्रपात काल में भारतेंदु के लेखन की स्मृति कराते हैं। वहीं सामाजिक चेतना जब स्वातंत्र्योतर व्यंग्य साहित्य

में हरिशंकर परसाई की कलम से उजागर होती है जिसे शरद जोशी और रवींद्र नाथ त्यागी अपने ढंग से थामते हैं और श्रीलाल शुक्ल का वैशिष्ट्य दृष्टिगत होता है। सामाजिक चेतना और युग बोध का आधार शंकर पुणताम्बेकर, नरेंद्र कोहली से होता हुआ हरीश नवल और उनकी पीढ़ी में दिखाई देता है। उनके समकक्ष ज्ञान चतुर्वेदी और प्रेम जनमेजय खड़े दिखाई देते हैं। जो तीनों मिलकर एक नई व्यंग्यत्रयी का निर्माण करते हैं जाहिर है कि कबीर की मशाल बढ़ते बढ़ते यहाँ तक आकर और तेज रोशनी देती है। यह रोशनी का तीव्र आलोक डॉ. हरीश नवल की सूक्ष्म रचनाधर्मिता की धवलता को एक वायवीय स्वरूप प्रदान करते हैं; तेज रोशनी में भी चाँदनी की शीलता का आभास लिए उनकी रोचक व जीवंत शैली एवं स्निग्ध सुकोमल ओस की बूँदों का सौन्दर्यबोध सहेजे उनकी सुधा संपृक्त वाणी के मध्य आईये सुधिजनों! हम हों रूबरू साक्षात् हरीश नवल से...

नन्द.....

अनुक्रमणिका

परिचय - डॉ. हरीश नवल

लेखक
पत्रकार
अध्यापक
सामाजिक कार्यकर्ता

परिवार : 8 जनवरी 1947 को नकोदर (पंजाब) में जन्म। प्रतिष्ठित ब्राह्मण व साहित्यिक, सांस्कृतिक पढ़ा-लिखा परिवार।

पितामह : पं. त्रिलोक नाथ 'आजम' एक स्वतंत्रता सेनानी व कौमी शायर जो भूपिंद्रा तिब्बतीय कॉलेज, दिल्ली तथा पटियाला के प्रिंसिपल रहे। 40 से अधिक रियासतों के राजकीय चिकित्सक थे। उन्होंने ही पाला/पिता : पं. हरिकृष्ण नवल का 32 वर्ष की अल्पायु में देहांत, वे 'फौजी' अखबार में अंग्रेजी के पत्रकार थे। माता :श्रीमति महेश्वरी देवी, अपने समय की हिंदी भूषण एवं प्रेरक व्यक्तित्व/पत्नी : डॉ. स्नेह सुधा, प्राध्यापिका (प्रख्यात विद्वान डॉ. विजयेंद्र स्नातक की पुत्री)/बेटियां : अन्विता, चित्रकार तथा मिलान विश्वविद्यालय इटली में हिन्दी की प्राध्यापिका और आस्था, कवयित्री, एवं अमरीका के कम्युनिटी कॉलेज में प्राध्यापिका। अन्विता के पति विजय थरेजा, एम. बी. ए. प्रबंधक। आस्था के पति ललित ग्रोवर अमरीका में इंजीनियर।

शिक्षा : जैन स्कूल दरियागंज में पहली से ग्यारहवीं कक्षा तक पढ़े। स्कूल की पत्रिका के संपादक। कहानी लेखन तथा अभिनय के ढेरों पुरस्कार। आकाशवाणी से भी जुड़े, हिंदू कॉलेज दिल्ली से बी. ए. आनर्स व एम. ए. किया। कॉलेज की सांस्कृतिक गतिविधियों में सक्रिय। कॉलेज संसद के मुख्य विपक्षी नेता, हिंदी साहित्य सभा के अध्यक्ष, बज्म-ए-अदम के छात्र-सलाहकार, कहानीकार के रूप में ख्याति पाई तथा विश्वविद्यालय के सर्वश्रेष्ठ कहानीकार का पुरस्कार पाया। 'विश्व युवा संगठन' (अंतर्राष्ट्रीय छात्र संस्था) के भारतीय एकमात्र कार्यकारिणी सदस्य, प्रचार सचिव रहे। कालांतर में अध्यक्ष। एम. लिट., पी. एच. डी. दिल्ली विश्वविद्यालय से।

अध्यापन : शिवाजी कॉलेज 1971 में प्राध्यापक पद, तदंतर 1972 में कॉलेज ऑफ वोकेशनल स्टडीज में हिंदी के विभागाध्यक्ष बने तथा 1979-80 में प्रभारी

आचार्य संध्याकालीन कक्षाएं तथा कॉलेज के कार्यकारी प्रिंसिपल रहे। नवंबर 1980 में हिंदू कॉलेज में आ गए। 2012 में सेवानिवृत्त।

मुख्य पुरस्कार : स्कूल, कालेज जीवन से ही पुरस्कारों की झड़ी लगी तथा सर्वश्री लाल बहादुर शास्त्री, मुरारजी देसाई, जगजीवनराम, श्रीमति इंदिरा गांधी, सर्वश्री जैनेन्द्र कुमार, सी. डी. देशमुख, शंकर दयाल शर्मा, ज्ञानी जैल सिंह, हजारी प्रसाद द्विवेदी, बाबा आम्टे आदि विभूतियों के कर कमल भी पुरस्कार प्रदाताओं में थे।

विशेष उल्लेखनीय पुरस्कारों में : भारतीय ज्ञानपीठ का सर्वश्रेष्ठ नई पीढ़ी के व्यंग्यकार (1987) पुस्तक 'बागपत के खरबूजे।'

भारत सरकार के गृह मंत्रालय का 'गोविंद वल्लभ पंत पुरस्कार' पुस्तक 'मादक पदार्थ' तथा पुलिस की भूमिका (1990) पर।

राष्ट्रभाषा प्रसार संस्थान, बिहार से 'साहित्यमणि' (1984)

साहित्य कला परिषद, दिल्ली प्रशासन द्वारा कहानी का पुरस्कार (1976)

'अखिल भारतीय महात्मा गांधी रजत पदक 'निबंध प्रतियोगिता में गांधी शताब्दी अवसर पर (1967)

'लोकप्रिय 'श्री' अखिल भारतीय संस्कार-भारतीय शिविर (संयोजन बाबा आम्टे/यदुनाथ मते) (1969)

'नवज्योति सम्मान' (सामाजिक कार्य सेवा हेतु) (1992)

'माध्यम सम्मान' उत्तर प्रदेश (1995)

'बालकन जी बारी इंटरनेशनल सम्मान' (1999)

'जैनेन्द्र कुमार सम्मान' (2000)

'मीरा मौर सम्मान' दिल्ली हिंदी प्रादेशिक सम्मेलन

'युवा साहित्य परिषद सम्मान' पालम, दिल्ली

'साहित्य-गौरव', दिल्ली, अलकनंदा व्यंग्य-शिरोमणि सम्मान

'साहित्य-शिरोमणि', हरियाणा, चित्रकला संगम सम्मान, दिल्ली

व्यंग्यश्री सम्मान, दिल्ली

विश्वारोही शलाका सम्मान, न्यूयॉर्क

काव्य-भारती (बाली) इंडोनेशिया

रोटरी हिन्दी सम्मान

उद्भव शलाका सम्मान

विश्व हिन्दी साहित्य परिषद आजीवन उपलब्धि सम्मान

एशियन अकादमी का जीवन उपलब्धि सम्मान आदि।

लेखन : व्यंग्य, पत्रकारिता आलेख, समीक्षा आदि एक हजार से अधिक रचनाएं/लेख, पत्र-पत्रिकाओं में प्रकाशित जिनमें धर्मयुग, साप्ताहिक हिंदुस्तान, सारिका, इंडिया टुडे, दिनमान, आजकल, नई दिल्ली, नवभारत टाइम्स, दैनिक हिंदुस्तान, मुक्ता, सरिता, अमर उजाला भी सम्मिलित हैं।

सहयोगी लेखन : 120 संकलनों में सहयोगी रचनाकार, जिनमें प्रमुख हैं, मुट्ठियों में बंद आकार, संबद्ध, हिंदी नाटक के सौ वर्ष, प्रेम कविताएं, व्यंग्य ही व्यंग्य, व्यंग्य धारा, क्रिकेट कीर्तन, प्रतिनिधि व्यंग्य रचनाएं, व्यंग्य एक और एक, प्रसाद साहित्य, सर्जना के आयाम, समन्वय सेतु, अनकहे कथ्य, व्यक्तित्व एवं कृतित्व नरेंद्र कोहली, बरसाने लाल चतुर्वेदी अभिनंदन ग्रंथ, अमित स्मृति, राष्ट्रीय नाटककार आदि।

पुस्तकें :

1. बागपत के खरबूजे
2. मादक पदार्थ : पुलिस की भूमिका
3. पीली छत पर काला निशान
4. दिल्ली चढ़ी पहाड़
5. आधी छुट्टी की छुटटी
6. वीरगढ़ के वीर
7. दीनानाथ का हाथ
8. वाया पेरिस आया गांधीवाद
9. रंग-संदर्भ
10. हिंदी नाटक : तीन दशक
11. भारतीय मनीषा के प्रतीक (सं.)
12. रंग नाटक-एकांकी (सं.)
13. गद्य कौमुदी (सं.)
14. धर्मवीर भारती के नाम पत्र (सं.)
15. व्यावहारिक हिंदी और निबंध रचना (सं.)
16. धर्मवीर भारती के नाम पत्र (सं.)
17. निराला की गली में
18. माफिया जिंदाबाद
19. नव साहित्य की भूमिका
20. छोटे पर्दे का लेखन
21. शब्दों के झरोखों से

22. गाँधीजी का चश्मा
23. अथ गरीब चिंतन
24. अमरीकी प्याले में भारतीय चाय
25. बोगी नंबर 2003
26. कुछ व्यंग्य की कुछ व्यंग्यकारों की
27 रेतीले टीले का राजहंस
28. गौरतलब व्यंग्य
29. हरीश नवल : संकलित व्यंग्य
30. इक्यावन व्यंग्य रचनाएँ
31. रहस्य एक चाबी का

कोश-साहित्य :

1. भारतीय लघुकथा कोश में दस लघुकथाएं प्रकाशित
2. विश्व लघुकथा में दस लघुकथाएं
3. एन एन्थोलॉजी ऑफ मॉडर्न राइटिंग (कराची, पाकिस्तान से भारतीय रंगमंच पर लेख) उर्दू में।
4. भारतीय हिंदी समकालीन साहित्य-सोफिया, बल्गारिया (बल्गारियन और हिंदी में)

अनुवाद :

रचनाएं अंग्रेजी, मराठी, उड़िया, बल्गारियन, गुजराती, उर्दू, पंजाबी, फ्रेंच व डोगरी में अनूदित।

पत्रकारिता/संपादन/संयोजन

इंडिया टुडे वार्षिकी (साहित्य विशिष्ट), 1995, संयोजक

दैनिक हिंदुस्तान, व्यंग्य विशेषांक, 1993 (संयोजक) 94, 95, 96, 97 अभिनव व्यंग्य विशेषांक, 1979, संपादन इंद्रप्रस्थ प्रगति, वोकाना, निर्झर आदि कॉलेजों की पत्रिकाओं का संपादन/गद्य कौमुदी, (1984) जनवाद नवंबर 1993 का राष्ट्र निर्माण विशेषांक (संयोजन)

पत्रकारिता संबद्धता : इंडिया टुडे 1985-87, माया प्रेस 1979-81, दिल्ली प्रेस 1982-93, हिंदी वार्ता 1993 से निरंतर, सत्ताचक्र, 1992 से निरंतर। गगनांचल 1998-99 स्तम्भकार 'नवभारत टाइम्स 2008 स्तम्भकार राज सरोकार 2008, कल्पांत के स्तम्भकार।

सम्पादक 'गगनांचल', 2018-20

पाठ्यक्रम में रचना/पाठ

मिलना डिग्री का–व्यंग्य बी. ए. (पंजाब वि. वि.) पाठ्यक्रम में यही व्यंग्य हैदराबाद पाठ्यक्रम (बी. ए.) में भी।

पर्यावरण और प्रदूषण : नेशनल ओपन स्कूल के माध्यमिक पाठ्यक्रम में।

दिल्ली चढ़ी पहाड़ : साउथ पेसिफिक वि.वि. फिजी में संलग्न।

समस्या सुलझाने में बुद्धिजीवी का योगदान : शरद जोशी की रचना का पाठ, नेशनल ओपन स्कूल में।

विक्रमार्क, बुढ़िया और सराय रोहिल्ला : मराठवाड़ा अम्बेडकर वि.वि. नागपुर।

हीरो या जीरो : मुंबई बोर्ड

गद्य कौमुदी : ऑल इंडिया सेकेंडरी की प्रथम गद्य पुस्तक का संपादन।

पद/प्रतिष्ठा :

परामर्शदाता : हिंदी कार्यक्रम, एन. डी. टी. वी, 1996, आकाशवाणी दिल्ली के सलाहकार (कार्यक्रम)

उपलब्धि टिप्पणी : रेफरेंस इंडिया 'हू द हू' 1993, संस्करण 2.304।

साहित्य सलाहकार : इंडिया टुडे (हिंदी) 1985-87।

प्रभारी प्राचार्य व उपप्राचार्य : कॉलेज ऑफ वोकेशनल स्टडीज, दिल्ली विश्वविद्यालय

संचालक सदस्य : हिंदी अकादमी, दिल्ली सरकार

भारतीय प्रतिनिधि : वेस्टइंडीज में अंतर्राष्ट्रीय हिंदी सम्मेलन 1979-80, साहित्य संगोष्ठी, थाईलैंड, मारीशस में

विश्व हिंदी सम्मेलन 1993, इंग्लैंड में विश्व हिंदी सम्मेलन (1999)

सलाहकार-संपादक : हिंद वार्ता (फीचर एजेंसी)

सलाहकार : दिल्ली बाल मंच (1977-82)

मुख्य सलाहकार : जागृति मंच (सामाजिक संस्था) जारी

उपाध्यक्ष : एन. आर. आई. क्लब इंटरनेशनल (जारी)

अध्यक्ष : विश्व युवा संगठन (1973), शब्द सेतु (जारी)

संयोजक : साहित्य कला परिषद, हिंदी मंच (1980-84)

सह संयोजक पुरस्कार समिति : तृतीय विश्व हिंदी सम्मेलन (1983)

संयोजक सचिव : तरुण मित्र परिषद (न्यू यंग फ्रैंडस) (1966)

अन्य उल्लेखनीय :

अध्यक्ष : दिल्ली वि. वि. शिक्षक सहकारी आवास समिति (1988)

अध्यक्ष : सिल्वर ओक अपार्टमेंट निवासी कल्याण संस्था (जारी) मसूरी (उ.प्र.)

सर्वश्रेष्ठ अभिनेता : जूनियर रेडक्रास का अखिल भारतीय दिल्ली चयन प्रतियोगिता (1964)

लेखन/भाषण सहयोग : 'नवज्योति' नशा विरोधी अभियान 'बनराई' विदर्भ साहित्य अकादमी नागपुर से भी संबद्ध।

अध्यक्षः रोटरी क्लब, दिल्ली अपटाउन।

दूरदर्शन/फिल्म लेखन :

फीचर फिल्म 'निष्काम ऋषि' महात्मा हंसराज 1992 में प्रसारित (दूरदर्शन पर)

28 टी.वी. कार्यक्रम, लेखन, जिनमें प्रमुख हैं :

धारावाहिक :संसार', लेखन, परामर्श 1996-2002 प्रसारित

नववर्ष कार्यक्रम 1991, प्रशंसित व चर्चित

वीडियो फिल्म 'उपहार'

धारावाहिक 'थोड़ी सी जिंदगी' (2000 में प्रसारित)

दूरदर्शन धारावाहिक 'चलती चक्की' 1994

डॉ. देव पुरस्कार, काशीनाथ, 1995

टेलीफिल्म नवज्योति 1992 में निर्मित जिसका शीर्षक नव ज्योति एक सहारा है के कैसेट (वीडियो) भी निर्मित।

स्वागत नमन-युवा आहवान गीत लेखन जिसके टेप युवा सम्मेलनों में प्रसारित। विशेष प्रशंसा व अनुशंसा भारत के संगीत सम्राट पं. रविशंकर द्वारा 1987 में।

हरीश नवल के रचनाकर्म पर किए गए शोध-कार्य :

'हरीश नवल के व्यंग्य साहित्य का अनुशीलन'

हेमवती नंदन बहुगुणा विश्वविद्यालय, 1996 में (गीता कपरूवाल)

'हरिशंकर परसाई कृत ऐसा भी सोचा जाता है एवं हरीश नवल कृत बागपत के खरबूजे निबंध संग्रहों में अभिव्यक्त व्यंग्य का तुलनात्मक अध्ययन'

दक्षिण भारत हिंदी प्रचार संस्थान, चेन्नई विश्वविद्यालय, 1998 में (के. गीता)

'हरीश नवल के साहित्य में युगबोध'

गढ़वाल विश्वविद्यालय, श्रीनगर, 2002 में (रमेश चन्द्र)

'हरीश नवल व्यक्तित्व और कृतित्व

लीला रामचंद्रण भृंगारदेव, सांगली, महाराष्ट्र द्वारा पी-एच.डी. हेतु अंकुश मेलार सोलापुर विश्वविद्यालय, "हरीश नवल के व्यंग्य साहित्य का अनुशीलन"

रमणीक मोहिनी (पंजाब), "हरीश नवल के व्यंग्य साहित्य में जीवन मूल्य"

जगजीत, मंगलुरु, ''दिल्ली चढ़ी पहाड़ एक अनुशीलन'' राहुल बाघमारे, बाबा साहब अम्बेडकर वि.वि. मराठवाड़ा

''कुछ व्यंग्य की कुछ व्यंग्यकारों की' : समीक्षात्मक अध्ययन''

विवेक गौतम, हेमवती नं.ब. विश्वविद्यालय गढ़वाल, ''हरीश नवल के व्यंग्य साहित्य में चेतना के विविध आयाम''

राकेश कुमारी जायसवाल (हि.प्र.), ''हरीश नवल कृत : वाया पेरिस आया गाँधीवाद में व्यंग्य विनोद''

सविता राणा (ग्वालियर), ''हरीश नवल व्यक्तित्व और कृतित्व''

चित्रा भारद्वाज (रोहतक), बाबा मस्तनाथ वि.वि., ''डॉ. हरीश नवल के व्यंग्य साहित्य में युग चेतना''

मीनू राणा (हि.प्र.), ''डॉ. हरीश नवल के साहित्य में व्यंग्य''

पूजा कन्नौजिया (दुर्गा वि. जबलपुर), ''दीनानाथ के हाथ एक अध्ययन''

रेडियो लेखन : 100 से अधिक रेडियो कार्यक्रम लेखन जिनमें धारावाहिक -द्रौपदी', 'जमीर कभी मरता नहीं', 'बंधन', 'आईने में', 'मेरी व्यंग्य कथाएं', 'आदि भी सम्मिलित।

विदेश अनुभव : इंग्लैंड, बेल्जियम, स्विट्ज़रलैंड, जर्मनी, ग्रीस, बल्गारिया, आस्ट्रिया, ओमान, आबूधाबी, शारजहा, सेंट किटस, थाईलैंड, अलैन, अमेरिका, कनाडा, हॉलैंड, मॉरीशस, त्रिनिदाद व टुबैगो (वेस्टइंडीज) की यात्राएं इन देशों में हिंदी भाषा व साहित्य संबंधी गोष्ठियों में हिस्सेदारी। श्रीलंका, मलेशिया, सिंगापुर, बहामा, फ्रांस, वियतनाम आदि पचास देशों की साहित्यिक सांस्कृतिक यात्राएं।

संप्रति : 'गगनांचल' साहित्यिक पत्रिका संस्कृति मंत्रालय, भारत सरकार के संपादक पद से सेवा मुक्त होकर स्वतंत्र-लेखन।

पता :

ए-3 ब्लॉक, साक्षरा अपार्टमेन्ट,

फ्लैट नं. 65, पश्चिम विहार, दिल्ली

ई-मेल : harishnaval@gmail.com

मुझे व्यंग्य लिखना ही अधिक भाता है

राजीव गुप्त

साहित्य की सभी विधाओं में व्यंग्य संभवतः सब से कठिन किंतु प्रभावशाली विधा है। भारतीय ज्ञानपीठ ने 40 वर्ष तक के युवाओं के लिए पिछले कुछ वर्षों से एक महत्वपूर्ण प्रतियोगिता शुरू की है, जिसमें उन रचनाकारों की पांडुलिपियां सम्मिलित हो सकती हैं, जिनकी संबंधित विधा में किसी भी पुस्तक का प्रकाशन न हुआ हो। कविता तथा कहानी के बाद वर्ष 1987 में हास्य व्यंग्य के लिए देश भर से आई 46 पांडुलिपियों में जिस पांडुलिपि को पुरस्कृत किया गया, वह है– डॉ. हरीश नवल की कृति ''बागपत के खरबूजे''। पुरस्कार के एवज में इस रचना का प्रकाशन भारतीय ज्ञानपीठ करेगा। डॉ. हरीश नवल पिछले कई वर्षों से रंगमंच पत्रकारिता एवं अध्यापन से जुड़े हैं। सन् 1980 से वह हिंदू कॉलेज में हिंदी के प्राध्यापक हैं।

प्रस्तुत है डॉ. हरीश नवल से इस प्रतिनिधि की अंतरंग बातचीत के कुछ अंशः

प्रश्न : आप का रूझान साहित्य की ओर कैसे हुआ?

उत्तर : साहित्य के प्रति मेरा रूझान बचपन से ही है। मेरे पिता हरीकृष्ण नवल स्वतंत्रता सेनानी एवं पत्रकार थे। उन्हीं की प्रेरणा से मैं साहित्य में रूचि लेने लगा। दिल्ली विश्वविद्यालय से मैंने हिंदी में एम. ए. किया तथा उसके बाद पी. एच. डी. भी की।

प्रश्न : साहित्य की अनेक विधाएं हैं, फिर आप व्यंग्य से ही क्यों जुड़े?

उत्तर : दरअसल मैंने कहानियाँ भी लिखी हैं। 1977 में दिल्ली प्रशासन ने मुझे कहानी के लिए सम्मानित किया था। बेढब बनारसी की रचना ''लेफ्टिनेंट पिगसन की डायरी'' पढ़ने के बाद मुझे व्यंग्य से लगाव हो गया। मेरे लेखन में व्यंग्य के पुट को देख कर दोस्तों ने भी मुझे व्यंग्य लिखने की सलाह दी। धर्मयुग, सारिका, व्यंग्यम, सार्थक तथा रंग आदि पत्रिकाओं में मेरी 200 से अधिक रचनाएँ छप चुकी

हैं। अगस्त, 1965 में जब मेरी पहली व्यंग्य रचना "मि. कमेंट्री दास" नोकझोंक में छपी थी तो कई पाठकों के पत्र मेरे पास आए थे, जिनसे मुझे बहुत प्रेरणा मिली और मैं व्यंग्य लिखता चला गया।

प्रश्न : व्यंग्य के क्षेत्र में आप आजकल क्या कर रहे हैं?

उत्तर : पर्यटन को केंद्र बनाकर व्यंग्य-उपन्यास की योजना है। कुछ अंश लिख भी लिए हैं। उसी पर काम कर रहा हूँ।

प्रश्न : इस क्षेत्र में और कौन से लोग हैं, जिन्हें आप अच्छा व्यंग्यकार मान सकते हैं?

उत्तर : बेढब बनारसी, हरिशंकर परसाई, श्रीलाल शुक्ल, शरद जोशी आदि अच्छे व्यंग्यकार हैं। नए लोगों में वीरेंद्र कुमार जैन, राजेश कुमार तथा संजय स्वतंत्र से इस विधा को काफी उम्मीदें हैं।

प्रश्न : वर्ष 1987 में आपकी अन्य उपलब्धियां क्या रहीं?

उत्तर : इंडिया टुडे से साहित्य सलाहकार के रूप में रहा। इसी वर्ष विदर्भ क्षेत्र के श्रेष्ठ पत्रकार को पुरस्कृत करने के लिए नागपुर पत्रकार संघ ने मुख्य अतिथि के रूप में मुझे आमंत्रित किया। मेरे लिए सबसे बड़ी उपलब्धि के रूप में भारतीय ज्ञानपीठ द्वारा मेरी पांडुलिपि "बागपत के खरबूजे" का चयन किया जाना है।

(युवक धारा / फरवरी-88)

मैं करुणा को व्यंग्य की कसौटी मानता हूँ, मेरी निजी मान्यता यह भी है कि व्यंग्य विरेचन करता है...

–प्रस्तुति लालित्य ललित

लालित्य ललित : व्यंग्य को एक विधा के रूप में कब से मान्यता मिली है? क्या वास्तव में विधा के रूप में यह सशक्त है?

हरीश नवल : यह एक जटिल प्रश्न बना दिया गया है। पिछले पंद्रह वर्षों से व्यंग्य को विधा के रूप में मान्यता देने पर विवाद व चर्चा चल रही है। अठारह वर्ष पूर्व मैंने और डॉ. प्रेम जनमेजय ने दिल्ली में इस विषय पर कि "क्या व्यंग्य एक स्वतंत्र विधा है?" एक वृहत गोष्ठी का आयोजन किया था। इस चर्चित तथा विवादास्पद गोष्ठी में प्रख्यात व्यंग्यकार श्री रवींद्रनाथ त्यागी अध्यक्ष थे, प्रखर आलोचक डॉ. विजयेंद्र स्नातक मुख्य अतिथि थे और श्री रमेश उपाध्याय का आलेख था। बैठक में सर्वश्री सुधीश पचौरी, कन्हैया लाल नंदन, अजित कुमार आदि साहित्यकार भी उपस्थित थे। जिसमें यह लगभग तय हो गया था कि व्यंग्य एक साहित्यिक विधा है। जब पत्र, रपट आदि विधा हो सकते हैं तो व्यंग्य क्यों नहीं। हम लोगों का आशय केवल "गद्य व्यंग्य" से था जिसे लिखने पर पाठक सर्वश्री हरिशंकर परसाई, शरद जोशी या त्यागी को "व्यंग्यकार" ही कहते हैं। सन 1992 में लखनऊ में "माध्यम" द्वारा आयोजित गोष्ठी में जब यही प्रश्न दोहराया गया तो मैंने अपने वक्तव्य में कहा कि अब यह प्रश्न बेमानी है, क्योंकि व्यंग्य ने सिद्ध कर दिया है कि वह एक विधा है, इस पर सहमति दर्ज हुई थी।

लालित्य ललित : क्या आपने लेखन की शुरूआत व्यंग्य से की थी? व्यंग्य में लिखना सामान्य लेखन से किस रूप में अलग है? इसके तहत आपको कैसी रचनात्मक अनुभूति होती है?

हरीश नवल : मैंने लेखन की शुरूआत आध्यात्मिक लेखों व कविता से की थी। मेरी प्रथम रचना 1962 में जब मैं नौंवी कक्षा का 14-15 वर्षीय बालक था। ''सर्वहितकारी'' (देहरादून) में प्रकाशित हुई थी जिसमें मैंने निरंतर आठ वर्ष लिखा। इस बीच मैं व्यंजना शक्ति प्रयोग जान गया था और 1965 में मेरी पहली प्रकाशित व्यंग्य रचना ''मिस्टर कमेंट्रीदास'' 'नोक-झोंक'' में छपी थीं। उससे पूर्व में तीन हास्य-व्यंग्य कविताएं जिनमं से एक 1964 में स्कूल पत्रिका ''प्रगति'' में भी छपी थी। दो लेख हास्य और व्यंग्य विषयक और भी थे जो कभी प्रकाशित नहीं हुए, लिख चुका था।

मुझे तो व्यंग्य लिखना ही सामान्य लगता है। आसपास की विसंगतियां व विडंबनाएं अपनी त्रासद भयावह स्थितियों के साथ मुंह बाये खड़ी होती हैं, ऐसे में व्यंग्य लिखने की अनुभूति बहुत सुखद होती है। रचनात्मकता के धरातल पर गंभीर बात को हल्के ढंग से उठाकर इसकी करुणा को स्पष्ट करना एक कला ही है, मुझे इस कला में सुख मिलता है–संतुष्टि मिलती है। यूं भी सामान्य जीवन में मैं व्यंग्य का बहुत प्रयोग करता हूँ जो अनायास होता है।

लालित्य ललित : अक्सर लोग मानते हैं कि साहित्य की अन्य विधाओं की तरह व्यंग्य बहुचर्चित नहीं होता? क्या इसमें लिखने वालों की कमी है या स्तरीय नहीं बन पाता?

हरीश नवल : साहित्य की अन्य अनेक चर्चित विधाओं की भांति व्यंग्य एक बहुचर्चित विधा है। परसाई, शरद जोशी के व्यंग्य हम बचपन से पढ़ रहे हैं, ये दोनों बहुचर्चित व्यंग्यकार हैं। नरेंद्र कोहली के ''पांच एब्सर्ड उपन्यास'' जब छपा तो अत्यंत चर्चित हुआ। अशोक शुक्ल का ''हड़ताल हरिकथा'' बेहद चर्चित रहा। प्रेम जनमेजय का ''राजधानी में गवार'', रवींद्रनाथ त्यागी और श्रीलाल शुक्ल के व्यंग्य चर्चा में रहते हैं।

मेरी पुस्तक ''बागपत के खरबूजे'' भी बहुचर्चित मानी गई थी। व्यंग्य-लेखन की ओर झुकाव अन्य विधाओं के रचनाकारों का भी रहा है और उन्होंने श्रेष्ठ व्यंग्य लेखन किया भी है जैसे धर्मवीर भारती, अमृत लाल नागर, हजारी प्रसाद द्विवेदी, रमेश उपाध्याय, अमृतराय, सुरेश सेठ, बलराम आदि। अतः सिद्ध है कि व्यंग्य बहुचर्चित विधा है। परसाई, जोशी और किट्टू के व्यंग्य स्तंभ सदा चर्चा में रहे हैं। व्यंग्य, पत्र-पत्रिकाओं की जरूरत है, पाठक की भूख है। जो नाम मैंने दिए हैं, वे तथा अन्य अनेक साहित्यकार स्तरीय व्यंग्य लिख रहे हैं। विधाएं स्तरीय या निम्न स्तरीय नहीं होती। उनके रचनाकार होते हैं।

लालित्य ललित : एक व्यंग्यकार के नाते आपकी निजी मान्यताएं क्या हैं?

हरीश नवल : मैं करुणा को व्यंग्य की कसौटी मानता हूँ। हास्य और व्यंग्य दो पृथक सार्थक विधाएं हैं। दोनों को अलग ही रखना चाहिए। दुर्भाग्य से हास्य में बहुत अच्छा लिखा नहीं जा रहा है। जबकि व्यंग्य में स्तर ऊंचा है। आज देश में चार पीढ़ियां समकालीन व्यंग्य को सशक्त कर रही हैं। परसाई, शुक्ल, त्यागी, लतीफ घोंघी, रामनारायण उपाध्याय आदि पहली पीढ़ी में, शंकर पुणतांबेकर, अशोक शुक्ल, नरेंद्र कोहली, अजात शत्रु, मजीठिया दूसरी में हरिजोशी, ज्ञान चतुर्वेदी, प्रेम जनमेजय, हरीश नवल, सुरेश कांत और यज्ञ शर्मा आदि तीसरी पीढ़ी में तथा वीरेंद्र कुमार जैन, दामोदर दत्त दीक्षित, यशवंत व्यास, शिवानंद कामड़े आदि चौथी पीढ़ी में श्रेष्ठ व्यंग्य लेखन कर रहे हैं। इन नामों के अतिरिक्त अन्य अनेक महत्वपूर्ण नाम और भी हैं। व्यंग्य आलोचना के क्षेत्र में डॉ. बालेंदु शेखर तिवारी उल्लेखनीय कार्य कर रहे हैं। डॉ. श्याम सुंदर घोष, डॉ. शेरजंग गर्ग, डॉ. भागीरथ और डॉ. प्रेम जनमेजय व्यंग्य आलोचना के अन्य स्तंभ हैं।

व्यंग्य को लेकर मेरी निजी मान्यता यह भी है कि व्यंग्य विरेचन करता है।

(यू.एस.एम. त्रिका, जन. फर. 1995)

कम नहीं है हिन्दी का महत्त्व...

–प्रस्तुति शीतल

आज युवा पीढ़ी पर अंग्रेजी भाषा का बोलबाला है। विडंबना तो यह है कि अंग्रेजी भाषा को 'स्टेटस सिंबल' समझने वाला वर्ग न तो अंग्रेजी को पूर्ण रूप से अपनी अभिव्यक्ति का माध्यम बनाने में सक्षम है और न ही हिंदी को। कारण - उनमें अंग्रेजी भाषा के ज्ञान का अभाव है और साथ ही हिंदी के प्रति हीन भावना के चलते वे इसे अभिव्यक्ति का माध्यम बनाने में संकोच अनुभव करते हैं। इसके अतिरिक्त एक अन्य वर्ग भी है जिसमें हिंदी के प्रति हीन भाव तो नहीं परंतु इससे संबंधित जानकारी का अभाव है। इसके कारण वे इसे 'कैरियर' के रूप में नहीं अपना पाते। इसे ध्यान में रखते हुए हमने 'हिंदू कॉलेज' के हिंदी के सुप्रसिद्ध, विभागाध्यक्ष तथा व्यंग्यकार डॉ हरीश नवल जी से बातचीत की। प्रस्तुत है उसका विवरणः

प्र. : आपके विचार में हिंदी के क्षेत्र में छात्रों के पास क्या विकल्प हैं?

उ. : सबसे बड़ा लक्ष्य जो हो सकता है वह है–शैक्षणिक सेवाएँ। आप स्कूल, कॉलेज या अन्य संस्थाओं में पढ़ा सकते है। इसके अतिरिक्त पत्रकारिता है। मीडिया से जुड़े क्षेत्रों जैसे दूरदर्शन तथा आकाशवाणी में काम किया जा सकता है। अब तो काफी सारे प्राईवेट चैनल भी बन गए है जिनके लिए कार्य किया जा सकता है। जितने भी सरकारी उपक्रम हैं उनमें हिंदी अधिकारी होते हैं। इस क्षेत्र को चुना जा सकता है। यहाँ वेतन भत्ता आदि भी सम्मानजनक है। एक बहुत बड़ा क्षेत्र हिंदी का हिंदुस्तान से बाहर भी है। विदेशों में लगभग 175 विश्वविद्यालयों में हिंदी पढ़ाई जाती है। भारतीय दूतावास में भी हिंदी अधिकारी या सांस्कृतिक सचिव होते हैं जिन्हें हिंदी सचिव या प्रथम सचिव कहा जाता है। इनका कार्य संस्कृति के साथ-साथ भाषा देखना भी होता है। यहाँ भी हिंदी के लोग जा सकते हैं। देश की सबसे बड़ी राजकीय सेवा (I.A.S.) में भी हिंदी के विद्यार्थी जा सकते हैं।

प्र. : 'फंक्शनल हिंदी' तथा हिंदी ऑनर्स में क्या अंतर है?

उ. : हिंदी ऑनर्स का रूप बहुत व्यापक है। हिंदी ऑनर्स के अंतर्गत हमें

साहित्यिक हिंदी, भाषा के विज्ञान तथा सौंदर्यशास्त्र के विषय में ज्ञान प्राप्त होता है। फंक्शनल हिंदी भाषा के प्रयोग या यूँ कहें कि जहाँ भाषा से काम चलाने की बात होती है वहीं तक सीमित है।

प्र. : क्या आपको लगता है कि हिंदी को कॉलेज स्तर पर चुनने वाले छात्रों के उत्साह में कमी आई है?

उ. : इसके दो आधार हैं। पहला तो यह कि बच्चे अच्छे कॉलेज में एडमिशन चाहते हैं और हिंदी में 'कट-ऑफ' कम जाता है तो वे सोचते हैं कि क्यों न हिंदी-ऑनर्स ही ले लिया जाए। इस तरह से ये जो उत्साह होता है वह हिंदी या साहित्य का न होकर अच्छे कॉलेज में एडमिशन लेने का होता है। दूसरा हिंदी के विद्यार्थियों का जो उत्साह भंग हो रहा है वो इसलिए कि उनको अपने एवेन्यूज नहीं पता चलते यद्यपि बाकी प्रतिशत वही है।

प्र. बच्चों की सृजनात्मक शक्ति का विकास करने में कौन-कौन सी संस्थाएँ कार्यरत हैं।

उ. : भारतीय ज्ञानपीठ है जो सभी प्रकार की प्रतियोगिताएँ करवाती है। ये उच्च स्तरीय साहित्य छापते हैं जो एक तरह से हिंदी साहित्य की सेवा है। साहित्य - अकादमी है जो संविधान द्वारा स्वीकृत सभी भाषाओं पर काम करती है जिसमें हिंदी का भाग काफी बड़ा है। सभी प्रदेशों की अपनी अकादमियाँ या साहित्य कला परिषदें हैं जिनमें साहित्य से संबंधित अच्छा काम होता है। 'आथर्स गिल्ड ऑफ इंडिया' भी है जो हिंदी की सेवा में जुटी है। कादम्बिनी पाठकों ने अपने-अपने मंच भी बनाए हुए है।

प्र. : आपके अनुसार डायरी लेखन का सही तरीका क्या है?

उ. : डायरी लेखन का सही तरीका तो यह है कि वह दिन-भर के कार्य की रूप-रेखा मात्र न होकर चिंतन-मनन के आधार पर हो। जिस किसी घटना को लेकर एक विषय की सोच मन में आए उसे ही डायरी में लिखा जाना चाहिए मान लीजिए कोई बस के नीचे आ गया है। लोग उससे टकरा रहे है और तमाशबीन की तरह देख रहे हैं लेकिन कोई गवाही देने को तैयार नहीं। इन सबको देखकर आपके मन में एक विचार उत्पन्न होता है कि महानगरीय जीवन की आपा-धापी में मानवीय संवेदना शून्य हो गई है। जब इस तरह से चिंतन को डायरी पर उतारा जाएगा तो वह मानस से निकला हुआ भी होगा और सृजनात्मक भी होगा।

डायरी के साथ दूसरी शर्त यह है कि उसमें कुछ भी मिथ्या न हो, सब सत्य ही हो। जो आपने अपने आसपास देखा उस घटना को सही ढंग से लिखें। उसमें झूठ न हो। यदि आपसे कोई गलती हुई है तो भी उसमें अपने को बचाने की कोशिश

न हो। इसका सबसे बड़ा उदाहरण महात्मा गांधी की डायरी -- 'सत्य के मेरे प्रयोग' है। इसमें उन्होंने यही प्रतिपादित किया है।

प्र. यदि बच्चे हिन्दी से संबंधित सभी संस्थाओं की जानकारी पाना चाहें तो कैसे पा सकते हैं?

उ. : माता सुंदरी मार्ग पर स्थित 'हिंदी संस्था संघ' से हिंदी से संबंधित सभी संस्थाओं की जानकारी पाई जा सकती है। यहाँ से इस बात का भी पूरा ब्यौरा मिल जाता है कि ये संस्थाएं क्या कार्य करती हैं। अशोक वाजपेयी जी की देखरेख में एक हिंदी विश्वविद्यालय तो बन ही गया है जिसका कार्यालय दिल्ली में है। यह सुचारू और व्यवस्थित रूप से 'वर्धा में बन रहा है। वहाँ भी ये सब जानकारी मिल जाती है।

प्र. : विद्यार्थी स्तर के पुरस्कारों के प्रति जानकारी के अभाव को कैसे दूर किया जा सकता है?

उ. : दिल्ली में हिंदी अकादमी इस क्षेत्र में इतना अच्छा कार्य कर रही है कि कोई भी सूचना-पट, समाचार-पत्र, विद्यालय या महाविद्यालय ऐसा नहीं होता जहाँ सूचना न पहुँचती हो। मध्यप्रदेश तथा हरियाणा में भी कमोबेश यही स्थिति है। लोगों को इसकी जानकारी न हो ऐसा नहीं कहा जा सकता। हाँ, लोग कम ध्यान दें या विद्यार्थी इसे इस तरह से देखते ही न हो या पता ही न करते हों यह अलग बात है। जो लोग दूर-दराज के क्षेत्रों में रहते है वहाँ सूचना पहुँचाना थोड़ा मुश्किल होता है। वैसे सामाजिक रूप से सूचना भेजी जाती है जिसके लिए आकाशवाणी, दूरदर्शन तथा समाचार-पत्र हैं। जो बहुत बड़े, माध्यम है। चौथा माध्यम है इश्तहार। इन सबके माध्यम से सूचनाएँ मिल जाती हैं। जितने भी देश के राज्य हैं उनमें प्रायः सभी राज्यों में पुरस्कार दिए जाते हैं। उत्तर-प्रदेश में तो पुरस्कारों की संख्या भी ज्यादा है। हाँ यह हो सकता है कि कुछ सूचनाएँ प्रादेशिक समाचार - पत्रों तक सीमित रह जाए और दूर-दराज के क्षेत्रों एवं महानगरों तक न पहुँच पाएँ। इसके लिए इंटरनेट की सुविधाएँ है जिसके द्वारा जानकारी प्राप्त की जा सकती है।

(एजूकेशन इरा' 1996)

शालीन एवं सार्थक रचनाकर्म सतत् जारी रखें, किसी प्रलोभन में पड़कर मुख्य कर्त्तव्य से न हटें...

–प्रस्तुति फ़रहान

फ़रहान : कोई दिमाग़ बेचता है कोई देह। दिमाग बेचना अनैतिक नहीं माना जाता पर देह बेचना अनैतिक, क्यों?

हरीश नवल : देह बेचना भी अनैतिक कहाँ है? जिन अर्थों में आप दिमाग बेचने की बात कर हे हैं उन अर्थों में देह बेचना नीति सम्मत ही नहीं सम्माननीय भी है। एक श्रमिक, एक किसान अपनी देह बेच कर ही तो कमाता है। शारीरिक श्रम से कमा कर श्री 'श्रमजीवी' कहलाना सम्मानजनक है।

जिन अर्थों में आप देह बेचने की बात कर रहे हैं वह वेश्यावृत्ति की ओर लक्षित करता है जो प्रायः अनैतिक कार्य माना जाता है- परन्तु सभी समय, सभी स्थानों पर नहीं। यह समय, स्थान, काल, परिवेश, रुचि और परिस्थितिजन्य होता है। कहीं अनैतिक, कहीं आपराधिक, कहीं असंवैधानिक, कहीं वैध है। यह तथ्य केवल भारत को लक्षित करके नहीं कहा जा रहा है। यह अनैतिक जिस प्रकार है तथा जिन संस्कारों व मान्यताओं के आधार पर है वे संस्कार, मान्यताएँ आदि दिमाग़ के संदर्भ में कदापि वैसी नहीं हैं। बौद्धिक कर्मों को कर 'बुद्धिजीवी' होना मेरे विचार से वेश्यावृत्ति नहीं है।

फ़रहान : मेरा दूसरा सवाल है कि ईश्वर सर्वशक्तिमान होने के पश्चात भी न्याय प्रदान करने में सक्षम नहीं है। क्या आप ऐसा महसूस करते हैं?

हरीश नवल : प्रतीत होता है कि ईश्वर सर्वशक्तिमान है किन्तु वह निरंकुश है। न्याय-अन्याय का प्रश्न हमने अपने हिसाब से खड़ा किया है। ईश्वर के लिए सब एक हैं- इसलिए वह बुरे (जैसा हम सोचते हैं) तथा भले (जैसा हम तय करते

हैं) दोनों के प्रति एक सा है। दोनों को सुख दे सकता है और दोनों को ही दुख दे सकता है।

फ़रहान : यदि कोई किसी पीड़ित व्यक्ति को सहायता पहुँचाकर पीड़ा से....

हरीश नवल : उपकार तले दबा व्यक्ति यदि मुक्तिदाता के अनैतिक कार्य में सहायता नहीं करता तो ठीक ही करता है। सम्भवतः वह तब ठीक कहलाया जा सकता यदि उपकृत व्यक्ति की सहायता अनैतिक कार्य में की होती, तब एक प्रकार की (अच्छी या बुरी) जिम्मेदारी का अहसास वाजिब कहलाया जा सकता था।

फ़रहान : अभिनेता के रूप में स्थापित नहीं हो सके?....

हरीश नवल : मैंने क्योंकि अभिनेता के रूप में स्थापित नहीं होना चाहा, इसलिए नहीं हुआ। मैं लेखन की तरफ मुड़ गया था। मुझे अभिनय से अधिक बेहतर, रुचिकर और (उस समय) सम्मानप्रद लेखन लगा था, अतः सक्रिय रंगमंच में बाकायदा प्रवेश से पूर्व ही मैंने उसे छोड़ दिया। कालांतर में सेंट स्टीफेंस कॉलेज, हिंदू कॉलेज, वोकेशनल कॉलेज, शिवाजी कॉलेज आदि के लिए कुछ नाटकों का निर्देशन अवश्य किया परन्तु शौकिया स्तर पर ही। दिलचस्प तथ्य बता दूँ कि उक्त पुरस्कार मेरे ही स्कूल के एक मेरे सीनियर छात्र को भी प्राप्त हुआ था (मुझसे कुछ वर्ष पूर्व) और वह स्थापित ही नहीं एक प्रख्यात एक सशक्त अभिनेता हैं जिनका नाम है श्री कुलभूषण खरबंदा। सम्प्रति मैं रंगमंच का शौक 'अभिमंच' और 'इब्तिदा' नामक दो कॉलेजिएट रंग संस्थाओं के परामर्शदाता के रूप में करता रहा हूँ। हाँ मेरी दो पुस्तकें नाटक संदर्भित हैं- ''हिन्दी नाटक : तीन दशक' और 'रंगमंच संदर्भ' मेरे रेडियो तथा टी.वी. के लिए नाटक/ धारावाहिक लेखन कार्यों की संख्या पचास से अधिक है।

फ़रहान : 'सरफ़रोश' से आप कैसे सम्बद्ध थे? क्या आमिर खान, सोनाली बेन्द्रे से आपके सम्बन्ध रहे?

हरीश नवल : 'सरफ़रोश' एक श्रेष्ठ एवं लोकप्रिय फिल्म थी। मेरे कॉलेज तथा दिल्ली विश्वविद्यालय के रामजस कॉलेज व शिक्षा संकाय सी.आई.ई. में उसकी कुछ महत्वपूर्ण शूटिंग हुई थी। निर्देशक जॉन मैथ्यू की यह प्रथम बड़ी फीचर फिल्म थी जिसमें उनके साथ निर्देशन व लेखन में मेरे एक प्रतिभाशाली शिष्य मित्र श्री उमाशंकर सहायक थे- उनके कारण मुझे फिल्म में आमिर और सोनाली के प्रोफेसर का रोलांश मिला था। दोनों ही मुझे 'सर' बोलने लगे थे। हम लोग शूटिंग के दौरान बातचीत करते रहते थे। आमिर तथा सोनाली दोनों को ही पुस्तकें पढ़ने का शौक है- सोनाली ने मेरी पुस्तक 'बागपत के खरबूजे' पढ़ी व सार्थक टिप्पणी दी। अलबत्ता

आमिर को हिंदी में पढ़ने में देर लगती थी- उन्होंने मेरी कुछ व्यंग्य कथाओं के अंग्रेजी रूपांतर मुझसे लिए थे। कहना चाहूँगा कि आमिर खान का बौद्धिक स्तर बहुत विकसित है। वे बहुत गाम्भीर्य से राज्य, समाज, राजनीति और सिनेमा पर बातचीत करते थे।

फ़रहान : बी.आर. चोपड़ा और 'बागपत के खरबूजे' :...........

हरीश नवल : आदरणीय बी.आर. चोपड़ा ने श्रद्धेय राही मासूम रज़ा के कहने से मेरी युवा ज्ञानपीठ पुरस्कार प्राप्त व्यंग्य संग्रह 'बागपत के खरबूजे' पर सीरियल बनाने का प्रस्ताव समाचार पढ़ कर भेजा था। मैं परिवार सहित मुंबई गया, चोपड़ा जी ने सत्कार किया। वहाँ श्री नरेंद्र शर्मा और राही जी भी मौजूद थे। बातचीत हो गई पर मेरा दुर्भाग्य कि मैंने अपने एक मित्र टी.वी. प्रोड्यूसर को अनजाने में अपनी किताब के अधिकार दे दिए। बात बनते-बनते देर हो गई और योजना साकार नहीं हो सकी। हाँ श्री बी.आर. चोपड़ा से मेरा पारिवारिक पत्र व्यवहार जारी रहा।

फ़रहान : आप क्या पत्रकारिता से भी प्रत्यक्षतः जुड़े थे?

हरीश नवल : हाँ मैं इंडिया टुडे दिल्ली में रहा और लगभग तीन-चार वर्ष साहित्य परामर्श देता रहा व समीक्षा स्तम्भ लिखता रहा। उससे पूर्व मैं 'सरिता' 'मुक्ता' से भी सम्बद्ध था और उससे भी पहले 'माया' का स्ट्रींगर रहा। 'धर्मयुग', 'सारिका' और 'साप्ताहिक हिंदुस्तान' में साहित्यिक लेखन व पत्रकारिता से भी जुड़ा रहा। जहाँ तक टी.वी. का प्रश्न है मैं एन.डी.टी.वी. के साथ कुछ समय 'सलाहकार हिंदी प्रोग्रामिंग' के रूप में सम्बद्ध था।

फ़रहान : नवलेखकों को आपका क्या संदेश है?

हरीश नवल : शालीन और सार्थक रचनाकर्म सतत् जारी रखें। किसी प्रलोभन में पड़ कर मुख्य कर्तव्य से न हटें। नई पीढ़ी अत्यंत समर्थ है, जीवन को प्रतियोगिता के इस दौर में इस पीढ़ी ने हमसे अधिक जाना है। अपनी चुनी हुई विधा पर कलम चलाते रहें - न झुकें न रुकें। आमीन।

(1997)

मेरा दृढ़ मत है कि, 'व्यंग्य की परिणति करुणा में होती है, हास्य में नहीं'

-प्रस्तुति अजय

प्र. व्यंग्य एक शैली है या विधा?

उ. आपको किन साहित्यकारों ने प्रेरित किया तथा अपने समसामयिक एवं बाद के साहित्यकारों के विषय में बतलायें।

'व्यंग्य एक स्वतंत्र साहित्यिक विधा है'- यह मैं मानता हूँ। हरिशंकर परसाई ने अपने पत्र (21.8.76) में लिखा कि वे व्यंग्य को एक स्पिरिट मानते हैं, एक शैली मानते हैं। मेरा उनसे विनम्र विरोध हुआ कि समीक्षक उन्हें विवेचक या कहानीकार नहीं कहते- व्यंग्यकार कहते हैं। यह व्यंग्य के स्वतः ही विधा होने का संकेत है।

व्यंग्य-उपन्यास पहले भी लिखे गए। 'राग दरबारी' काफी बाद में आया, लेकिन व्यंग्य-उपन्यास की नई विधा उसके प्रकाशन से उसके जनप्रिय होने तक घोषित हो गई, तब पहले के भी व्यंग्य-उपन्यास इतिहास में सम्मिलित हो गए जिनमें एक बहुत ही सशक्त कृति बेढब बनारसी कृत 'लेफ्टिनेंट पिगसन की डायरी' भी शामिल है।

कबाड़ी बाजार में मुझे बेढब बनारसी का यह उपन्यास चार आने में पैंतीस वर्ष पूर्व उपलब्ध हुआ था जिसका मूल्य तब भी मुझे सहस्रों का लगा था- मुझ पर उसका उस शैली का प्रभाव पड़ा। कृश्न चंदर का 'एक था गधा' और फिक्र तौंसवी का स्तम्भ 'प्याज़ के छिलके' मेरे प्रिय थे, मेरे किशोर लेखक को व्यंग्य विधा की ओर ले जा रहे थे- फिर आ गए हरिशंकर परसाई। मैं उनकी लेखनी का कायल हो गया- मुझे लगा मेरे साहित्यकार में कथाकार, किस्सागो और कारुणिक व्यंग्य की एक मिली-जुली जो तस्वीर है वह परसाई के लेखन से मिलती है। मेरे लेखक पर उनका बेहद प्रभाव पड़ा। शरद जोशी की निबंधात्मकता और प्रत्युत्पन्न मति और रवीन्द्रनाथ त्यागी की सांस्कृतिक भाषा और रवानगी मुझे प्रेरणा देते थे। श्रीलाल शुक्ल का असर

वास्तव में 'रागदरबारी' के बाद से ही हुआ।

धर्मवीर भारती, परसाई जी और कालांतर में कन्हैयालाल नंदन के प्रोत्साहनों की कड़ी ने बचपन में जैनेंद्रकुमार के कहे गए कथन को सत्य सिद्ध कर दिया जब उन्होंने मुझे आशीर्वाद देते हुए कहा था 'व्यंग्य लिख सकते हो...'

यद्यपि 1965 में मैं 'नोंक-झोंक' में छपा, उससे पूर्व 1964 में 'नीलम' में भी व्यंग्य छपे किन्तु उत्थान और व्यंग्य का असली स्वरूप तथा निखार भारती जी के 'बैठे ठाले' और 'धर्मयुग' के 'होली', 'फागुन' और 'दीपावली' विशेषांकों में हुआ तथा 'व्यंग्यकार' का ठप्पा लग गया। भारती जी का स्नेह जिन युवा व्यंग्यकारों पर था उनमें मेरे साथ ज्ञान चतुर्वेदी, प्रकाश पुरोहित, प्रेम जनमेजय और यज्ञ शर्मा विशेष थे - हम आधुनिक व्यंग्य की तीसरी पीढ़ी के हैं। सुरेशकांत, हरि जोशी, अंजनी चौहान, निशिकर, हनुमंत नायडू, यशवंत कोठारी, विनोद शंकर शुक्ल, श्रीराम आयंगर के नाम मुझे याद आ रहे हैं। हम सब सहयात्री रहे और एक-दूसरे के प्रति सम्मान रखते हुए बढ़े।

हमसे पहले की पीढ़ी में शंकर पुणतांबेकर, नरेंद्र कोहली, अशोक शुक्ल और अजातशत्रु बहुत श्रेष्ठ लेखन कर रहे थे।

हमारे बाद की पीढ़ी भी, मुझे प्रसन्नता है कहते हुए, कि कम नहीं है। इसमें दामोदर दत्त दीक्षित, शिवानंद कामड़े, यशवंत व्यास, वीरेंद्र जैन, श्रीकांत आप्टे, अरविंद तिवारी, पूरन सरमा जैसे समर्थ व्यंग्यकार शामिल हैं।

चारों पीढ़ियों ने साथ-साथ लिखा, व्यंग्य के लिए कहा और सहा। जहाँ तक व्यंग्य की आलोचना का प्रश्न है, मेरी पीढ़ी के ही बालेन्दु शेखर तिवारी ने व्यंग्य पर बहुत मेहनत मशक्कत की। व्यंग्य-समीक्षा उनके जीवन का मानो ध्येय रहा। श्यामसुंदर घोष, विजयेंद्र स्नातक, शेरजंग गर्ग, भगीरथ बडोले, भगवानदास कहार, बापूराव देसाई, धनंजय वर्मा, मधुसूदन पाटिल, मलय आदि ने भी इस दिशा में उल्लेखनीय योगदान दिया। नए आलोचकों में सुरेश माहेश्वरी तथा सुभाष चंदर व्यंग्य पर श्रेष्ठ कार्य कर रहे हैं।

प्र. क्या हास्य और व्यंग्य समानधर्मी है? व्यंग्य-त्रयी का आपकी दृष्टि में क्या महत्त्व है?

उ. मेरा दृढ़ मत है कि 'व्यंग्य की परिणति करुणा में होती है- हास्य में नहीं।' भले ही कुछ विद्वान कहते हों कि हास्य और व्यंग्य जुड़वाँ हैं उन्हें अलग न करें, मेरा विनम्र अनुरोध है कि 'व्यंग्य' एक कठिन विधा है और 'हास्य' कठिनतर। कचोटने से निर्मल हँसाना अधिक कठिन है। हास्य को व्यंग्य में वही स्थान दें जो पूर्ण भोजन में चटनी का। हास्य अनिवार्यता नहीं है व्यंग्य के लिए।

प्र. क्या स्तम्भ-लेखन की सार्थकता है?

उ. स्तम्भ-लेखन को भले ही कोई खम्भा-नोचन कहे परन्तु यह स्वस्थ शैली है। सामयिक टिप्पणी देना महत्वपूर्ण और सोद्देश्य होता है। शरद जोशी इसके सशक्त उदाहरण हैं। पत्र-पत्रिकाएँ 'व्यंग्य' को जरूरी मानती हैं क्योंकि प्रबुद्ध पाठक मानता है। याद रखिए कि व्यंग्य का पाठक सुसंस्कृत और प्रबुद्ध ही होता है- यह इस विधा की माँग भी है।

व्यंग्य की शैलियाँ बन रही हैं, प्रयोग हो रहे हैं। जिस त्रयी का ऐतिहासिक महत्व है- वह तो रहेगा ही, उनका वृहत् योगदान है हम व्यंग्यकारों पर, हमने उनसे हमेशा चुनौती पाई है। मुझ जैसे सौभाग्यशाली मेरी पीढ़ी में और भी हैं जिन पर परसाई, जोशी, त्यागी और शुक्ल के वरद हस्त रहे हैं- जिनसे व्यंग्य पर बहसें और दो टूक बातें हुई हैं- उन्होंने इतने विषयों पर इतना अधिक लिखा कि हमें यही लगता रहा है कि अब हम क्या लिखें- तब भी हम जीवित हैं, लिख रहे हैं- उन्हीं की प्रेरणा है, उन्हीं की चुनौती है।

(13 जून, 1998)

पच्चीस-तीस वर्ष पूर्व हिन्दी व्यंग्यकारों में कहीं आपसी विरोध नहीं था...

–प्रस्तुति शिवानंद कामड़े

प्रश्न : अपने परिवार के बारे में कृपया बतलाएं! वातावरण किस प्रकार का आपको विरासत के रूप में उपलब्ध हुआ? तथा हिन्दी व्यंग्य लेखन में आप क्यों आए?

उत्तर : हमारे घर में बाल्यपन से ही पंजाबी बोली जाती थी। मेरे दादा पं. त्रिलोक नाथ 'आज़म' उर्दू में लिखते थे तथा वे पत्रकार भी थे। 'रसाला-ए-दस्तगीर' के वे संपादक भी थे जिसमें मंटो, प्रेमचंद (नवाबराय) साहिर, जोश मलीहाबादी आदि की रचनाएँ प्रकाशित होती थीं।

मेरे पिता श्री हरिकृष्ण नवल अंग्रेजी पत्रकारिता थामे हुए थे। वे ब्रिटिश काल की अंग्रेजी पत्रिका 'फौज़ी' के संपादकीय विभाग में थे। मुझे लगा कि मुझे हिंदी साहित्य व पत्रकारिता की ओर बढ़ना चाहिए क्योंकि यही विशिष्ट भाषा हमारे परिवार में रह गई थी, जिसमें कार्य हो सकता हो।

मेरे लेखन में तल्खी थी तथा विद्रूपताओं पर दृष्टि थी, मुझे कृश्न चंदर, बेढब बनारसी, फिक्र तौंसवी, अन्नपूर्णानंद के लेख बहुत भाते थे। थोड़ी समझ विकसित होने पर हरिशंकर परसाई मेरे प्रेरक बने थे। मुझे उर्दू, पंजाबी, अंग्रेजी की अपेक्षा अपनी गति हिंदी व्यंग्य-लेखन में सार्थक लगी थी।

प्रश्न : आपने हिन्दी व्यंग्य लेखन कब प्रारंभ किया?

उत्तर : मैंने हिंदी में व्यंग्य लिखना 1961 से आरम्भ किया यानि जब मैं चौदह वर्ष का था। मैंने जिसे हास्य समझ कर लिखना आरम्भ किया, कालांतर में पता चला कि वह व्यंग्य की श्रेणी में आता है।

प्रश्न : आपकी प्रथम रचना कौन सी थी तथा यह कब और कहाँ छपी?

उत्तर : मेरी प्रथम प्रकाशित व्यंग्य रचना 'मिस्टर कमेंट्रीदास' थी जिसे मैंने

1963 में लिखा था, वह 1965 में हास्य व्यंग्य की पत्रिका 'नोंक-झोंक' में प्रकाशित हुई थी।

प्रश्न : अब तक आपकी कितनी प्रकाशित रचनाएं हैं? जिनमें व्यंग्य रचनाएं कितनी होंगी?

उत्तर : अनुमानतः अब तक प्रकाशित मेरी पाँच सौ से अधिक रचनाओं में डेढ़ सौ अवश्य व्यंग्य रचनाएँ रही होंगी।

प्रश्न : आपने प्रथमतः किस साहित्यकार से प्रेरित होकर व्यंग्य विधा को अपनाया पुनश्च आपकी व्यंग्य-यात्रा किस प्रकार से रायगाँ हुई?

उत्तर : मेरे प्रेरणा स्रोत हरिशंकर परसाई थे। उनके उत्साहवर्द्धन पर मैंने धर्मवीर भारती जी को अपनी व्यंग्य रचनाएँ दिखाईं। उन्होंने 'धर्मयुग' में मुझे पर्याप्त स्थान दिया। वे विषय देकर भी रचनाएँ मँगवा लेते थे। अच्छा न लिखने पर उनकी डाँट भरी चिट्ठियाँ मेरी धरोहर हैं। श्री कन्हैयालाल नंदन ने भी मुझे बहुत प्रेरणा दी तथा 'सारिका', 'नवभारत टाईम्स' में बहुत स्थान दिया। गोष्ठी दीक्षा तथा व्यंग्यालोचना की प्रेरणा डॉ. नरेंद्र कोहली से मिली। वे अभी तक प्रेरक डाँट पिला देते हैं। श्री विजय किशोर 'मानव' और सुश्री मृणाल पाण्डे ने मुझे 'हिन्दुस्तान दैनिक' के व्यंग्य विशेषांकों के सलाहकार के रूप में वर्षों मेरा उत्साहवर्द्धन किया या कहूँ कि अवसर दिया।

हिंदी व्यंग्य कर्मियों का सहयोग कभी भूल नहीं सकता। हम अपनी पीढ़ी के तीन थे। मेरे अतिरिक्त श्री ज्ञान चतुर्वेदी और श्री प्रेम जनमेजय। हम तीनों ने व्यंग्य की दशा और दिशा पर जो सहकार्य किया, चिन्तन के आधार पर किया, वह उन्नत हुआ। श्री यज्ञ शर्मा, श्री प्रकाश पुरोहित, श्री हरि जोशी और श्री सुरेशकांत ऐसे सहकर्मी थे जिनसे प्रतिद्वंद्विता भी रहती थी और हम एक-दूसरे की रचनाओं का स्वागत भी करते थे। एक विशिष्ट नाम डॉ. अंजनी चौहान का है जो श्रेष्ठ व्यंग्य लिखते थे, पर फिर लेखन बंद कर दिया। व्यंग्य समीक्षा और साहित्य के इतिहास की समस्याएँ भाई डॉ. बालेंदु शेखर तिवारी के साथ सुलझाई जाती थीं। श्री बलराम, श्री राजकुमार गौतम, श्री रमेश उपाध्याय, श्री मनोहरलाल, श्री रमेश शर्मा निशिकर, श्री विनोद शंकर शुक्ल के नाम भी मुझे सादर स्मरण हो रहे हैं जिनका पर्याप्त सहयोग मुझे मिला। श्री दामोदर दत्त दीक्षित ने मुझे 'अमर उजाला' में अर्पित किया, राजस्थान के श्री देवेंद्र इंद्रेश, श्री पूरन सरमा तथा श्री विश्वम्भर मोदी और हरियाणा के व्यंग्य सहकर्मी श्री जयभगवान गुप्त राकेश ने भी आगे बढ़ने में मदद की। श्री अनूप श्रीवास्तव, श्री सूर्यकुमार पाण्डेय और अतिप्रिय मित्र श्री अशोक चक्रधर के नाम भी मैं लेना चाहूँगा। दरअसल पच्चीस-तीस वर्ष पूर्व हिंदी व्यंग्यकारों में कहीं

आपसी विरोध नहीं था जिसका श्रेय हमारी अग्रज पीढ़ी के पुरोधा व्यंग्यकारों सर्वश्री परसाई, जोशी, त्यागी, श्रीलाल शुक्ल आदि को जाता है। जिन्होंने 'स्कूल' नहीं खोले। मुझे इन चारों महान व्यंग्यकारों से सदैव प्रेरणा और उत्साह प्राप्त हुआ।

प्रश्न : आपके प्रति आलोचकों का रवैया कैसा था? प्रकाशकों में आप सबसे अधिक कर्त्तव्यनिष्ठ व समर्पित किसे मानते हैं?

उत्तर : आलोचकों ने मेरा लेखन पसंद किया। 'बागपत के खरबूजे' के प्रकाशन से काफी पहले से ही उन्होंने मेरा नाम हिंदी व्यंग्य की मुख्य धारा में रख दिया था। सम्पादकों का जिक्र मैं कर ही चुका हूँ, उनके सहयोग बिना व्यंग्य-यात्रा सफल नहीं हो सकती थी।

प्रकाशकों की ओर से सदैव आमंत्रण मिला। पराग प्रकाशन के श्री श्रीकृष्ण का नाम सर्वोपरि है, उन्होंने हिंदी व्यंग्य को समर्पित भाव से छापा है।

प्रश्न : आपकी मातृभाषा पंजाबी है, क्या आपको अहिन्दी व्यंग्यकार के रूप में कभी असहजता का आभास हुआ?

उत्तर : मैं कभी बतौर अहिन्दी व्यंग्यकार समझा ही नहीं गया, मैंने कभी ऐसा सोचा भी नहीं, केवल पंजाब, हिमाचल में होने वाली गोष्ठियों में जरूर मुझे ऐसा महसूस कराया गया अतः मैं क्या कहूँ कि इस नाते मेरा क्या योगदान रहा। क्या यह ही काफी नहीं है कि मुझे अहिंदी समझा ही नहीं गया।

डॉ. नरेंद्र कोहली भी मूलतः पंजाबी हैं परन्तु उन्हें भी कभी अहिंदी न माना गया तथा न वे ऐसा सोचते हैंस। उनका योगदान जग जाहिर है। श्री शंकर पुणताम्बेकर, श्री प्रभाकर माचवे, श्री मजीदिया, श्रीराम आयंगर, श्री शिवानंद कामड़े के नाम अहिंदी होते हुए भी हिंदी व्यंग्य में सम्मान से लिए जाते हैं।

प्रश्न : व्यंग्य की शैली क्या हो?

कथात्मकता लिए ऐसी सरस व कौतूहल वर्द्धक शैली जिसमें व्यंग्य की परिणति 'करुणा' पर होती हो।

मेरी एक व्यंग्य रचना है, 'विक्रमार्क बुढ़िया और सराय रोहिल्ला', जिसे पढ़ कर मुझे आचार्य हजारी प्रसाद द्विवेदी, डॉ. नगेन्द्र, डॉ विजयेंद्र स्नातक, डॉ. नरेंद्र कोहली और डॉ. धर्मवीर भारती जैसे विद्वानों से शाबाशी मिली। पुस्तक के रूप में मेरी प्रथम पुस्तक 'बागपत के खरबूजे' को सर्वत्र प्रशंसा मिली। श्री शरद जोशी ने पुस्तक का शीर्षक रखा था। श्री लाल शुक्ल, श्री बालस्वरूप राही और श्री बिशन टंडन ने इसे सोद्देश्य व्यंग्य लेखन करार दिया। 1987-88 की विश्व पुस्तक प्रदर्शनी में समीक्षकों, समाचार-पत्रों ने इस पुस्तक का नाम प्रदर्शनी की सर्वाधिक चर्चित पुस्तकों में शुमार किया था। लगे हाथ बता दूँ कि उस पर सीरियल बनाने का प्रस्ताव

भी श्री बी.आर. चोपड़ा से प्राप्त हुआ। हिंदी साहित्य की कुछ पुस्तकों में भी इसकी चर्चा हुई।

प्रश्न : कृपया प्राप्त पुरस्कार एवं सम्मान व साहित्यिक उपलब्धियों के बारे में कुछ बतलाएं?

उत्तर : यूँ मुझे अब तक निम्नलिखित पुरस्कार/सम्मान प्राप्त हुए हैं :

(क) युवा ज्ञानपीठ पुरस्कार

(ख) साहित्य कला परिषद पुरस्कार

(ग) अट्टहास अखिल भारतीय युवा व्यंग्यकार सम्मान

(घ) नवज्योति सम्मान (दिल्ली)

(ङ) भारत सरकार द्वारा गोविन्द बल्लभ पंत पुरस्कार

(च) 'साहित्य-गौरव' सम्मान (उ. प्र.)

(छ) 'साहित्य-मणि' सम्मान (बिहार)

(च) 'साहित्य-मार्तण्ड' सम्मान (हरियाणा) तथा अन्य भी।

हिंदी व्यंग्य का स्वर मैंने अब तक निम्नलिखित देशों में पहुँचाया है :-

अमेरिका, कनाडा, थाईलैंड, मॉरीशस, हालैंड, ट्रिनिडाड एवं टुबैगो।

मेरी रचनाएँ पंजाब विश्वविद्यालय, उस्मानिया विश्वविद्यालय तथा राष्ट्रीय मुक्त विद्यालय के पाठ्यक्रमों में स्थान पा चुकी हैं।

विशेष : मेरे व्यंग्य कर्म पर चेन्नई विश्वविद्यालय से तथा गढ़वाल विश्वविद्यालय से शोध-प्रबंध हुए हैं।

चेन्नई से : हरिशंकर परसाई कृत 'ऐसा भी होता है' तथा हरीश नवल कृत 'बागत के खरबूजे का तुलनात्मक अध्ययन'

गढ़वाल से : 'हरीश नवल का व्यक्तित्व एवं कृतित्व'

प्रश्न : वर्तमान समय में हिन्दी व्यंग्य लेखन में सार्थक आलोचना की क्या स्थिति है? आपकी अब तक प्रकाशित पुस्तकें कौन-कौन सी हैं?

उत्तर : हिंदी व्यंग्य लेखन में सार्थक आलोचना का अभाव है। आलोचना से व्यक्तिपरक पक्ष को लेकर मैं एक पुस्तक योजना बना रहा हूँ।

हिंदी व्यंग्य गोष्ठियाँ विकसित हों तथा स्थान-स्थान पर आयोजित हों ताकि हम सभी मौजूदा चार-पाँच पीढ़ियों के व्यंग्यकार मिल-जुल कर सार्थक एवं सोद्देश्य व्यंग्य रचना पर बल दे सकें ऐसी कामनाएँ हैं तथा योजना भी।

शेष आपकी प्रश्नावली ने मसूरी से मुझे जाने कहाँ-कहाँ पहुँचा दिया। मेरी पुस्तकें इस प्रकार हैं :-

(1) बागत के खरबूजे (व्यंग्य संकलन)

(2) मादक पदार्थ एवं पुलिस का योगदान (गैर व्यंग्य पुस्तक)
(3) पीली छत पर काला निशान (व्यंग्य संकलन)
(4) दिल्ली चढ़ी पहाड़ (व्यंग्य संकलन)
(5) मेरी 51 व्यंग्य रचनाएं (व्यंग्य)
(6) आधी छुट्टी की छुट्टी (बाल साहित्य)
(7) वीरगढ़ के वीर (बाल साहित्य)

(1998)

व्यंग्य की परिणति करुणा में होती है हास्य में नहीं...

–प्रस्तुति अरुण आनंद

डॉ. हरीश नवल व्यंग्य विधा में जाना-पहचाना नाम है। हरिशंकर परसाई और शरद जोशी की परंपरा को आगे बढ़ाते हुए डॉ. नवल ने व्यंग्य लेखन को नए आयाम प्रदान किए हैं। उनका मानना है कि वह रोजमर्रा की परिस्थितियों को अपने भीतर आत्मसात कर कागज पर उकेर भर देते हैं। डॉ. नवल बहुआयामी प्रतिभा के स्वामी हैं। दिल्ली विश्वविद्यालय के हिंदू कॉलेज में व्याख्याता डॉ. नवल ने पिछले कुछेक वर्षों में कॉलेज की सांस्कृतिक गतिविधियों को पुनर्जीवित करने के लिए अथक प्रयास किए हैं। परिणास्वरूप पुनः कॉलेज में नाटकों के मंचन से लेकर उच्च स्तर की गोष्ठियाँ गाहे-बगाहे होती ही रहती हैं। लेकिन विनम्र स्वर में डॉ. नवल कहते हैं कि वह मात्र अपना ऋण चुकाने का एक छोटा-सा प्रयास भर कर रहे हैं। उल्लेखनीय है कि वह हिंदू कॉलेज के छात्र भी रहे हैं और अब वहाँ पढ़ा भी रहे हैं। फिलहाल वह कॉलेज की सभी सांस्कृतिक गतिविधियों का समन्वय भी कर रहे हैं और अपने व्यक्तित्व और कृतित्व के चलते न केवल साहित्यकारों बल्कि छात्र समुदाय के बीच भी खासे लोकप्रिय हैं।

प्रस्तुत है डॉ. हरीश नवल से उनके कृतित्व और व्यक्तित्व से जुड़े मुद्दों पर किए गए साक्षात्कार के चुनिंदा अंश :

प्र. बतौर साहित्यिक विधा इस समय व्यंग्य की क्या स्थिति है?

उ. जहाँ तक व्यंग्य लेखन का प्रश्न है मैं समझता हूँ स्थिति पहले से काफी बेहतर है। इस समय व्यंग्यकारों की चार पीढ़ियाँ इकट्ठे व्यंग्य लेखन कर रही हैं। मसलन श्रीलाल शुक्ल, लतीफ घोंघी, नरेंद्र कोहली, शंकर पुणातांबेकर, यशवंत व्यास, दामोदर दत्त दीक्षित इत्यादि। वास्तव में लगभग ढाई दशक पूर्व जब मुझे हरिशंकर परसाई और धर्मवीर भारती ने व्यंग्य लेखन की ओर प्रेरित किया उस समय इस विधा

में लिखने वालों की संख्या बहुत कम थी। लेकिन उसके बाद धीरे-धीरे इस विधा को कई प्रतिभाशाली लेखकों ने अपने लेखन से समृद्ध किया है। आज स्थिति यहाँ तक पहुँच चुकी है कि अन्य विधाओं जैसे कहानी, नाटक इत्यादि लिखने वालों ने भी व्यंग्य लेखन किया है। कई नाटककारों ने व्यंग्य नाटक भी लिखे हैं। इसलिए मैं इस विधा के भविष्य के प्रति आश्वस्त हूँ।

प्र. क्या व्यंग्य के क्षेत्र में आलोचकों की कमी के कारण इस विधा की समीक्षा प्रभावित नहीं हो रही है?

उ. यह बात नहीं है कि व्यंग्य लेखन के समीक्षकों की भारी कमी है। यह कमी कितनी ज्यादा है, इस बात का अंदाजा आप इसी से लगा सकते हैं कि अब व्यंग्यकारों को ही समीक्षा की जिम्मेदारी भी सँभालनी पड़ रही है। हालाँकि लेखकों का खुद ही आलोचक बनना कोई स्वस्थ परंपरा नहीं है, पर जिस तरह से व्यंग्य का पाठक प्रबुद्ध होना चाहिए, इसी प्रकार से इसके समीक्षक का भी प्रबुद्ध होना आवश्यक है। यह दुरूह रास्ता है इसलिए इस पर चलने वालों की भी कमी है।

प्र. मंचीय हास्य कविताओं से व्यंग्य विधा को क्या लाभ या हानियाँ हुई हैं?

उ. मंच पर अब अधिकतर फूहड़ और भौंड़ी हास्य कविताएँ पढ़ी जाती हैं। ध्यान देने की बात है कि व्यंग्य का करुणा से गहरा रिश्ता है। एक अच्छे व्यंग्यकार के लेखन की परिणति करुणा में होती है, हास्य में नहीं। 'हास्य' का प्रयोग व्यंग्य रचनाओं में उतना ही आवश्यक है, जितना आटे में नमक। लेकिन अगर नमक में आटा डाला जाएगा तो खाने वाले को अपच की शिकायत होनी लाजिमी है। इसलिए मेरा मानना यह है कि इस मंच पर पढ़े जाने वाली हास्य कविताएँ सुधी पाठकों को रोचक चीजें भले ही देती हों, पर ये पाचक नहीं हैं। इसके अलावा ये तथाकथित कवि भले ही जितना मर्जी पैसा इन कवि सम्मेलनों में कमा लें, पर वे साहित्य की दुनिया से बाहर ही माने जाएँगे।

प्र. क्या कारण है कि व्यंग्य रचनाओं में राजनीति पर बहुत अधिक ध्यान दिया जाता है? क्या इससे यह नहीं लगता कि स्तरीय व्यंग्य लेखन की कमी है?

उ. अमूमन विभिन्न पत्र-पत्रिकाओं में लिखे जाने वाली व्यंग्य रचनाएँ माँग पर आधारित होती हैं। रोजमर्रा की घटनाओं पर आधारित व्यंग्य रचनाएँ इसलिए कई बार राजनैतिक मुद्दों की ओर अधिक उन्मुख हो जाती है। लेकिन ऐसी बात नहीं कि शाश्वत महत्व वाली रचनाएँ नहीं हुई हैं। शरद जोशी अपने दैनिक कॉलम 'प्रतिदिन' में रोजमर्रा की घटनाओं पर ही लिखते थे। पर आज भी उनमें से 20 से 30 प्रतिशत रचनाएँ प्रासंगिक हैं।

इसके अलावा श्रीलाल शुक्ल के 'राग दरबारी' का ही उदाहरण लीजिए। मेरे विचार में यह एशिया की सर्वोत्तम व्यंग्य कृति है और कालजयी है। हाँ, यह बात ठीक है कि काफी हद तक स्तरहीन व्यंग्य लेखन भी हो रहा है। लेकिन दूसरी ओर श्रेष्ठ व्यंग्य लेखन भी हो रहा है।

प्र. व्यंग्यात्मक शैली में उपन्यासों की कमी के क्या कारण हैं?

उ. कारण बड़ा स्पष्ट है। उपन्यास लिखते हुए जो टैम्परामेंट चाहिए, उसकी लेखकों में कमी रहती है। यही नहीं कई बार घटनाएँ भी उपन्यास के मूल विषय की प्रासंगिकता को समाप्त कर देती हैं। मैंने काफी वर्ष पूर्व ***'टेलीफोन की शव यात्रा'*** नामक उपन्यास लिखना प्रारंभ किया था। मूल प्रेरणा मुझे अपने टेलीफोन से ही मिली थी। करीब साठ एक पृष्ठ लिख भी डाले, लेकिन इस बीच पेजर, मोबाइल फोन आ गए। संचार व्यवस्था में इतने बदलाव आ गए कि वे साठ पृष्ठ शायद अब रद्दी की टोकरी में ही जाएँगे।

प्र. व्यंग्य लेखन में कविता और कहानी की भाँति प्रयोग की कमी क्यों है?

उ. ऐसी बात नहीं है कि प्रयोग नहीं हो रहे हैं। हाल ही मेरा संकलन 'दिल्ली चढ़ी पहाड़ पर' आया है। मैंने इस संकलन में इतिहास और व्यंग्य विधा को मिलाकर एक विनम्र प्रयास किया है। इस प्रयास की काफी सराहना भी हुई है। इससे स्पष्ट है कि प्रयोग की दृष्टि से व्यंग्य विधा की भूमि काफी उपजाऊ है।

प्र. व्यंग्य रचनाओं के मंचन के प्रयास को आप किस दृष्टि से देखते हैं?

उ. यह एक अच्छा प्रयास है, लेकिन इस बात पर भी काफी कुछ निर्भर करता है कि मंचन कैसा किया जा रहा है। मेरी एक रचना का मंचन किया गया, तो एक दो रिहर्सल के दौरान मैं गया। तब तक तो सब कुछ ठीक था, लेकिन जब मैं सभागार में गया तो बड़ी पीड़ा हुई यह देखकर कि मेरी रचना को तोड़-मरोड़ कर विकृत हास्य उत्पन्न करने का प्रयास किया जा रहा था लेकिन दूसरी ओर देवेंद्र राज अंकुर जैसे निर्देशक भी हैं, जिन्होंने इस प्रकार के मंचन कर विभिन्न साहित्यिक विधाओं को नई दिशा दी है।

('कल्पांत', अगस्त 1999)

हास्य को व्यंग्य से जोड़ना या दोनों का मिला-जुला प्रयोग एक कारुणिक त्रासदी से कम नहीं...

-प्रस्तुति डॉ. विवेक गौतम

ज्ञान, सादगी और सहजता की प्रतिमूर्ति डॉ. हरीश नवल आजादी के बाद की तीसरी पीढ़ी के पहले तीन सशक्त और श्रेष्ठ व्यंग्यकारों में अपना गौरवपूर्ण स्थान रखते हैं। आपके बारे में ऐसा कहा जाता है कि आपकी लेखन प्रतिभा नैसर्गिक और जन्मजात है। उन्हें लेखन के लिए युवा ज्ञानपीठ सहित अनेकों राष्ट्रीय एवं अंतर्राष्ट्रीय पुरस्कार एवं सम्मान मिल चुके हैं। ऐसी विशिष्ट हस्ती और बहुमुखी योग्यता के धनी डॉ. हरीश नवल से उनके जीवन और लेखन पर बातचीत की है 'गृह आलोक' के मानद उपसंपादक विवेक गौतम ने। प्रस्तुत है डॉ. हरीश नवल के निवास पर हुई बातचीत के प्रमुख अंश :-

कहा जाता है कि जब आप बोलना सीखें तो आपने कहानियाँ कहना आरंभ कर दिया था। आप अपने बचपन के बारे में कुछ बताएं।

हाँ यह सत्य है कि मैं जब छोटा था और मैंने बोलना आरंभ किया तो मैं बहुत कल्पनाशील था। इसी संदर्भ में एक घटना मैं आपको बताता हूँ। हमारा परिवार चाँदनी चौक के दरीबा क्षेत्र में रहता था। मैंने जैन समाज के जुलूस में हाथी देखा और उसका जो वर्णन मैंने घर आकर किया उसे सुनकर आप भी हंसे बिना नहीं रहेंगे। मैंने घर लौटकर बताया कि जुलूस में जो हाथी था उसे तिलक लगाकर पंडित बनाया हुआ था वह गंठों से दांतुन करता था और आटा उसका मंजन था। इसी प्रकार मैंने अपनी काल्पनिक कहानी में एक बार सूरज और चाँद अर्थात् 'शशि' और 'रवि' की शादी करवा दी थी।

डॉ. नवल बचपन में आपको साहित्यिक संस्कार कहाँ से मिले?

जहाँ तक साहित्यिक संस्कारों की बात है तो हमारा घर-परिवार इसका मूल केंद्र रहा है। मेरे दादा जी पंडित त्रिलोकनाथ आजम जलालाबादी स्वतंत्रता सेनानी

और इंकलाबी शायर थे। मेरे पिता पंडित हरिकृष्ण नवल 'फौजी' नाम की अंग्रेजी पत्रिका का संपादन किया करते थे। जिनका निधन मात्र 32 वर्ष की आयु में हो गया था। उस समय में 5 वर्ष का था। मेरी माताजी श्रीमती महेश्वरी देवी जिन्होंने उस समय हिंदी में 'भूषण' परीक्षा उत्तीर्ण की हुई थी के हाथों तथा दादा जी के सान्निध्य में मेरा पालन-पोषण हुआ। मेरा झुकाव बचपन से ही हिंदी के प्रति रहा। इस प्रकार साहित्य का वातावरण और संस्कार मुझे मौलिक रूप से घर से ही प्राप्त हुए। दूसरी महत्वपूर्ण बात यह है कि दरीबा चाँदनी चौक में संपूर्ण परिवेश हिंदीमय और साहित्यिक था उसका भी प्रभाव पड़ा।

साहित्य के प्रति रूझान कब और कैसे और व्यवस्थित लेखन कब और किसकी प्रेरणा से आरंभ हुआ?

जैसा कि मैंने आपको बताया कि साहित्य के प्रति रूझान तो बचपन से ही था परंतु जब मैं जैन स्कूल दरियागंज में पढ़ता था तो वहाँ 'वाणी परिषद' नाम की एक समिति थी जिसे आदरणीय पंडित धर्मभानु सुकुमार चलाया करते थे। उन्होंने मेरी प्रतिभा को पहचाना और उन्हीं के आशीर्वाद और प्रेरणा से मेरी योग्यता का पल्लवन हुआ। वे हमें विषय देते थे और हम लिखते थे। पंडित जी की अध्यात्म में विशेष रूचि थी जिसका प्रभाव मुझ पर पड़ा। छोटी कक्षाओं से ही आध्यात्मिक चिंतन वाले निबंध लिखना आरंभ किए जो कि देहरादून स्थित शंहशाह आश्रम की आध्यात्मिक पत्रिका सर्वहितकारी में छपते थे। 'सर्वहितकारी' में शंकराचार्य जी भी लिखते थे। पत्रिका के संपादक समझते थे कि मैं कोई प्रौढ़ व्यक्ति हूँ लेकिन मैं नवीं कक्षा का छात्र जब एक बार उस पत्रिका के सम्मेमलन में गया तो मुझे देखकर सभी हतप्रभ रह गए। विद्यालय जीवन में ही मैंने जैनेंद्र कुमार जी, यशपाल जैन जी और विष्णु प्रभाकर जी को अपनी कविताएं सुनाई। विशेष रूप से जैनेंद्र जी ने कहा तुम व्यंग्य लिखो और तब 1965 में मेरी प्रथम रचना 'नोंक-झोंक' में प्रकाशित हुई। यह महत्वपूर्ण था। आगे चलकर आचार्य हजारी प्रसाद द्विवेदी जी, धर्मवीर भारती, हरिशंकर परसाई, शरद जोशी तथा रवींद्र नाथ त्यागी जी के निकट आया। इन सभी से मुझे प्रेरणादायी मार्गदर्शन और आशीर्वाद मिला।

नवल जी सामान्य किशोर-किशोरियों की भांति महाविद्यालय में प्रवेश के बाद आप में कोई बड़ा बदलाव आया?

अच्छा प्रश्न किया आपने। कॉलेज छात्र के रूप में मेरे अंदर एक बड़ा परिवर्तन आया था। वह दौर हिप्पियों का दौर था। आप उसे हिप्पी कह सकते हैं। संस्कृति मेरी सोच पर हावी हो गई। इस दौर के प्रभाव के चलते मेरा आध्यात्मिक चिंतन ध्वस्त हो गया और पॉप संगीत या हिप्पी संस्कृति मेरी सोच पर हावी हो गई।

हिंदू कॉलेज में पाश्चात्य संगीत का दल (ग्रुप) 'नेट्स' बना इसी 'नेट्स' समूह का मैं भी सक्रिय सदस्य बना और इसके सहारे मुझे विश्वविद्यालय स्तर पर सामान्य लोकप्रियता हासिल हुई। 'हिप्पी' संस्कृति के प्रभाव में मैं लगभग पांच वर्षों तक रहा और इस कालखंड में मेरी रचनाधर्मिता पूरी तरह प्रभावित रही।

पांच वर्षों तक हिप्पी और पॉप के प्रभाव में रहने के बाद आप उसमें डूबने से कैसे बचे?

आपने ठीक पूछा कि हिप्पी और पॉप के प्रभाव से निकले कैसे। जब मैं कॉलेज में था तब आचार्य धर्मभानु जी सन्यासी हो चुके थे। मैंने उनसे कभी आशीर्वाद मांगा था; तब उन्होंने एक ही शिक्षा दी–'तुम दुनिया में रहो पर दुनिया को अपने अंदर मत रहने दो' जब अर्थ समझा तो हिप्पी संस्कृति को रंगीन दुनिया से वास्तविक दुनिया में वापस लौट आया। वैसे भी मैंने हिप्पी संस्कृति में रहते हुए भी अपने आपको सभी प्रकार के व्यसनों और आर्थिक लाभ-लालच से दूर ही रखा था।

यह अनुभव जीवन के प्रति मेरी समझ और दृष्टि को व्यापक बनाने वाला सिद्ध हुआ। तब मेरी मानसिकता में बदलाव और परिपक्वता आई और तभी मुझे विश्वविद्यालय का सर्वश्रेष्ठ कहानीकार का सम्मान मिला और फिर मैंने पीछे मुड़कर नहीं देखा।

आपने बहुमुखी व बहुआयामी प्रतिभा के स्वामी होने के बाद लेखन क्षेत्र ही क्यों चुना?

आप जानते हैं कि सभी के भीतर एक सूक्ष्म पर्यवेक्षक होता है जो स्थितियों घटनाओं और परिवेश के समस्त घटना चक्र का सूक्ष्म पर्यवेक्षण करता है। मेरे भीतर यह तो था ही साथ ही साथ साहित्य का कीट मेरे भीतर ही भीतर कहीं परिष्कार कर रहा था। घुटन होती थी कि कुछ लिखना चाहिए। इसी कड़ी में एम. ए. फाइनल तक गंभीर अध्ययन आरंभ हो गया था। एम. लिट् प्रथम वर्ष करते ही 1971 में शिवाजी कॉलेज में प्राध्यापक नियुक्त हो गया और तब से जीवन का ध्येय ही हिंदी हो गया। मोहन राकेश के नाटकों पर सर्वप्रथम कार्य मेरा ही था। हिंदी रंगमंच में पी. एच. डी. की और रंगमंच पर पहली डॉक्टरेट की उपाधि मुझे मिली। मुझे दिल्ली रंगमंच का सर्वश्रेष्ठ कलाकार सम्मान भी मिला था। कुलभूषण खरबंदा के बाद। मेरा आदर्श वाक्य रहा–'संकल्प करो और जुट जाओ'। मैंने संकल्प किया कि मेरे अंदर के स्वाभाविक व्यंग्यकार को मैं बाहर लाऊंगा। मैंने और मेरे समकालीनों ने गांधी टोपी, नेहरू जैकेट और खादी के अर्थ बदलते देखें और इसलिए साहित्य में मेरे चिंतन की अभिव्यक्ति का सबसे बड़ा हथियार व्यंग्य बना।

आजकल हास्य-व्यंग्य कवि सम्मेलनों में व अन्य कई स्थानों पर हास्य और व्यंग्य को जोड़ा जा रहा है। इस दिशा में आपका क्या दृष्टिकोण है?

देखिए व्यंग्य-धर्मी होना बहुत गंभीर कार्य है। हास्य को व्यंग्य से जोड़ना या दोनों का मिला-जुला प्रयोग एक कारुणिक त्रासदी से कम नहीं है। हास्य विशुद्ध रूप से मनोविनोद की वस्तु है जबकि व्यंग्य हर प्रकार की विसंगतियों पर तीव्र चोट का माध्यम है। मेरी दृष्टि में दोनों को मिलाया जाना दुर्भाग्य की बात है।

आपके जीवन में आया कोई विशेष मोड़ जिसकी यादें आप हमारे पाठकों से बाँटना चाहेंगे।

वर्ष 1987 में मेरे व्यंग्य संकलन 'बागपत के खरबूजे' को युवा ज्ञानपीठ पुरस्कार प्राप्त हुआ। इस संकलन का नामकरण स्व. शरद जोशी जी ने किया था। किसी भी रचनाकार के तीन चौथाई व्यक्तिव का निर्माण प्रतिभा द्वारा तथा एक चौथाई व्यक्तित्व उसको मिले पुरस्कारों और सम्मानों से होता है। युवा ज्ञानपीठ सम्मान मिलने से मेरी व्यंग्यकार के रूप में जिम्मेदारी और बढ़ गई। बाद में धर्मवीर भारती जी ने हमारी पीढ़ी की त्रयी घोषित की जिसमें उन्होंने ज्ञान चतुर्वेदी, मुझे और प्रेम जनमेजय को रखा। तब से निरंतर व्यंग्य साधना चल रही है।

आपकी अब तक कितनी कृतियाँ प्रकाशित हो चुकी हैं और आपकी नवीनतम कृति कौन सी है?

अब तक मेरी छः मौलिक, छः संपादित तथा 48 पुस्तकें सहयोगी लेखक के रूप में आ चुकी हैं। पहली कृति 'बागपत के खरबूजे' वर्ष 1987 में दूसरी गोविंद वल्लभ पंत पुरस्कार से सम्मानित 'मादक पदार्थ' 1991 में, तीसरी व्यंग्य संकलन के रूप में 'पीली छत' पर काला निशान' 1994 में चौथी कृति–'दिल्ली चढ़ी पहाड़' जो कि साउथ पैसिफिक विश्वविद्यालय फिजी के पाठ्यक्रम में समाहित हैं। इनके साथ ही दो अन्य कृतियाँ बाल साहित्य पर हैं–पहली 'आधी छुट्टी की छुट्टी' और दूसरी 'वीर गढ़' के वीर है। 6 संपादित पुस्तकों में से तीन दिल्ली विश्वविद्यालय के पाठ्यक्रम हेतु और एक सीनियर सेकेंडरी कक्षाओं के लिए है। मेरी नवीनतम कृति भारतीय मनीषा के प्रतीक' संपादित ग्रंथ है साथ ही व्यंग्यकथाओं का संकलन 'दीनानाथ का हाथ' भी हाल ही में आया है।

इन कृतियों के अतिरिक्त आपकी बहुआयामी प्रतिभा का लाभ किन-किन क्षेत्रों को मिला है?

मेरी 500 से अधिक रचनाएं प्रकाशित हुई है। 100 से अधिक रेडियो वार्ताएं तथा अब तक लिखे 26 धारावाहिकों में से कुछ पर्दे पर आ चुके हैं। कराची से उर्दू में प्रकाशित एंथोलॉजी (भारतीय साहित्य कोश) में मेरा वृहत लेख आया था। हिंदी

लघुकथा कोश और विश्वलघुकथा कोश में मेरी व्यंग्यात्मक लघुकथाएं संग्रहीत हैं। इसके अतिरिक्त साहित्य अकादमी में अनुदानी के रूप में मैंने महाराष्ट्र व गुजरात में मराठी और गुजराती व्यंग्य साहित्य का अवलोकन किया।

मुझे अंतर्राष्ट्रीय गोष्ठियों में अमरीका, कनाडा, इंग्लैंड, फ्रांस, जर्मनी, बेल्जियम, स्विट्ज़रलैंड, हॉलैंड, थाईलैंड, मॉरीशस, त्रिनीडाड और टोबैगो जाने का अवसर मिला। इसके अतिरिक्त दिल्ली बालमंच, जागृति मंच, अंतर्राष्ट्रीय महिला मानवता संगठन जिसकी ओर से मैंने संयुक्त राष्ट्र संघ में 'ऊंट दौड़ में बच्चों के उपयोग' के विरूद्ध प्रतिवेदन दिया था, हिंदू वार्ता और इंडिया टुडे के साहित्यिक सलाहकार समिति एनडीटीवी (स्टार) में हिंदी कार्यक्रमों के परामर्शदाता के रूप में मेरा कार्य है। मैं आकाशवाणी की परामर्शदाता समिति तथा हिंदी अकादमी दिल्ली सरकार की संचालन समिति का सदस्य हूँ और दिल्ली विश्वविद्यालय की अकादमिक परिषद का निर्वाचित सदस्य रहा हूँ।

आपको साहित्य से जुड़े सम्मानों के अतिरिक्त क्या कोई अन्य सम्मान मिले हैं?

मुझे साहित्य के लिए साहित्य गौरव, साहित्यमणी, साहित्य मार्तण्ड, प्रकाशवीर शास्त्री पुरस्कार और अट्टहास सम्मान सहित अभी हाल ही में 'बालकन जी बारी इंटरनेशनल तथा 'साहित्य कला भारती' द्वारा वरिष्ठ साहित्यकार सम्मान मिला है। कुछ साहित्य से इतर पुरस्कार भी मिले हैं जैसे 'जैन जागृत समाज' का व्यसन मुक्त शुद्ध शाकाहारी साहित्यकार सम्मान, किरण बेदी की संस्था द्वारा नवज्योति सम्मान, लायन्स, रोटरी क्लब तथा दिल्ली पुलिस फाउंडेशन द्वारा समाज सेवा हेतु सम्मानित किया गया।

नई पीढ़ी के साहित्यकारों के लिए आप क्या मूलमंत्र या संदेश देना चाहेंगे?

वर्तमान और आने वाली युवा पीढ़ी से मेरी यही अपेक्षा होगी कि वे मिलने वाली सुविधाओं को सुख और मिलने वाली जानकारी को ज्ञान समझने की गलती न करे। विरोध और क्रांति के अंतर को समझे तथा वे, जहाँ कहीं भी हैं पूरी निष्ठा और लगन से अपनी जिम्मेदारी निभाएं। सच्चे अर्थों में स्वयं को जानें, समझे और चिंतन करें–'हमारा अस्तित्व क्यों है? हमारा धर्म क्या हैं? उनकी रचनाएं एवं कर्म सत्यम शिवम सुंदरम पर आधारित होने चाहिए। नये लोगों के लिए हमारी 'शब्द सेतु' संस्था कार्यरत है। जो युवा लेखक अच्छा कार्य कर रहे हैं उनका उत्साहवर्द्धन करना और उन्हें सामने लाने का कार्य 'शब्द सेतु' के माध्यम से किया जाता है। उभरते व्यंग्यकारों की कृतियों की समीक्षा करना तथा उन्हें मंच प्रदान करना 'शब्द

सेतु' का महत्वपूर्ण कार्य है।

नवल जी हमारे पाठक आपके पारिवारिक जीवन के विषय में जानना चाहेंगे।

मेरे परिवार में मेरी पत्नी स्नेह सुधा तथा दो बेटियां अन्विता और आस्था नवल हैं। स्नेहसुधा दौलत राम कॉलेज में 'रीडर (हिन्दी) भाषा हैं। अपने समय की एम. ए. टॉपर हैं। कविताएं लिखती हैं, चौथे विश्व हिंदी सम्मेलन में मॉरीशस तथा छठे विश्व हिंदी सम्मेलन में इंग्लैंड में उन्होंने काव्यपाठ किया है। बड़ी बेटी अन्विता फैशन डिजाइनर तथा कोऑर्डिनेटर है और छोटी बेटी आस्था नवल कवयित्री है जो कि तीन बार हिंदी अकादमी के पुरस्कार तथा जर्मनी द्वारा आयोजित अखिल भारतीय निबंध प्रतियोगिता में प्रथम पुरस्कार प्राप्त कर चुकी है।

('गृह आलोक' जून 2000)

कुछ समय संदर्भित प्रश्नों के उत्तर...

–प्रस्तुति डॉ. हरींद्र कुमार

सम्प्रेषण संदर्भ :- मैंने सभी की तरह कविता से लेखन आरंभ किया, व्यस्क होकर कहानी को चुना। लेखन में व्यवस्था के प्रति रोष व्यक्त करना था। व्यवस्था को कुछ न कर सका- सत्ता पर निशाना लगाने लगा। अब गाली दे नहीं सकता था, लड़-भिड़ नहीं सकता था, विडम्बना और विद्रूप अत्यधिक था- ऐसे में मुझे 'व्यंग्य' ऐसा औजार नज़र आया जिसके माध्यम से हँसते-खेलते, शांत मन से अपने अशांत भावों का शमन हो सकता है। सो मैंने व्यंग्य चुना, कहानी आज भी उसमें शैली रूप में है तथा यदि श्रेष्ठ व्यंग्य लिख लिया जाता है तो वह एक उत्तम चित्र या कविता सा ही आनंद होता है।

हँसी बनाम व्यंग्य का बाजार : व्यंग्य हाशिये पर कभी भी नहीं रह पाता। व्यंग्य सदैव मुख्य है। ध्वनि हो या रस-व्यंग्य सदा वर्तमान है। जिन अर्थों में लगता है कि व्यंग्य हाशिये पर है वह बाजार की दृष्टि है। मैं बाज़ार को बुरा नहीं मानता, वह बुरा है भी नहीं परन्तु 'बाजारू' होना मुझे बुरा लगता है। 'हास्य' निर्मल आनन्द का स्रोत है पर वह इन्हीं अर्थों में आज बाजारू हो गया है। लाफ्टर चैलेंज की टी आर पी का वाहक बाजारूपन बना है। वहाँ तो किसी भी विद्यध को हाशिये पर ही होना श्रेयस्कर है। वैसे भी कई तरह के लेखन समानांतर चलते हैं, कुछ क्लासिज़ और कुछ मासिज़ के लिए होते हैं। व्यंग्य 'क्लास' की मांग करता है अतः बाजारवाद से दूर है। 'हास्य' मासवाद में फंस गया है, मांग में है पर स्तर गिर रहा है। लॉफ्टर चैलेंज में वही हास्यरूप आदर्श...होता है जिसकी परिणति में व्यंग्य साथ देता है।

हास्य और व्यंग्य : दोनों श्रेष्ठ हैं। सवाल बेहतरी का नहीं, च्वाईस का, चुनाव का है। हास्य किसे अच्छा नहीं लगता, उसके उद्‌देश्य भिन्न है। व्यंग्य होता ही सोद्‌देश्य है।

हास्य, व्यंग्य का साधक या रचनाकार के लिए जो व्यंग्य लिख रहा है- हास्य साधक है, यदि इसका उपयोग निश्चित मात्रा में किया जाए। शिल्प और शैली की

दृष्टि से वही व्यंग्यकार अधिक सफल है जिसने हास्य को साधा है, उसका उपयोग इसलिए किया ताकि रचना कसैली न हो जाए, रूक्ष न हो जाए। मेरी रचनाओं में हास्य सदैव व्यंग्य के लिए साधक हो - मेरी कोशिश रहती है।

चेतना का कुंठित होना चेतना जागृति में व्यंग्य भूमिका : व्यंग्य दरअसल सामान्य के लिए नहीं विशिष्ट के लिए होता है। शुद्ध व्यंग्य का पाठक सामान्य नहीं होता है। अतः यदि सवाल सामान्य जन के कुंठित होने का है। यह प्रश्न बेमानी है। व्यंग्य तो लिखा ही चेतना जागृति के लिए है।

समाज में लेखक की भूमिका : समाज के नवनिर्माण में क्या एक लेखक की भूमिका केवल लेखन तक ही सीमित रहे–इमसें कोई दोष नहीं है। हाँ, जो लिखता है, उसमें वह भी दिखना चाहिए जो वह लेखन में देता है। लेखक भी तो समाज की एक इकाई है। अपना काम निष्ठा और ईमानदारी से करना लेखक का अभीष्ट है। जिनके विरोध में लेखक लिखता है वह केवल सैद्धांतिक न हो। जाहिर है इससे लेखक की भूमिका मात्र लिखने तक सीमित नहीं होगी।

निरंतर लेखन बनाम व्यंग्य की गुणवत्ता :

निरंतर लेखन तो करना ही होता है और कोई भी लेखन पर्याप्त कहाँ होता है? कम बहुत कम मैंने तो अभी लिखा ही कहा हैं? मुद्दा यह होना चाहिए कि जो हम लिख रहे हैं, उसमें सार्थक लेखन कितना है। बिल्कुल ऐसा ही मुद्दा है जैसे कि एक अध्यापक जीवन भी पढ़ाता है। ये कक्षा में केवल बोलना भर पढ़ाना नहीं होता ऐसे ही केवल शब्दों का अपव्यय करना लेखन नहीं होता। व्यंग्य की गुणवत्ता का प्रश्न उनके लिए है जो सार्थक, सोद्देश्य व गम्भीर नहीं लिख रहे।

व्यंग्य-स्तर व कॉलम लेखन - यह प्रश्न ऊपर वाले प्रश्न का ही रूप है। व्यंग्य के नाम पर हास, स्मित, चुटकला, टिप्पणी, समीक्षा, विनोद, शाब्दिक का मदारीपन, आदि आदि यद्यपि लिखा जा रहा है। यदि उसे व्यंग्य के स्तर से जोड़े यह उचित नहीं है, उसका अपना लेखन स्तरहीन है, इससे व्यंग्य का स्तर नहीं मापा जा सकता है। हाँ कॉलम-लेखन में नियम की प्रतिबद्धता कभी-कभी हीन या कमजोर लिखवा सकती है। ध्यान दीजिए ऐसे स्तम्भकारों व उनके व्यंग्य लेखन पर जिनसे व्यंग्य का शुद्ध रूप समक्ष आया। उदाहरणार्थ-बालमुकुंद गुप्त, हरिशंकर परसाई, शरद जोशी, किटू गोपाल चतुर्वेदी, नरेन्द्र कोहली ज्ञान चतुर्वेदी आदि। विनम्रता से निवेदित करना चाहता हूँ कि दिल्ली के इतिहास को लेकर मैंने 'दिल्ली चढ़ी पहाड़' संकलन में संकलित व्यंग्यों को स्तम्भ के रूप में लिखा था, जिस पर बहुत अच्छी प्रतिक्रियाएं मिली। सम्प्रति 'नवभारत टाइम्स' में 'तोषी मासी' संदर्भित स्तम्भ लिख रहा हूँ -प्रोत्साहन पा सका हूँ। सही लेखन प्रयास स्तर नहीं गिराता अपितु जिम्मेदारी बढ़ाता है।

विचारधारा बनाम लेखन : सवाल प्रतिबद्धता का है। किसी एक विचारधारा के प्रति प्रतिबद्ध होकर लिखा गया लेखन सीमित कर सकता है विशेषतः किसी विशेष राजनीतिक विचारधारा के प्रति वर्द्धित लेखन। इससे नुकसान हो सकता है। कभी-कभी विचारधारा हावी होकर उस धारा का आँसू बना देती है। मेरे विचार से विचारधारा की प्रतिबद्धता केवल मानवता के लिए हो। जो हम लिखे वह बेहतर स्थिति की ओर लेकर जाए।

किस प्रकार का मुद्दा विशेष लगता है :

मुझे सामाजिक विषय रूचिकर हैं विशेषकर पारिवारिक। संबंधों पर लिखना, पड़ताल करना मुझे भाता है। पड़ताल में आत्म निरीक्षण आए यह मुझे उचित लगता है। आत्म-व्यंग्य सर्वाधिक रुचिकर है।

व्यंग्य लेखन की प्रेरणा :

.... मूल्यहीनता और नैतिकता का छद्म व्यंग्य लेखन की प्रेरणा बनता है, इसमें संदेह नहीं। इनसे उपजे जो विसंगति, विडम्बना, विद्रूप व्यंग्य लेखन की प्रेरणा बनते हैं। व्यंग्यकार कूड़े में से, गंदगी में से विषय चुनता व ग्रहण करता हैं उसकी साधना कठिन रहे हैं।

आजीविका का क्षेत्र और व्यंग्यात्मक स्थितियाँ : मैं विश्व विद्यालय में पढ़ा रहा हूँ। शिक्षा जगत, डिग्री का खोखला महत्व, अरुचिकर व अव्यावहारिक पाठ्यक्रम, अधिकारियों की महत्वाकांक्षाएं, अर्थतंत्र का प्रभाव, व्यसन विशेष सिद्धि आदि तथ्यों को देखता, जांचता रहा हूँ। मैंने स्वयं को इनमें से अनेक स्थितियों से जुड़ा पाया और कभी कभी ही कुछ बदलाव ला पाया। यह व्यवस्था का दोष है। हमलोग सिस्टम नहीं बदल पाते, हमें उसी मशीन के पुर्जे के रूप में मशीन को वैसा ही चलाना होता है जैसे ढर्रा है। इन सबका प्रभाव पड़ा और मेरे लेखन में शिक्षा जगत की विडम्बनाएं बखूबी आ सकी है।

भाषागत प्रयोग : हाँ भाषागत्, अनेक प्रयोग प्रायः अनायास हुए हैं वह एकाध सायास भी है। भाषा का फ्यूजन प्रयोग में आजकल हिंदी व पंजाबी भाषाओं में कर पा रहा हूँ। अंग्रेजी, हिंदी का फ्यूजन भी किया है। खुद को कम पता चलता है पर डॉ. बालेन्दु शेखर तिवारी और डॉ. मधुसूदन पाटिल जैसे समर्थ विद्वान आलोचक मेरे लेखन में भाषागत् प्रयोगों की चर्चा करते हैं तो मुझे भी भान होता है। डॉ. पाटिल ने भाषा के अतिरिक्त मुझे शैलीगत प्रयोग करने में समकालीन व्यंग्यकारों में सर्वाधिक अंक प्रदान किए हैं।

व्यंग्य का वर्तमान और भविष्य : व्यंग्य का वर्तमान समृद्ध है। अभी तक 'बृहत्त्रयी' का प्रभाव है। परसाई, जोशी, त्यागी और शुक्ल के होते हुए भी वर्तमान

व्यंग्यकार अच्छा लिख पा रहे हैं- यह समृद्धि ही है। 'त्रयी' के होते हुए भी जिनके नाम विशिष्ट लिए जाते हैं, यह प्रशंसनीय है। भविष्य तो और अच्छा होगा - तब त्रयी के प्रभाव से पाठक-आलोचक मुक्त होकर सोचेंगे व नए संस्थापकों पर अधिक ध्यान देंगे। 'हम होंगे कामयाब एक दिन जरूर पाठक ही नियामक है। दूर-दराज, गांव, बस्ती के पाठकों के पत्र जब मिलते है। तो दिशा मिलती है, दशा का बोध होता है। पाठक ही हैं जो हमें सुधारते हैं। एक व्यंग्यकार के रूप में पाठकों को यही कहना चाहता हूँ कि 'सैन्स ऑफ ह्यूमर' के साथ-साथ 'सैन्स ऑफ सैटायर' यदि विकसित करेंगे–हमें और अधिक मार्ग दर्शन दे सकेंगे। गम्भीर व्यंग्य की तुलना कृपया कभी भी लॉफ्टर चैलेंज या कवि सम्मेलनीय कवियों के कृतित्व से न करें। तुलना समानधर्मा में ही होती है। लेखन की व्यंजना को पकड़े और हमें जकड़ें। आपको शत्-शत् नमन। आप हैं तो हम हैं, मैं हूँ।

(2005)

एक व्यंग्यकार के लिए सामाजिक सरोकार ही सब कुछ होता है...

–प्रस्तुति मजीद अहमद

प्रो. हरीश नवल के चेहरे पर सदैव स्मित हास्य छाया रहता है, जिसमें से सौजन्यता शरद ऋतु की खिली धूप की भांति प्रस्फुटित होती रहती है। लेकिन कभी-कभी इस बात का आभास भी होता है कि सौजन्यता मिश्रित हास्य के पीछे कहीं व्यंग्य की तेज धार तो छिपी नहीं है।

हरीश नवल की मान्यता है कि व्यंग्य एक अपेक्षाकृत अधिक सजग और बुद्धिवादी पाठक की मांग करता है, जबकि विनोद की मांग इतनी प्रबल नहीं है। इसी कारण उनके व्यंग्य अधिक सार्थक लगते हैं–द्वापर युग की मानसिकता वाली राधा कलियुगी राधा के सामने कदम-कदम पर हारती जाती है। कलियुगी राधा जब नौ मन तेल इकट्ठा करने के गुरु जान जाती है, उसके पास तेल की कमी नहीं रहती। अब वह खुद भी नाचती है और कितनों को नचाती है।' हरीश नवल के व्यंग्य जब जीवन की विसंगतियों को उभारते हैं तो पाखंड की परतें खुलती हैं तथा उनकी धार और तीखी हो जाती हैं। संपादकाचार्य कन्हैयालाल नंदन ने लिखा है–'हरीश नवल की किताबों के शीर्षक बता देते हैं कि हरीश किस पैरा के व्यंग्यकार हैं। उनके निबंधों के शीर्षक उनके सरोकारों का आइना हैं–अप संस्कृति बनाम डाउन संस्कृति, एक प्रशस्ति-पत्र लाल किला के नाम, चौथी कसम उर्फ फिर मारे गए गुलफाम, कृषि मंत्रालय की रिपोर्ट और नल-दमयंती, एक मोहिनी मुस्कान और तीन समाधान... ...ये चंद शीर्षक देकर मैं यह भी स्वीकार करना चाहता हूँ कि मैंने उन्हें 'धर्मयुग' में छपते तो देखा ही, 'सारिका' और 'संडे मेल' में खूब छापा भी। उनकी रचना पढ़कर पहली मुस्कान का सुख मैंने खूब लिया है और हंसने के बजाय गमगीन होता गया।' प्रस्तुत हैं बातचीत के अंश–

मुसोलिनी एक स्टेडियम का उद्घाटन कर रहा है और पैर से ग्लोब नचाते

हुए कहता है–'डेमोक्रेसी की कद्र की जानी चाहिए।' इसे आप किस कोटि का व्यंग्य मानते हैं?

इस उदाहरण को मैं एक उच्च कोटि का फार्स मानता हूँ। तानाशाही और डेमोक्रेसी एक ऐसा मिश्रित रूप है जिसमें लोकतंत्र की धज्जियां उड़ाते हुए व्यवस्था के प्रति मिथ्या विश्वास प्रदर्शित किया गया है। ऐसे उदाहरण परिपक्व व्यंग्य की पहचान बनाते हैं। साथ ही रचनाकार की सोउद्देश्यपूर्ण कल्पनशीलता की ओर भी संकेत करते हैं।

नौटंकी के जोकरों और फिल्मी कमेडियनों के हास्य-व्यंग्य में क्या अंतर पाते हैं? और साथ ही यह भी बताएं कि नौटंकी के जोकरों का हास्य-व्यंग्य में क्या योगदान है? यदि वह उल्लेखनीय है तो हिंदी साहित्य में वे उल्लेखनीय क्यों नहीं समझे गए?

नौटंकी नहीं पर मध्यकालीन नाटकों में जिस विदूषक की उपस्थिति अनिवार्य होती थी, वहाँ गाम्भीर्य प्रकट होता था। वह हंसोड़ नहीं होता था। वह नायक को सचेत करता रहता था। उसके व्यंग्य से पगे संवाद सामाजिक सरोकारों को व्यक्त करते थे। फिल्म जगत में कमेडियन का अहम रोल रहा है। मुझे चार्ली चैपलिन जैसे कमेडियन अधिक भाते हैं। जो विसंगति और विद्रूपता को बखूबी दर्शाते हैं। वे भीतर से हमें करुणा के कगार पर ले जाते हैं और द्रवित करते हैं। वह फिल्म हम नहीं भूल सकते जिसमें भूख लगने पर चार्ली चैपलिन एक सूखा जूता खाने का उपक्रम करता है और उस करुणा को दर्शाता है, जो व्यंग्य की परिणति है। नौटंकी जैसी सशक्त लोकविधा में जोकरों का हास्य-व्यंग्य अति महत्वपूर्ण है। वे अभी भी उपेक्षित हैं। उन पर व्यवस्थित काम होना चाहिए।

रेणु, श्रीलाल शुक्ल, अमृतलाल नागर, नागार्जुन–सबने अपने व्यंग्य से साहित्य को धन्य किया। लेकिन रेणु के व्यंग्य साहित्य में सबसे अलग, सबसे मारक, गहरे तक असर करने वाले रहे हैं। वह जहाँ से सामग्री उठाते हैं, उसकी दुनिया गांव-देहात है–परंतु वह वहाँ की चीज न होकर सकल समाज को हिला देने की कूबत रखते हैं। ऐसा कुछ दूसरे रचनाकारों में नहीं मिलता। क्या लगता है आपको कि आज के लेखक सामाजिक सरोकारों के बीच पैदा होने वाले हास्य-व्यंग्य का रास्ता भूल गए हैं या आज सामाजिक सरोकार उनका गाढ़ा नहीं रहा?

रेणु ने व्यंग्य विधा में रचनाएं नहीं कीं, उनकी रचनाओं में व्यंग्य है। यदि हम यह नजरिया बनाएं तो देखेंगे कि जो ध्वनित हुआ, व्यंग्य है। यदि रेणु, अमृतलाल नागर, नागार्जुन के साथ सिर्फ यह सवाल जोड़ेंगे तो यह बेमानी हो जाता है। आज

भी व्यंग्यकार के लिए सामाजिक सरोकार ही मुख्य है। दिक्कत यह है कि व्यंग्य के नाम पर जो रचनाएं विभिन्न पत्रिकाओं में देखने को मिलती हैं, वे कम ही गंभीर व्यंग्य की श्रेणी में आती हैं। प्रायः ये रचनाएं विनोद की होती हैं और टिप्पणी का रूप लेती हैं, जिनमें शाब्दिक रूप और व्यंजना पैदा करने का प्रभाव दिखता है। जो सार्थक व्यंग्य रच रहे हैं, उनका लक्ष्यार्थ सामाजिक सरोकार ही है।

के. पी. सक्सेना, शरद जोशी, हरिशंकर परसाई को किस श्रेणी में रखेंगे आप? कहने का तात्पर्य यह है कि तीनों के व्यंग्य का पैनापन अलग-अलग है, लेकिन जो वैचारिक फलक हरिशंकर परसाई के यहाँ हैं, वह शरद जोशी के यहाँ नहीं और जो शरद जोशी के पास है, वह हरिशंकर परसाई के पास नहीं और जो के. पी. सक्सेना के पास है, वह दोनों के पास नहीं?

हरिशंकर परसाई का व्यंग्य कथात्मकता को लेकर निर्मित होता है, इसलिए उसमें किस्सागोई की महक और आत्मीयता प्राप्त होती है। शरद जोशी का व्यंग्य बाल की खाल खींचता हुआ निबंधन का रूप लेता है और के. पी. सक्सेना की रचनाओं में बहुत सहज और टकसाली भाषा में संवादों का माध्यम रहता है, जो हास्य के अधिक निकट बैठता है। आपने ठीक कहा कि तीनों का लेखन भिन्नताएं, विशिष्टताएं लिए हुए है। हरिशंकर परसाई में साहित्यिकता अधिक मिलती है, शरद जोशी में पत्रकारिता का रूप मुखरित होता है और के. पी. सक्सेना में लोकप्रियता का आभास अधिक होता है। इसलिए आम पाठक के. पी. सक्सेना के सबसे अधिक निकट होता है। गंभीर पाठक शरद जोशी के पास और विशिष्ट पाठक परसाई को प्राप्त है, इसलिए परसाई के व्यंग्य हमें देर तक उन पर चिंतन करने को विवश करते हैं।

आपकी बिरादरी में यह जो आबिद सुरती और लतीफ घोंघी हैं? उनका मूल्यांकन आप किस तरह करते हैं?

मैं आपके इस प्रश्न से प्रभावित हूँ। लतीफ घोंघी निश्चित रूप से हिंदी के बड़े व्यंग्यकार हैं, जिन पर आलोचकों ने अपेक्षाकृत कम ध्यान दिया। रवींद्रनाथ त्यागी कहा करते थे कि परसाई और शरद जोशी के साथ तीसरा स्थान लतीफ घोंघी का है, मेरा नहीं। जहाँ तक आबिद सुरती के लेखन का प्रश्न है उनकी फेंटेसी बहुत प्रभावित करती है, लेकिन हिंदी के आलोचक उनकी रचनाओं को हिंदी से इतर ही मानते रहे हैं। व्यक्तिगत रूप से मुझे उनका लेखन सार्थक लगता है। उनकी व्यंजना न केवल पैनी और धारदार है, बल्कि रोचक भी है। दुर्भाग्य से हिंदी व्यंग्य के इतिहास में लतीफ घोंघी और आबिद सुरती के साथ हमने न्याय नहीं किया।

अक्सर व्यंग्यकार एक काल्पनिक पात्र गढ़ लेते हैं, जैसे–'शिवशंभू' (बालकृष्ण भट्ट), 'व्योमकेश शास्त्री' (हजारी प्रसाद द्विवेदी), 'भ्रमरानंद'

(विद्यानिवास मिश्र), 'बिहारीलाल (महीप सिंह) ये पात्र व्यंग्य की सार्थकता में कहाँ तक सहायक होते हैं?

व्यंग्यकार जब ऐसा कोई पात्र गढ़ता है तो प्रायः वह पात्र उसे बैसाखी का सहारा देता है। जाहिर है कि बैसाखी के बजाए हमें अपने पांव पर चलना चाहिए। ऐसे पात्रों की एक लंबी परंपरा रही है। जब निरंतर लिखना हो तो व्यावहारिक दृष्टि से ऐसे पात्र बहुत कम आते हैं। रचना-नियोजन और उसके विकास में सहायक होते हैं और कभी-कभी ये पात्र अपने रचयिता से भी अधिक लोकप्रिय हो जाते हैं। समकालीन व्यंग्यकारों में प्रेम जनमेजय का 'राधेलाल', यज्ञ शर्मा का 'निदंक' लोकप्रिय पात्र बन गए हैं। स्वतंत्र रचनाओं में गुरुओं के अनुसार इन पात्रों से कम से कम काम लेना चाहिए।

हिंदी में हास्य-व्यंग्य पत्र-पत्रिकाओं की सुदीर्घ और समृद्ध परंपरा रही है....

हास्य और व्यंग्य के प्रचार-प्रसार में कुछ ऐसी पत्रिकाओं की भूमिका महत्वपूर्ण रही है जो केवल इन्हीं विधाओं को प्रश्रय देती थीं। क्योंकि हिंदी में दोनों विधाओं के मिश्रण का एक भ्रामक प्रयोग चल पड़ा और लगभग रूढ़ हो गया, यानी दोनों विधाएं एक साथ अनेक रूपों में समाहित होती रहीं। ऐसी पत्रिकाओं में 'नोंक-झोक', 'विदूषक', 'करेला', 'कार्टून-गाछ', 'अब के नारद', 'अट्टहास', 'रंग आदि के नाम मुझे ध्यान में आ रहे हैं। समकालीन व्यंग्य की गंभीर पत्रिका संप्रति प्रेम जनमेजय द्वारा संपादित 'व्यंग्य-यात्रा' है। ये विधागत पत्रिकाएं व्यंग्यकारों को प्लेटफॉर्म देती रही हैं।

'बागपत के खरबूजे' से लेकर 'दिल्ली चढ़ी पहाड़' तक आप अपनी व्यंग्य यात्रा के कितने पड़ाव मानते हैं?

'बागपत के खरबूजे' मेरा प्रथम व्यंग्य संकलन था, जो 'युवा ज्ञानपीठ पुरस्कार' (1987) प्राप्त होने के कारण विशेष चर्चित हुआ तथा 'टाइम्स' के एक आकलन के अनुसार उसे बीसवी शताब्दी की सर्वाधिक चर्चित पुस्तकों में स्थान प्राप्त हुआ। इसने मेरे लेखकीय दायित्व को बढ़ा दिया। दूसरा संकलन 'पीली छत पर काला निशान' मुझे विशेष नहीं लगा था, परंतु शीघ्र ही इसके तीन संस्करण आ गए। 'दिल्ली चढ़ी पहाड़' एक प्रयोग था, जिसमें आजादी के बाद दिल्ली के इतिहास को एक व्यंग्यकार की दृष्टि से देखा-लिखा गया था। इसके बाद 'वाया पेरिस आया गांधीवाद' का आगमन हुआ, जिसमें हास्य और व्यंग्य के अलग-अलग खंड बनाये गए थे। कुछ आलोचकों को यह अच्छा लगा, कुछ को नागवार हुआ।

फिल्म 'सरफरोश' से आप कैसे संबद्ध रहे? क्या आमिर खान और सोनाली बेंद्रे से आपके संबंध थे?

'सरफरोश' एक श्रेष्ठ और लोकप्रिय फिल्म थी। मेरे कॉलेज तथा रामजस

कॉलेज व शिक्षा संकाय सीआईई में इसकी कुछ महत्वपूर्ण शूटिंग हुई थी। फिल्म निर्देशक जॉन मैथ्यू थे। मुझे फिल्म में आमिर खान और सोनाली बेंद्रे के प्रोफेसर का रोल मिलाथा। दोनों ही मुझे 'सर' बोलने लगे थे। आमिर और सोनाली को पुस्तकें पढ़ने का खूब शौक था। सोनाली बेंद्र ने जब 'बागपत के खरबूजे' पढ़ी तो सार्थक टिप्पणी भी दी। अलबत्ता आमिर खान को हिंदी पढ़ने में देर लगती थी। उन्होंने मेरी कुछ व्यंग्य-कथाओं के अंग्रेजी रूपांतर मुझसे लिए थे। कहना चाहूँगा कि आमिर खान का बौद्धिक स्तर बहुत विकसित है। वह राज्य, समाज, राजनीतिक और सिनेमा पर गंभीरता से बातचीत करते हैं।

आप कैसा समाज चाहते हैं?

कमोबेश रूप से हम सभी वैसे ही समाज की कल्पना करते हैं, जैसा साम्यवादी चाहते हैं। पर वह एक यूटोपिया है, ऐसा संभव नहीं है। चाहता हूँ कि समाज की सभी इकाइयां एक दूसरे का सम्मान करें और उन्हें प्रतिष्ठा दें। हमारे देश में तथाकथित बड़े लोग भ्रष्ट आचरण को प्रश्रय न दें। धीरे-धीरे समाज वैसा ही हो जाएगा, जैसा हम सब चाहते हैं।

कोई ऐसा प्रसंग जिसे आप पाठकों में बाँटना चाहेंगे?

'बागपत के खरबूजे' पर पुरस्कार मिलने के उपलक्ष्य में कॉलेज के स्टाफ के एसोसिएशन ने एक अभिनंदन कार्यक्रम आयोजित किया, जिससे हमारे कॉलेज के वनस्पतिशास्त्र के अध्यक्ष डॉ. रामपाल ने मेरे बारे में कहा था–विद्यार्थी के रूप में हरीश मेरे साथ एनसीसी कैंप में गया था। मैंने देखा कि वह फूल-पत्तियों में बहुत रूचि लेता है। और अब उसने वनस्पतिशास्त्र का एक ग्रंथ लिख दिया है। यह मेरे लिए एक बड़ी बात है, क्योंकि मैं जानता हूँ, बागपत के खरबूजों की एक विशेष किस्म होती है, जिसका अध्ययन और शोध बाटनी के छात्र करते हैं। और अब भारतीय ज्ञानपीठ जैसी साहित्यिक संस्था भी वनस्पतिशास्त्र पर ध्यान देने लगी है. ....' सभी सहयोगियों ने करतल ध्वनि की और मुझे वनस्पति शास्त्री माना गया। वहाँ मौजूद एक अन्य व्यक्ति सुरेश ऋतुपर्ण को असलियत मालूम थी।

कौन-सा पक्षी अधिक प्रिय है और क्यों?

मोर बहुत प्रिय है, क्योंकि वह अवसाद में भी नृत्य करना जानता है।

वाह! धन्यवाद।

(इंडिया न्यूज़, अगस्त 2008)

दृष्टिकोण व्यापक होगा व विश्वास जगेगा तो पुनः बात बनेगी...

–प्रस्तुति उज़्मा परवीन

उज़्मा : आप बचपन से कहानी लिखते थे, स्कूल-कॉलेज में कहानी प्रतियोगिताओं में विजयी होते थे। 'नई कहानी' का युग होते हुए भी उस वक्त आपने व्यंग्य को ही विधा रूप में क्यों चुना?

हरीश नवल : मैंने कहानियाँ भी लिखी परंतु उसी दौर में पाया कि व्यंग्य में कहानी की अपेक्षा कम प्रतियोगिता है तथा अच्छा लिखने वाले का वहाँ स्वागत अधिक होगा। मेरी कहानियों का मूल स्वर व्यंग्य ही था और श्री जैनेन्द्र कुमार जैसे शीर्ष साहित्य-ऋषि ने मुझे व्यंग्य लेखन की ओर उत्साहित कर प्रेरित किया था।

उज़्मा : व्यंग्य-लेखन के प्रेरणा स्त्रोत कौन व क्यों?

हरीश नवल : बेढब बनारसी का 'लेफ्टिनेंट पिगसन की डायरी' नामक उपन्यास, कृश्न चंदर कृत 'एक गधे की आत्मकथा, कन्हैयालाल कपूर के व्यंग्य और फिक्र तौसवी का व्यंग्य-स्तंभ 'प्याज के छिलके' से मेरा झुकाव व्यंग्य की ओर बढ़ने लगा था। गोपाल प्रसाद व्यास का स्तंभ 'नारद जी खबर लाए हैं भी बहुत भाता था। जब हरिशंकर परसाई को पढ़ना शुरू किया, विधा के रूप में व्यंग्य मुझे शीर्ष पर दिखाई देने लगा। व्यंग्य विधा के पुरोधाओं में उनके साथ-साथ मुझे शरद जोशी और रवींद्रनाथ त्यागी भी प्रभावित करते थे। उस जमाने के के. पी. सक्सेना और लतीफ घोंघी की शैली भी अच्छी लगती थी। आचार्य हजारी प्रसाद द्विवेदी, व्योमकेश शास्त्री के रूप में और श्रीमति कमला रत्नम 'हीरा कोयला' के रूप में भी प्रेरणा मिलती थी। कालांतर में परसाई जी से और आचार्य द्विवेदी से मेरी आरंभ की रचनाओं के प्रति आशीर्वाद लेने से बल बढ़ा था और मैंने 'धर्मयुग' के लिए व्यंग्य भेजने आरंभ किए–संपादक प्रवर डॉ. धर्मवीर भारती ने अत्यंत उत्साहवर्धन किया और आग्रह व आदेश कर मुझसे व्यंग्य लिखवाए। यह प्रेरक कार्य फिर सर्वाधिक श्री कन्हैयालाल नंदन ने किया।

उज़्मा : आपको बचपन से अभिनय में रूचि रही है। आपका शोध भी रंगमंच पर है। आपने उस क्षेत्र को अलविदा क्यों किया?

हरीश नवल : मैंने 'नाटक और रंगमंच' को अलविदा नहीं किया। हाँ सक्रिय अभिनय करना छोड़ दिया। स्कूल और कॉलेज में दर्जनों नाटकों में अभिनय किया, प्राध्यापक बन कर निदर्शन भी किया तथा कुछ कुछ अभिनय भी......फिर लगा कि अभिनय मेरा क्षेत्र नहीं है–मुझे लेखन ज्यादा अपना लगता था, अतः मैं विधिवत लेखन क्षेत्र में ही आ गया। रंगमंच का वह अनुभव और लगाव मेरे शिक्षण क्षेत्र में मेरा अभी तक साथ दे रहा है–बी. ए. एम. ए. में नाटक और रंगमंच पढ़ाने में तथा पी. एच. डी. के शोधार्थियों को रंग संदर्भित शोध कार्य कराने में आनंद की अनुभूति होती है। यह लगाव मेरे टी. वी. और लेखन में बेहद काम आता रहा है।

उज़्मा : आपने कविताएं भी लिखी हैं। कविताएं क्यों छोड़ दीं। आप कविता में भी व्यंग्य लिख सकते थे?

हरीश नवल : मैंने कविताएं लिखनी कभी नहीं छोड़ी, मेरी कविताओं में व्यंग्य भी है–पर मैंने इन्हें प्रकाशित नहीं करवाया, कोई संकलन नहीं छपवाया, सहयोगी संकलनों में भी नहीं दिया। एक ही कारण था कि मैं गद्य व्यंग्यकार के रूप में ही स्थापित होना चाहता था–जितना भी जैसा भी हुआ, उससे मुझे अधिक संतोष मिला।

उज़्मा : व्यंग्य रचना और व्यंग्य टिप्पणी में क्या अंतर है?

हरीश नवल : वही जो रचना और टिप्पणी में है। रचना में कथावस्तु पात्र आदि की योजना होती है, उद्देश्य को लक्षित कर कथात्मकता सा कुछ आभास देना होता है। जबकि टिप्पणी में मुख्यतः प्रतिक्रिया होती है। उसमें वह प्रबंध और उस तरह का अनुशासन भी नहीं होता, जो रचना में अनिवार्य होता है।

उज़्मा : समाज पर आपके तीक्ष्ण व्यंग्य प्रहारों का कोई प्रभाव पड़ा?

हरीश नवल : विसंगतियों को उघाड़ने और उनसे परिचित कराने के लिए सभी व्यंग्यकार लिखते हैं। किसी एक का कोई प्रभाव नहीं–समग्र व्यंग्य चेतना का प्रभाव पड़ता रहा है। पूर्ववर्ती, समकालीन और उत्तरकालीन व्यंग्यकारों के लेखन ने हिंदी समाज को एक दृष्टि दी। अपने अधिकारों के प्रति सचेत होने का अहसास कराया, शोषितों के शोषण से शोषकों के अंदाज का परिचय दिया–जनजागृति का यह स्वर धीमे धीमे गूंजा है–पाठक सजग होता गया। एक धीमा प्रभाव अवश्य पड़ा–उतना ही पड़ता है। कबीर के व्यंग्य का समाज पर अत्यधिक प्रभाव पड़ने के लिए वैसा ही परिदृश्य और माहौल जरूरी है। हम स्वतंत्र भारत में महालोकतांत्रिक रूप से विकसित हो रहे थे–कहने की आजादी का लाभ उठा रहे थे–कबीर के युग में सब सहते थे, कोई कबीर कहता था–मेरे युग में सब कहते थे, कह सकते थे, कहते हैं–

अतः नक्कारखाने में आवाज स्पष्ट न होगी–समाज चेता जरूर है–समाज भले ही व्यवस्था के आगे हारता गया पर उसे पहचानता गया।

उज़्मा : अपनी रचनाओं में आपने मिथकीय प्रयोग भी किए हैं। इनके विषय में आपके अनुभव?

हरीश नवल : मिथक जो दृष्टांत देता है, उसके प्रतीक, अर्थ आदि सभी हमारे संस्कारों, परंपराओं और जनाधार तथा विश्वास के कारण हम सबको स्पष्ट होते हैं– खुलासे की जरूरत नहीं पड़ती। अन्य व्यंग्यकारों की भांति मेरी रचनाओं में इनका प्रयोग करने के बाद स्पष्ट करने की गुंजाइश नहीं रही। व्यंग्य में जितना कम स्पष्टीकरण हो उतना ही अच्छा रहता है। मेरे अनुभव अनुपम रहे।

उज़्मा : एक समय में हिंदी में विभिन्न पत्रिकाएं जैसे साप्ताहिक हिंदुस्तान, धर्मयुग, सारिका, दिनमान आदि बड़े पैमाने पर उपलब्ध थीं, पर आजकल ऐसी पत्रिकाएं लुप्त हैं। क्या कारण है इसका?

हरीश नवल : हिंदी में ये पत्रिकाएं देश के दो बड़े प्रकाशन समूहों द्वारा प्रकाशित की जाती थीं और हिंदी विचार, दर्शन और साहित्य को स्थान देती थीं–ये मिजाज से रंगीन पत्रिकाएं कहलाती थीं–ये पारिवारिक पत्रिकाएं थीं–इनमें मुख्य धारा और लोकप्रिय साहित्य दोनों ही छप रहे थे, परंतु जैसे ही वे 'ब्रांड' बनने लगी–उनका छपना बंद होने लगा। धर्मवीर भारती के संपादक न रहने के बाद भी 'धर्मयुग' कुछ वर्ष प्रकाशित हुआ पर उसमें 'भारती टच' का अभाव था। साप्ताहिक हिंदुस्तान भी मनोहर श्याम जोशी के बाद सुस्त होने लगा। कन्हैयाला नंदन के बाद भी 'सारिका' थी पर प्रभाव शून्यता बढ़ने लगी, नंदन जी के ही बाद बल्कि नंदन जी के संपादन काल ही में 'दिनमान' ढलने लगा था–बाजारवाद ग्लोबलाइजेशन की आड़ में बढ़ रहा था–'अतः पत्रिकाओं को भी बाजार की पत्रिकाएं बनना था जबकि इन सभी का मूल स्वर बाजारवाद का विरोधी स्वर रहा था, अतः इनका दम घुटता गया। प्रकाशन समूह ब्रांडोन्मुखी थे। अतः वे बंद हो गई।

हिंदी में पत्रिकाएं, आज बेशुमार हैं, रोज छपती हैं पर स्वर स्थानीय हैं–लघु पत्रिकाएं एक से एक श्रेष्ठ हैं पर उनका प्रसारण बेहद कम है–जिनका तेवर अपेक्षाकृत कम है–न्यूज की जगह न्यूज वैल्यू है–अतः अभी कोई वैसी कोई पत्रिका चल न पाएगी। ज्ञानोदय, पूर्वग्रह, समकालीन साहित्य, अक्षरा आदि उत्तम भारतीय साहित्य प्रदान कर रही हैं पर मिजाज रंगीन नहीं–श्वेत है अथवा श्याम-श्वेत है.....वैश्वीकरण में बाजार में बोल्ड एंड ब्यूटीफूल ग्लैमर की जरूरत रहती है–'हिंदी पत्रिका ऐसा क्यूं करें? बस अभी तो बर्दाश्त करें–इंतजार करें–वेट फॉर गोदो।

उज़्मा : कुछ मतों के अनुसार हमारे यहाँ पश्चिम के सेटायर के रूप में व्यंग्य

नहीं आया, बल्कि हास्य यानि हयूमर ही व्यंग्य के रूप में आया?

हरीश नवल : पश्चिम देशों में 'सैटायर' और 'हयूमर' दोनों स्वतंत्र विधाओं के रूप में स्थापित भी हैं उनकी भिन्नताएं रेखांकित भी हैं। हिंदी में गड्मड् है। व्यंग्य और हास्य दोनों का मिश्रित रूप कभी 'व्यंग्य' कहलाता है और कभी 'हास्य'। दिक्कत न हो इसलिए हाईफन लगाकर एक सुरक्षित जोन 'हास्य-व्यंग्य' के नाम से बना ली गई है जो सही नहीं है।

दरअसल 'सैंस ऑफ हयूमर' की हमारे यहाँ कमी नहीं है परंतु 'सैंस ऑफ सैटायर' की है। हास्य की परिणति निर्मल आनंद में और व्यंग्य की परिणति करुणा में होती है–परंतु वर्तमान में प्रायः यही भ्रमवश समझा जाता है कि दोनों के मिलेजुले रूप की रचनाओं को हास्य भी कह दिया जाता है और व्यंग्य भी।

उज़्मा : क्या कभी आपको व्यंग्य लिखने का खामियाजा भुगतना पड़ा? आप विश्वविद्यालय में सेवारत हैं–परेशानी नहीं उठानी पड़ी?

हरीश नवल : छिटपुट तो बहुत बार हुआ। कई बार परेशानी कुछ ज्यादा भी हुई। 'नवभारत टाइम्स' में एक बार एक राजनैतिक दल पर व्यंग्य लिखा, उस दल के राष्ट्रीय अध्यक्ष ने कॉलेज में पुलिस भिजवा दी। 'जागरण' में एक बार नवरात्रों संदर्भित एक व्यंग्य छपने पर दर्जनों पत्र विरोधी स्वर के आ गए। एक राजनैतिक दल (जो पूर्व उदाहरण के दल का विरोधी है) ने उस व्यंग्य लिखने के लिए क्षमा मांगने के लिए कुछ उग्र किस्म के युवकों को भी भेज दिया था। कॉलेज में ही एक बार व्यंग्य प्रयोगों ने मुझे मिलने वाला एक पद छीन लिया, आदि आदि.....

उज़्मा : अब तक कि प्रकाशित रचनाओं में कौन सी रचना आपको सर्वाधिक प्रिय है और क्यों?

हरीश नवल : जन्मदाता को सभी संतानों से एक सा प्रेम होता है, तब भी विक्रमार्क, बुढ़िया और सराय रोहिल्ला 'मुझे सर्वधिक प्रिय है। इसमें हास्य, विनोद आदि नहीं है–केवल व्यंग्य है, लक्षित व्यंग्य जो कारूणिक है। विडंबना की अजब त्रासदी है। इसका कथ्य-संतान का माता-पिता से दूरी रखना, उन्हें बोझ समझना है पर......अवसर मिलते ही उन्हें चूसना भी है। मैं यह बताने का लोभ संवरण नहीं कर पाता कि अनेक औरों के अतिरिक्त आचार्य हजारी प्रसाद द्विवेदी, हरिशंकर परसाई और डॉ. धर्मवीर भारती को भी यह रचना बहुत प्रिय थी। विनम्रता से कहना चाहता हूँ–वे इसे उदाहरण के रूप में प्रस्तुत करते थे।

उज़्मा : आज संबंधों की आत्मीयता कम हो रही है, इसके पीछे क्या संस्कार दोषी हैं या आर्थिक दबाव?

हरीश नवल : इसके पीछे दृष्टिकोण का दोष है, सोच के आधार में बसी

अविश्वसनीयता का पूर्वग्रह है। सभी न्यूक्लिस यानि एक परिवार तक सीमित हो गए हैं। सगे संबंध भी न्यून हैं। दृष्टिकोण व्यापक होगा व विश्वास जागेगा तो बात पुनः बनेगी–अमरीका और यूरोप में बात थोड़ी थोड़ी बनने लगी है।

उज़्मा : आपने व्यंग्य क्यों लिखना शुरू किया?

हरीश नवल : आसपास के परिवेश की असंगतियों, विसंगतियां, विडंबनाएं और विद्रूप स्थितियां ऐसी दिखाई देती हैं कि हम असंतोष में गुस्साने लगते हैं, दोषी का सिर फोड़ने तक का मन होने लगता है–'संयम का बांध टूटता है और हम भाषा का गलत प्रयोग कर गाली-गलौज पर उतरने लगते हैं। मैं न गुस्सा कर सकता था, न सिर फोड़ने की ताकत रखता था। जहाँ रखता भी तो भी स्थिति में परिवर्तन नहीं हो रहा था–ऐसे में अपने को अभिव्यक्त करने के साधन के रूप में मुझे व्यंग्य सार्थक लगा। उसके साथ विनोद, हास्य, परिहास, उपहास आदि का प्रयोग कर बिना स्ट्रैस के मजे मजे में अपनी बात कहने की शैली इजाद करने लगा। यह मेरे व्यंग्य लेखन का मूल कारण था।

उज़्मा : अपने टीवी लेखन के बारे में बताएं। आपने बहुत लिखा पर फिर आप इससे भी लौट आए, क्यों?

हरीश नवल : मैं अभी टीवी लेखन में जुटा हूँ। हाँ अब निर्माता निर्देशकों के पीछे दौड़कर काम मांगने की जरूरत व स्थिति नहीं है। कोई भी टीवी लेखन व रेडियो लेखन कर्म मैं प्रायः अस्वीकार नहीं करता, अब उसे अपने अनुभव व विस्तार के लिए ले लेता हूँ। पहले धन की ज्यादा जरूरत थी। महानगर में आनंद से रहना था, घर बनाना था, पहले बहन फिर बेटियों की शादियां करनी थीं, केवल नौकरी से इतना सुभीता नहीं था, साहित्यिक लेखन ने यश कमाया और टीवी लेखन से धन। जीवन अपनी मेहनत, लगन व सतत कर्म तथा पत्नी स्नेह सुधा व प्रेम जनमेजय और सुरेश ऋतुपर्ण जैसे मित्रों के सहयोग से आनंद से बीता।

उज़्मा : आपने अनेक देश की यात्राएं की। आपने वहाँ हिंदी व्यंग्य का प्रचार व प्रसार भी किया। क्या उसमें आप सफल रहे?

हरीश नवल : हाँ, यदि 'सफल' शब्द सही है तो? मैंने अमरीका, इंग्लैंड, त्रिनिडाड, जापान, बल्गारिया, मारीशस, कनाडा, थाईलैंड, ओमान आदि देशों में व्यंग्य रचना पाठ, व्यंग्य-शास्त्र, हिंदी व्यंग्य की अस्मिता आदि पर आलेख पढ़े, संगोष्ठियां की। मारीशस के रेडियो, अमरीका के टीवी पर हिंदी व्यंग्य प्रस्तुत किया आदि। वहाँ के व्यंग्य लेखन की तुलना में अपने हिंदी व्यंग्य से कर सका जिससे मेरा भी परिष्कार ही हुआ–तो मुझे फल मिला, मैं सफल हुआ।

उज़्मा : आप अपने व्यंग्य लेखन में विविध शैली लेखन के लिए चर्चित हैं।

आपको अपनी कौन सी शैली सर्वाधिक पसंद है और क्यों?

हरीश नवल : मुझे अपनी किस्सागोई शैली सर्वाधिक पसंद है। इसमें पूर्ण कथात्मकता, रोचकता, प्रसंग वर्णन विशिष्टता, कौतूहल रचना, जिज्ञासा संवर्धन और सस्पैंस के बाद कोई राज खोल कर क्लाइमैक्स या एंटी क्लाईमैक्स का निर्वाह करना मुझे बहुत अच्छा लगता है। इसमें व्यंग्य-भाषा में नाटकीयता भी प्रचुर होती है।

उज़्मा : व्यंग्य उपन्यास लिखने का विचार आपको कभी आया?

हरीश नवल : वही लिखना है। विचार तो बीस वर्षों से आ रहा है। दो उपन्यासों के लेखन-बिंदु भी डायरियों में बंद हैं। परसाई जी से लेकर सुभाष चंदर तक सभी मुझसे अच्छे व्यंग्य उपन्यास लेखन की उम्मीद कर प्रेरणा देते रहे हैं–लिखूंगा तो, कह नहीं सकता श्रेष्ठ होगा कि नहीं। डॉ. कन्हैयालाल नंदन का उलाहना मैं कभी नहीं भूलता, उन्होंने एक दिन कहा था, देख लो तुम तीनों साथ-साथ दौड़े थे, ज्ञान ने व्यंग्य उपन्यास लिखा, वो आगे हो गया, तुम और प्रेम जनमेजय पीछे पीछे दौड़ रहे हो, बड़ा काम करो–उपन्यास लिखो......ऐसा ही कुछ कहा था रवींद्रनाथ त्यागी ने।

उज़्मा : व्यंग्य की विभिन्न पीढ़ियों में कौन कौन व्यंग्यकार आपको सर्वाधिक प्रिय हैं?

हरीश नवल : भारतेंदु पीढ़ी में भारतेंदु बालमुकुंद गुप्त, उनके बाद की पीढ़ी में बेढब बनारसी, उनके बाद वाली में हरिशंकर परसाई, शरद जोशी, श्रीलाल शुक्ल और त्यागी तत्पश्चात शंकर पुणतांबेकर, फिर नरेंद्र कोहली, फिर हमारी पीढ़ी में ज्ञान चतुर्वेदी और प्रेम जनमेजय, हमारे बाद वाली पीढ़ी में यशवंत व्यास, गिरीश पंकज और उसके बाद वाली में सुभाष चंदर। ये सब शुद्ध व्यंग्य की ओर बढ़ते हैं, करुणा से व्यंग्य की परिणति करते हैं, व्यंग्य को लोकप्रिय व सोद्देश्य बनाते हैं, व्यंग्य के शास्त्र पर बात करते हैं, श्रेष्ठ व्यंग्य लेखन को प्रोत्साहित करते हैं, शालीन व विनम्र भाव बनाए रखते हैं। हिंदी व्यंग्य के लिए समर्पित रहे हैं तथा धन की लिप्सा नहीं कर्म की गति पर ध्यान देते हैं।

उज़्मा : आपका सर्वधिक प्रेरक कवि, उपन्यासकार, समाज सुधारक, संपादक, फिल्म अभिनेता, अभिनेत्री, संगीतकार, गीतकार, निर्माता, निर्देशक कौन हैं?

हरीश नवल : प्रेरक–विजयेंद्र स्नातक, चमत्कारी विभूति–हॉकिन्स, संत–विवेकानंद, कवि–रहीम, उपन्यासकार–शरतचंद्र, समाज सुधारक–बाबा साहब आम्टे, संपादक–धर्मवीर भारती, आलोचक–हजारी प्रसाद द्विवेदी, फिल्म अभिनेता–दिलीप कुमार, फिल्म अभिनेत्री–निरूपा राय, संगीतकार–नौशाद, गीतकार–प्रदीप, निर्माता–बी. आर. चोपड़ा, निर्देशक–राजकपूर, गायक–मोहम्मद रफी, गायिका–आशाभोंसले, राजनेता–डॉ. कर्ण सिंह, प्रशासक–किरण बेदी, वैज्ञानिक–एडीसन, हिंदी सेवी–गोपाल

प्रसाद व्यास, फिल्म–36 चौरंगी लेन, पुस्तक–रामचरित मानस।

उज़्मा : 46 पांडुलिपियों में 'बागपत के खरबूजे' को सन 1987 में युवा ज्ञानपीठ पुरस्कार के लिए चयनित होने पर कैसा लगा था?

हरीश नवल : कि चुने गए, वे भी एक निश्चित निर्णायक मंडल द्वारा जिसमें शरद जोशी और श्रीलाल शुक्ल, जैसे दिग्गज व्यंग्यकार भी थे। अच्छा तो बहुत लगा था पर जिम्मेदारी के अहसास का भारी भय भी हुआ था। यह देश भर की एक प्रतियोगिता थी–प्रतियोगिता में प्रथम आना बहुत संतोषजनक था क्योंकि तब तक धर्मयुग, सारिका, साप्ताहिक हिंदुस्तान आदि में रचनाएं निरंतर छपती रही थीं और 'व्यंग्यकार' का ठप्पा लग चुका था। मैंने अरसे बाद अपने आप की पीठ थपथपाई थी।

उज़्मा : व्यंग्य का भविष्य कैसा होगा?

हरीश नवल : वर्तमान जैसा ही। यानि अनेक स्तरों पर व्यंग्य लेखन तथा व्यंग्य के नाम पर टिप्पणी, हास्य, शाब्दिक जाल आदि का भी साथ साथ लेखन। व्यंग्य मुख्यधारा के समानांतर चलेगा, कतिपय श्रेष्ठ व सार्थक व्यंग्यकार मुख्य धारा में रहेंगे। व्यंग्य संबंधी बहस चलती रहेगी, जब तक कि गद्य में व्यंग्य की विधा का नाम 'व्यंग्य' से बदल कर कुछ और न रखा जाएगा।

उज़्मा : सेवानिवृत्त होने पर अब आप भारत में रहेंगे या विदेश में अपनी बेटियों के पास?

हरीश नवल : अपने भारत में रहेंगे। विदेश जाया करेंगे–भारतीयों को और अपने बच्चों को मिलने।

उज़्मा : एक मीडियाकर्मी के रूप में आपकी निजी मान्यताएं क्या हैं?

हरीश नवल : पक्का प्रोफेशनल होना चाहिए। तर्कसंगत, निष्पक्ष, सच्चा और न्यायप्रिय मीडियाविद ही लोकतंत्र के चौथे स्तंभ का रखवाला हो सकता है। लेखनी का सही प्रयोग करना प्रथम धर्म है।

उज़्मा : अगले जन्म में आप यदि मनुष्य बने तो आप व्यंग्यकार होना पसंद करेंगे या अभिनेता या कुछ और?

हरीश नवल : मैं अगले जन्म में एक श्रेष्ठ सदमानव ही बनना चाहूँगा। ऐसा मानव जो करनी और कथनी में फर्क नहीं करेगा, जो पाखंड व बनावट से दूर रहेगा, जो सच्चा और अच्छा होगा। जिसमें सच्चे लोकतांत्रिक नागरिक के सदगुण मौजूद होंगे–जो सभी स्थलों, सभी संबंधियों, मित्रों, जानकारों के मध्य सदा यशस्वी हो सके तथा अपनी नजर में सदा ऊंचा ही उठे। लेखक बना तो व्यंग्यकार ही होना चाहूँगा।

वैसे कोशिश तो मैं इस जन्म से भी आरंभ कर सकता हूँ–ऐसी प्रेरणा मुझे आपके इस समापन प्रश्न से हुई है। मैं आपका कृतज्ञ हूँ। (09-11-2009)

परिपक्वता केवल उम्र से नहीं आती अंतरजगत् वाह्यजगत् से ज्यादा महत्त्वपूर्ण है..

संपादन मंडल डी.पी.एस. पत्रिका

संपादन मंडल : सर्वप्रथम हम पूछना चाहेंगे कि आपकी पहली रचना कौन-सी थी और कब लिखी?

डॉ. हरीश नवल : लिखना तो मैंने बाद में शुरू किया, जब आपकी उम्र का हुआ पर कल्पना करना बहुत पहले ही शुरू कर चुका था। जैसा कि माता-पिता ने बताया। हमारा घर चाँदनी चौक में था। शाम को हम बैठते थे तो मैं अपने दादा से कहता, 'दादाजी, आप कौन सी कहानी सुनोगे? न कि सुनाओगे। कभी हाथी पर या फूल पर मैं कहानी सुनाता। मैं बहुत देर तक सोचा करता था। जैसे साइकिल से आदमी गिरता क्यों नहीं या रेडियो से कौन गाना गाता है, पर सबसे ज्यादा आश्चर्य होता कि कैमरे में हमारी तस्वीर कैसे आ जाती है। शायद सभी बच्चे ऐसे ही होते हैं और मैंने अपनी इस जिज्ञासा और कल्पना को लेखन के रूप में ढाला। मेरा पहला आलेख देहरादून से प्रकाशित शहंशाह आश्रम की पत्रिका 'सर्वहितकारी में छापा। वास्तव में, मैंने विद्यालय में एक लेख लिखा था और शिक्षक ने प्रभावित होकर कहा कि मैं इसे प्रकाशित होने भेज दूं, सो मैंने भेज दिया। मैं अपनी उम्र से ज्यादा परिपक्व लिखता था। सर्वहितकारी के आध्यात्मिक धार्मिक आलेखों में, कभी-कभी मेरा लेख शंकराचार्य के लेख के आगे-पीछे आया करता था। इसी तरह मैं सर्वहितकारी का नियमित लेखक बन गया।

संपादन मंडल : आपने गद्य की दिशा क्यों चुनी?

डॉ. हरीश नवल : मैंने आदर्शों और मूल्यों, जैसे सत्य, न्याय, अहिंसा पर ज्यादा ध्यान केंद्रित किया और इसी से लिखना भी शुरू किया। लोगों ने कहा कि वर्णन करने की अच्छी क्षमता है। इसी कारण से, विद्यालय में जब अतिथि आते तो मुझे भेजा जाता था, तो मुझे बड़े लोगो के सामने बोलने का अभ्यास हुआ। दूसरी

ओर, तभी सन 1964 में नीलम नामक पत्रिका के एक स्तंभ–''युवतियों के नाम, युवकों के खुले पत्र'', में मैंने लिखा। मुझे 15 रुपए का पुरस्कार मिला। मैं उत्साहित हुआ।

एक बार जैनेन्द्र कुमार जी हमारे विद्यालय आए मुख्य अतिथि बनकर, मैं वाणी परिषद का सचिव था और मैंने उन्हें अपनी कुछ रचनाएं सुनाई तो उन्होंने कहा–''व्यंग्य को पकड़ो, हास्य को छोड़ दो।' बाद में बाउजी (जैनेन्द्र कुमार जी) से घनिष्ठता हुई और उनके मार्गदर्शन में यह क्रम आगे बढ़ा।

संपादन मंडल : आपने गद्य की किस विधा में लिखा और क्यों?

हरीश नवल : रचना, शब्द और अर्थ का अंतर्द्वंद्व है। मैंने व्यंग्य में ज्यादा काम किया है। हास्य निर्मल आनंद देता है, उसमें मलिनता नहीं होती, ग्लानि नहीं होती। व्यंग्य वह है जो करुणा में ले जाए, हिला दे, पीड़ा का दर्शन कराए। पर, व्यंग्य क्रूर भी होता है इसलिए हास्य का मिश्रण आवश्यक है। समाज को सचेत करने का सबसे अच्छा साधन यही है।

संपादन मंडल : आपको ऐसा नहीं लगता कि रंगमंच जनसाधारण पर ज्यादा गहरी छाप छोड़ता है?

हरीश नवल : निस्संदेह। फिल्मों से पहले रंगमंच ही था। चाहे भारत हो या यूरोप। भारत सरकार आज भी जागरूकता के लिए जब प्रचार करती है तो इसी का सहारा लेती हैं सांग एवं डांस डिवीजन का गठन किया गया है।

मैंने नाटकों पर भी काम किया है। पर, वे ज्यादातर धारावाहिक के रूप में लिखे हैं, साहित्यिक कम हैं मैंने मोहन राकेश और 'हिंदी रंगमंच' पर भी काम किया है। अभिनय भी किया है। शशि कपूर के साथ पृथ्वी थियेटर पर काम किया है।

संपादन मंडल : आपके प्रिय व्यंग्यकार कौन हैं?

हरीश नवल : बेढब बनारसी, ''लेफ्टिनेंट पिग्सन की डायरी'' मुझे बहुत अच्छी लगी थी। हरिशंकर परसाई, कृश्न चंदर, श्रीलाल शुक्ल, शरद जोशी, रवींद्र नाथ त्यागी भी अच्छे लगते हैं। वैसे कहानियों में मोहन राकेश और चंद्रधर शर्मा गुलेरी पसंद हैं।

संपादन मंडल : आपके पिताजी अंग्रेजी के पत्रकार थे, आपने हिंदी में कैसे कदम रखा?

हरीश नवल : पिताजी अंग्रेजी पत्रकार थे और दादा उर्दू में लिखा करते थे। उनकी पत्रिका में प्रेमचंद, अश्क और सआदत हसन मंटों जैसे साहित्यकार लिखा करते थे। परिवार में उर्दूनुमा माहौल था। पिताजी 32 वर्ष की आयु में चल बसे। दादाजी के साथ मैंने ज्यादा समय बिताया। मैं हिंदू कॉलेज में अर्थशास्त्र प्रतिष्ठा का

छात्र था पर सांख्यिकी के कारण मुझे अंक कम आने लगे। प्रो. माथुर ने मुझे हिंदी ऑनर्ज लेने का परामर्श दिया और मैंने वहाँ सर्वोत्तम अंक प्राप्त किए। मेरे साथ दीपक राजा और बनवारी थे। प्रो. माथुर के परामर्श ने मेरी तरह उन्हें भी उनकी दिशा में मोड़ दिया। दीपक राजा आज अमेरिका में है। पं. रविशंकर के साथ कई दिनों तक काम कर चुके हैं। बनवारी 'जनसत्ता' के संपादक रह चुके हैं।

संपादन मंडल : लेखन में कैसे निखार लाएं, कैसे परिपक्वता की ओर बढ़ें, इस विषय पर हम आपके विचार जानना चाहते हैं।

हरीश नवल : परिपक्वता तो स्वाभाविक है, स्वतः आएगी। जैनेंद्र ने कहा था–"कली का दायित्व नहीं है, फूल बनना वह फूल बनेगी ही।" समाज की गहराई में सोंचे, हर चीज को देखें, परखें, कई विषयों पर सोंचे। परिपक्वता केवल उम्र से नहीं आती। अंतरजगत्, वाह्यजगत् से ज्यादा महत्वपूर्ण है, इस पर ध्यान केंद्रित करें।

संपादन मंडल : आपकी दृष्टि से देश में, दुनिया में, हिंदी का क्या स्थान है? हम देखते हैं कि लोगों में हिंदी के प्रति रूचि कम हो रही है। हिंदी तो राजभाषा है, राष्ट्रभाषा भी नहीं है।

हरीश नवल : आप मुद्दे के उस पहलू की बात कर रहे हैं जो दिख रहा है पर आप गूढ़ बातों को नजरअंदाज कर रहे हैं। दूरदर्शन, सिनेमा, समाचार, रेडियों हर जगह हिंदी ही लोकप्रिय है। रजत शर्मा से लता मंगेशकर तक सभी के पास जो है हिंदी की देन है। हिंदी वाले अंग्रेजी का विरोध ज्यादा करते हैं, हिंदी का समर्थन कम करते हैं। मनोवैज्ञानिक परिवर्तन की आवश्यकता है।

राष्ट्रभाषा नहीं बनने के राजनैतिक कारण हैं। फिर भी हिंदी ही देश में सबसे ज्यादा बोली जाती है और विश्व में भी इसका गौरवपूर्ण स्थान है। दूसरी बात, अगर आप हिंदी को राष्ट्रभाषा बनाते हैं तो दूसरी भाषाओं को भी बराबर का सम्मान देना होगा, यहीं पर थोड़ी कमी रह गई। गौरतलब है कि अंग्रेजी को भी पूरा यूरोप नहीं जानता।

संपादन मंडल : कई अंतरराष्ट्रीय हिंदी सम्मेलन होते हैं, हम केवल अखबार में पढ़ते हैं पर कोई प्रभाव नहीं देखते हैं; क्यों?

हरीश नवल : बहुत सही कहा। इसका कारण है कि पिछले तीस वर्षो से हमारा विषय एक ही है। 2008 में पहली बार मॉरीशस में अखिल भारतीय हिंदी संघ गठित हुआ। परिस्थिति अच्छी नहीं है, कई लोग केवल विदेश पर्यटन के लिए जाते हैं। गोष्ठियों का आयोजन ठीक से नहीं हो पाता है। कई आंकड़े जरूर पता चले हैं इसके कारण पर उनका मूल्य नहीं है। आंकड़े तो इसलिए बताने पड़ते हैं क्योंकि विश्वास नहीं है।

संपादन मंडल : आपने कई अंतर्राष्ट्रीय हिंदी सम्मेलन में भाग लिया है, इनमें सबसे स्मरणीय अनुभव कौन-सा था? हिंदी कितने देशों में है?

हरीश नवल : ट्रिनिडाड, हम 6 लोग भारत से गए थे। 36 देशों से लोग आए थे। हम भारतीय थे इसलिए हमारा बहुत सम्मान किया गया। भ्रमवश, लोग मुझे सबसे कम उम्र का समझ रहे थे।

पर गुणवत्ता की दृष्टि से मॉरीशस मेरा विषय था 'ट्रिनिडाड में हिंदी' और लोगों ने मुझे ट्रिनिडाड का प्रतिनिधि समझ लिया। वहाँ मुझे पता चला कि रीयूनियन एक देश है जो फ्रांस का उपनिवेश है। ''176 देशों में आज हिंदी पढ़ाई जाती है, केवल अमरीका के 60 से अधिक विश्वविद्यालयों में हिंदी पढ़ाई जाती है।''

संपादन मंडल : धन्यवाद डॉ. नवल।

(2010)

मुझे सबसे बड़ा खतरा साहित्य का बँटवारा लगता है...

–प्रस्तुति डॉ. विश्वकर्मा

विश्वकर्मा : साहित्य रचना की ओर कैसे प्रवृत्त हुए?

हरीश नवल : जब से बोलना सीखा, तब से कहानी रच रहा हूँ, ऐसा मेरे दादा जी ने मुझे बताया था। मैं बजाय दादा, दादी, नाना या नानी से कहानी सुनने के, उनसे कहता था कि मुझसे कहानी सुनो। मैं उनसे विषय पूछता और बकौल मेरी मांजी के तुरंत कहानी गढ़ने लगता। साहित्य मेरे रक्त में है, मेरे संस्कार में है। मेरे दादा पं. त्रिलोक नाथ 'आज़म' रूहानी शायर और पारसी विधान के नाटककार थे। वे उर्दू में लिखते थे तथा 'रिसाला-ए-दस्तग़ीर' के संपादक थे। मेरे पिता श्री हरिकृष्ण नवल अंग्रेजी में लिखते थे। वे अंग्रेजी पत्रिका 'फौजी' में पत्रकार थे। उर्दू, अंग्रेजी के बाद मुझे हिंदी अपनाने का महत कार्य नियति ने सौंपा। नवमी कक्षा में पढ़ता था, तब से मेरे लेख, कविता आदि 'सर्वहितकारी' (देहरादून) और 'नीलम' (दिल्ली) में प्रकाशित होने लगे थे। मेरी प्रथम बड़ी व्यंग्य रचना 'मिस्टर कमेंट्रीदास' उस समय की प्रतिष्ठित हास्य और व्यंग्य पत्रिका 'नोक-झोंक' (आगरा) में छपी। यह सन् 1965 की बात है। यह रचना मैंने 1963 में लिखी थी। कालांतर में लगभग 1974-75 से मैंने व्यंग्य लेखन के लिए स्वयं को समर्पित कर दिया। तब से 'धर्मयुग', 'साप्ताहिक हिंदुस्तान', सारिका और 'दिनमान' आदि प्रतिष्ठित पत्रिकाओं में व्यंग्य प्रकाशित होने लगे। 'कादम्बिनी', 'गगनांचल', 'नवभारत टाइम्स', 'दैनिक हिंदुस्तान', 'जागरण', 'अमर उजाला', 'नवभारत', 'नई दुनिया' 'पंजाब केसरी', 'ट्रिब्यून', 'जनसत्ता', 'राजस्थान पत्रिका', 'इंडिया टुडे', 'लोकमत', 'राष्ट्रीय सहारा', 'अजा', 'जनवाणी' (मारीशस) 'हिंदी चेतना' (अमरीका) आदि तमाम जानी-मानी पत्रिकाओं और समाचार-पत्रों में जमकर लिखा गया। यह क्रम जारी है।

विश्वकर्मा : आपने विधा के रूप में मुख्यतः व्यंग्य को क्यों चुना?

हरीश नवल : मेरे श्रद्धेय प्रेरक साहित्यिकों श्री जैनेंद्र कुमार, आचार्य हजारी प्रसाद द्विवेदी, डॉ. विजयेंद्र स्नातक आदि ने मेरी छात्र जीवन की रचनाओं में व्यंग्य का पुट विशेष पाया और मुझे हास्य और व्यंग्य का अंतर समझाने का प्रयास किया जिसे मैं अब तक समझने की कोशिश में हूँ। कालांतर में मेरे व्यंग्य लेखन पर बड़े व्यंग्यकारों सर्वश्री हरिशंकर परसाई, शरद जोशी, श्री लाल शुक्ल, रवींद्रनाथ त्यागी, नरेंद्र कोहली ने अपनी स्वीकृति की मोहर लगाई जिससे मेरा बल बड़ा।

जब हम अपने परिवेश में व्याप्त विसंगति, विडंबना, विद्रूप आदि स्थितियों को देखते हैं तो उन पर लड़ने, गाली देने का संस्कार नहीं बनता–तब ऐसे में व्यंग्य विधा के रूप में सर्वप्रबल दिखाई देता है। मैं मुख्यतः इस कारण से व्यंग्य की ओर प्रवृत्त हुआ और मुझे लिख कर संतोष प्राप्त होने लगा। व्यंग्यकार व्यवस्था नई बदल पाए पर समाज की नजर और नजरिया उन जड़ स्थितियों की ओर उन्मुख करता है जिनसे लड़ने की ताकत मिलती है–जन जागरण होता है तथा अपने सामाजिक सरोकार स्पष्ट होते हैं।

विश्वकर्मा : नई पीढ़ी कैसा लिख रही हैं?

हरीश नवल : मैं नई पीढ़ी के लेखन से आश्वस्त हूँ। 'नया ज्ञानोदय' के माध्यम से संपादक रवींद्र कालिया ने मेरी बात को सिद्ध किया है। कहानी, कविता, उपन्यास और व्यंग्य लेखन में नई पीढ़ी श्रेष्ठ लेखन कार्य कर रही है। इस पीढ़ी के सरोकार थोड़े बदल गए हैं। गला-काट प्रतियोगिता और बाजारूवाद के बीच यह पीढ़ी संघर्षरत है। हर बार की तरह आज भी नई पीढ़ी मुझे प्रभावित करती है।

विश्वकर्मा : नए साहित्यकारों में किन किन को उल्लेखनीय मानते हैं?

हरीश नवल : उपन्यास में अलका सरवगी, कहानी में प्रियम्बदा, व्यंग्य में अनुराग वाजपेयी, कविता में अलका सिन्हा और नाटक विधा में मीराकांत मुझे उल्लेखनीय लगते हैं।

विश्वकर्मा : आपकी दृष्टि में पांच सर्वकालीन महान उपन्यास हिंदी में कौन से हैं?

हरीश नवल : प्रेमचंद कृत 'गोदान', यशपाल कृत 'झूठा सच', जैनेंद्र कुमार का 'सुनीता' अज्ञेय का 'शेखर एक जीवनी' और भगवती चरण वर्मा का 'चित्रलेखा' मुझे बहुत प्रभावित करते हैं।

विश्वकर्मा : किस रचना ने आपको सबसे अधिक उद्वेलित किया?

हरीश नवल : गोस्वामी तुलसीदास कृत 'रामचरितमानस' ने।

विश्वकर्मा : हिंदी साहित्य के लिए सबसे बड़ा खतरा क्या मानते हैं?

हरीश नवल : मुझे सबसे बड़ा खतरा साहित्य का बंटवारा लगता है जब

स्त्रीवादी, दलित विमर्श संदर्भित, आदि विभिन्न खेमों में इसे बाँटते हैं। दलगत, प्रदेश गत, जातिगत, आदि भेद-उपभेद सदैव बाँटते चले आए हैं। यह बाँटना टुकड़े करना हो जाता है। साहित्य का लक्ष्य 'मानवतावाद' है। बस यही एक लक्ष्य रहे तो उचित है।

विश्वकर्मा : आचार्य विजयेंद्र स्नातक जैसे विद्वान साहित्यिक का स्नेह आपको मिला, आपके लेखन से इसमें क्या प्रभाव आया?

हरीश नवल : आचार्य स्नातक मेरे गुरु थे, मैं उनका जामाता बना, उनका असीम स्नेह व सामीप्य मिला जिसका प्रभाव मेरे व्यक्तित्व व कृतित्व पर गहरा पड़ा। मुझे चुनौती और लक्ष्य मिलते गए। कुछ भी प्राप्त करने पर लगा कि अभी कुछ नहीं मिला। कुछ भी करने पर लगा कि अभी कुछ नहीं किया। उनका कद देख उन तक पहुँचने की सोच भी किसी को बहुत कुछ दे सकती है। लेखकीय ईमानदारी, स्पष्टवादिता, निर्भीकता, सत्य के लिए आग्रह, विनम्रता, शालीनता आगे बढ़ते रहने का उत्साह और जीवंतता के उनके सूत्रों में जीवन में शुभ परिवर्तन और संदेश दिए।

विश्वकर्मा : क्या आप मानते हैं कि हिंदी कविता पाठक से दूर हैं?

हरीश नवल : कदापि नहीं। हिंदी कविता पाठक का प्रथम प्रेम रहा है और रहेगा। कविता संकलन की बिक्री कम होने का अभिप्राय पाठक का दूर होना नहीं है। भक्ति काल से लेकर आज तक की कविता पाठकों को सहृदयता देती रही है। भावना, संवेदना की विधा है कविता इससे पाठक दूर रह ही नहीं सकते। कविता के वाणिज्य को संवेदना से दूर रखना होगा।

विश्वकर्मा : अभी आप क्या लिख रहे हैं? आपका क्या नया प्रकाशित हो रहा है?

हरीश नवल : नया व्यंग्य संकलन 'माफिया ज़िंदाबाद' शीघ्र आ रहा है। 'नव साहित्य की भूमिका' नाम से समीक्षा कृति प्रकाश्य है। 'छोटे परदे का लेखन' शीर्षक से बड़ी किताब आ रही है। 'मेरी इक्यावन व्यंग्य रचनाएं' भी प्रकाशनाधीन हैं।

मैं एक व्यंग्य उपन्यास 'शंटिग करती बोगी' लिख रहा हूँ जिसमें पर्यटन, रेल का जीवन व छात्रों के सामाजिक सरोकार हैं। एक प्रतीक व्यंग्य उपन्यास की रूपरेखा बना रहा हूँ जो भारत के वर्तमान भ्रष्टाचारवाद को समर्पित होगा। व्यंग्य, समीक्षाएं और भूमिकाओं के साथ साथ कविता लेखन भी चलता रहता है। अभी सीख रहा हूँ। सीखते सीखते लिख रहा हूँ। आगे बढ़ना चाहता हूँ, खुद से आश्वस्ति चाहता हूँ। आप जैसे विद्वान मित्र मार्गदर्शन देते हैं व बढ़ावा देते हैं, उनका साथ सदैव चाहता हूँ। सबसे अधिक सिखाते, बढ़ाते पाठक हैं, उनको सलाम भेजता हूँ।

(2012)

'साड्डा हक ऐत्थे रख' कहने की क्षमता होनी चाहिए...

–प्रस्तुति दिनेश 'दिनकर'

डॉ. हरीश नवल जी विश्वविख्यात व्यंग्यकार हैं एवं सैंकड़ों पुस्तकों में सहलेखक की भूमिका निभा चुके हैं। 'बागपत के खरबूजे' पुस्तक लेखन के लिए 'युवा ज्ञानपीठ पुरस्कार' भी मिल चुका है तथा देश-विदेश की प्रमुख पत्र-पत्रिकाओं में लगभग 1500 रचनाएं प्रकाशित हो चुकी है। टी. वी. एवं रेडियो के लिए भी लेखन करते रहते हैं। सन 2011 में उत्तर प्रदेश सरकार द्वारा ''हिंदी-उर्दू-अरबी पुरस्कार' प्रदान किया गया एवं उन्हें ''साहित्यश्री'' पुरस्कार भी दिया जा चुका है। साथ ही 13 फरवरी 2011 को हिंदी भवन में ''व्यंग्यश्री'' पुरस्कार से भी नवाजे जा चुके हैं। अमेरिका, अफ्रीका सहित एशिया के लगभग 15 देशों में हिंदी के प्रचार-प्रसार के लिए भारत का प्रतिनिधित्व कर चुके हैं। सन 2012 में दिल्ली विश्वविद्यालय के प्रतिष्ठित हिंदू महाविद्यालय से प्रोफेसर (व्याख्याता) के रूप में सेवानिवृत्त हुए हैं एवं वक्ता व लेखन कार्य में अभी भी कार्यरत हैं।

दिनेश : सर, सबसे पहले आपको हिंदू महाविद्यालय में बड़े अध्यापन पश्चात सेवानिवृत्ति के लिए बहुत-बहुत बधाई।

हरीश जी : बहुत-बहुत धन्यवाद (हंसते हुए)।

दिनेश : सर, आपने हिंदू महाविद्यालय में लगभग 32 वर्ष तक अध्यापन किया। मेरा पहला प्रश्न इसी के संदर्भ में हैं। आप अध्यापन जीवन और सेवानिवृत्त के बाद वाले जीवन की भूमिका के रूप में बताएं कि दोनों में क्या विशेष अंतर हैं और क्या विशिष्टताएं?

हरीश जी : दिनेश जी, मैंने अध्यापन की शुरूआत 'शिवाजी कॉलेज' से की थी। फिर साढ़े नौ साल मैंने 'कॉलेज ऑफ वोकेशनल स्टडीज' में अध्यापन किया और उसके बाद सन 1980 में मैं 'हिंदू कॉलेज' में आया, जहाँ 2012 तक पढ़ाया

और हिंदू कॉलेज में 32 वर्ष तक अध्यापन के द्वारा अपनी सेवा देने के बाद सेवानिवृत्त हुआ। 'कॉलेज ऑफ वोकेशनल स्टडीज' के इवनिंग में मैं इंचार्ज (प्रिंसिपल) था और इंचार्ज के पद को छोड़कर ही मैं हिंदू कॉलेज में आया था। वहाँ एम. ए. एवं ऑनर्स नहीं थी और मैं हिंदू कॉलेज में इन्हें पढ़ाना चाहता था। मैं इसे एक चुनौती के रूप में देखता था। मैं आपको ये सब इसलिए बता रहा हूँ, क्योंकि आपका अगला प्रश्न हो सकता है कि मैं इंचार्ज (प्रिंसिपल) जैसे बड़े पद को छोड़कर क्यों आया? (धीमी हंसी हंसते हुए)। सन् 1983 में विश्वविद्यालय में भी कक्षाएं लेने लगा। वहाँ क्लास लेते हुए 16 विद्यार्थियों को मैंने पी. एच.डी. करवाई। कुछ इस तरह शिवाजी कॉलेज से अध्यापन शुरू करते हुए मैं 2012 में हिंदू कॉलेज से सेवानिवृत्त हुआ।

दिनेश जी, चूंकि मैं केवल अध्यापक नहीं रहा। अध्यापन के साथ-साथ मेरा लेखन कार्य भी रहा है। हिंदी के प्रचार-प्रसार के लिए देश में घूमता था और विदेशों में भी जाना होता था। इसलिए सेवानिवृत्ति के बाद मुझे कोई खास अंतर नहीं पड़ा। जहाँ तक सेवा करने की बात है। मैं एक नियमित सेवा से मुक्त जरूर हुआ, सेवा करने से मुक्त नहीं हुआ (हंसते हुए)।

हाँ, एक ये जरूर लगा कि हिंदू कॉलेज में इतने अच्छे विद्यार्थियों कुशल प्राध्यापकों के साथ रहना मेरा एक सौभाग्य रहा है। इसलिए मैं उसको जरूर याद करता हूँ। जो मेरा एक नियमित जीवन था कि सुबह उठे, कक्षा में गए, विद्यार्थियों से प्यार, मान-सम्मान को भी याद करता हूँ।

बाकी मैं गोष्ठियों में, सम्मेलनों में, दूरदर्शन, रेडियों में जाता हूँ और अपना लेखन कार्य कर रहा हूँ। वो तो खैर पहले की तरह चल रहा है।

दिनेश : सर, हिंदू कॉलेज में किन-किन साहित्यकारों ने अध्यापन किया और किस दृष्टि से विशिष्ट थे? अगर इसे दूसरे शब्दों में कहे तो हिंदू कॉलेज में साहित्यकारों द्वारा किए गए साहित्य अध्यापन की विकास परंपरा को बताइए?

हरीश जी : दिनेश जी, दो बातें होगी। एक तो जो अध्यापकों ने साहित्यकारों के बारे में विद्यार्थियों को पढ़ाया होगा और जो साहित्यकार थे एवं खुद पढ़ा रहे थे, ये दूसरी बात है। अब मैं आपके मूल प्रश्न पर आता हूँ कि साहित्य जगत में जो लोग जाने जाते हैं, उनमें से कौन लोग हिंदू कॉलेज में पढ़ाते थे। उनके नाम मैं आपको बताता हूँ। डॉ. भगत सिंह उपाध्याय, पाली साहित्य के हिंदुस्तान के गिने-चुने विद्वानों में से एक थे। पाली साहित्य की आलोचना भी करते थे व इतिहास भी लिखते थे और मुझे उनसे पढ़ने का सौभाग्य मिला।

फिर पं. कृष्ण शंकर शुक्ल जैसे विद्वान थे जिन्होंने इतिहास लिखा और केशवदास

पर ग्रंथ भी लिखा। फिर हमारे डॉ. मानधाता ओझा पढ़ाते थे। जिन्होंने नाटकों पर बहुत अच्छा काम किया है एवं कुशल नाट्य आलोचक भी रहे हैं और ये मेरा सौभाग्य है कि मेरी पी. एच. डी. के मार्गदर्शन भी वो ही थे। उनसे पहले उनके पिता जी डॉ. दशरथ ओझा जी का भी हिंदू कॉलेज से संबंध था। वो हिंदी के काफी ख्याति प्राप्त आलोचक हैं। फिर थोड़ा आगे चलें तो डॉ. कृष्णदत्त पालीवाल जैसे समीक्षक, आलोचक भी रहे हैं। इन्होंने अज्ञेय पर, महादेवी पर व्यंग्य एवं इतिहास पर बहुत अच्छा लिखा है और फिर मेरे अपने कॉलेज मित्र थे, डॉ. सुरेश ऋतुपर्ण कवि जो जापान में, मॉरीशस में हिंदी पढ़ाने गए हैं एवं जो श्रेष्ठ कवि भी माने जाते हैं। अब बात करते हैं डॉ. विजय सती की, जो आजकल हंगरी में पढ़ा रही हैं, समीक्षा भी करती हैं, कवयित्री भी हैं, अभी तो अध्यापन एवं परिवार में व्यस्त हैं। मुझे लगता है कि जब वो स्वतंत्र रूप से लेखन में आएगी तो उनका और अच्छा नाम होगा।

एक बिल्कुल युवा साथी हैं हमारे हिंदू कॉलेज में डॉ. पल्लव नदवाणा जी जो नए समीक्षक हैं। नए समीक्षकों में उनकी भी नवोदित समीक्षक के रूप में धीरे-धीरे ख्याति बढ़ रही है। फिर डॉ. बहादुर सिंह जी भी थे जो भाषा विज्ञान के विद्वान थे। उन्होंने दिल्ली की खड़ी बोली का अध्यापन किया था। अब बात करते हैं डॉ. रवि प्रकाश गुप्त जी की, जो एक युवा प्रोफेसर हैं और थोड़े समय के लिए ही हिंदू कॉलेज में आए थे। फिर यूरोप में अध्यापन के लिए चले गए।

दिनेश : सर, आप भी तो हैं। अपने बारे में भी तो बताइए।

हरीश जी : मैं तो हूँ ही और मेरे बारे में तो आपको पता ही है (हंसते हुए)।

दिनेश : आधुनिक समय में आप साहित्य की सभी विधाओं में किस विधा के महत्व को अधिक प्रासंगिक मानते हैं?

हरीश जी : हाँ, ऐसा होता है कि विषय के अनुसार विधा चुननी होती है हम किसी विधा को अच्छा या बुरा नहीं कह सकते। हम यह भी नहीं कह सकते कि कविता सबसे महत्वपूर्ण है या कहानी या व्यंग्य ज्यादा महत्वपूर्ण है।

ये कहना तो कठिन है। किसी ने कह दिया कि कविता मर गई है। पर मुझे लगता है कि कविता कभी भी मरती ही नहीं। कविता तो हमेशा जीवित रहती है। जैसे कोई चीज बहुत अच्छी होती है तो कहते हैं 'इट्स ए पोइट्री' या उपन्यास अच्छा है तो कहेंगे कि उपन्यास नहीं है 'पोएट्री' है। हम कहते हैं कि चित्र कितना अच्छा है या फोटोग्राफी कितनी अच्छी है, तो भी कहते हैं कि ये 'पोइट्री' लग रही है। ये सिद्ध करता है कि कविता कहीं न कहीं अपने महत्व को सिद्ध करती है और अपनी जगह सभी विधाएं महत्वपूर्ण हैं।

दिनेश : नाटक लेखन और रंगकर्म के प्रति एक आत्मिक सुचेतना आपमें

दिखाई देती हैं। नाटक और रंगमंच के प्रति झुकाव के कुछ खास कारण क्या रहे हैं?

हरीश जी : नाटक लेखन तो कम लेकिन नाट्य अनुभूति की बात करें तो ज्यादा ही है। नाट्य अनुभूति कुछ तो जन्मजात है और फिर इसको अभ्यास भी मिला। स्कूल में छोटी कक्षा से ही अभिनय आरंभ कर दिया था। कुशल अभिनय के कारण मुझे स्कूल का 'सर्वश्रेष्ठ अभिनेता' का पुरस्कार मिला और फिर वहीं का ही नहीं, पूरे दिल्ली का भी सर्वश्रेष्ठ अभिनेता का पुरस्कार मिला था। मुझसे पहले कुलभूषण खरबंदा जी को ये पुरस्कार मिला था जिन्होंने हिंदी फिल्मों में भी काम किया। मेरे मन में एक चेतना थी, जो चलती रही कि कैसे, कोई बोल रहा? और फिर इसे किसी को समझाना। कॉलेज के दिनों में मैंने कुछ नाटक भी लिखे हैं। फिर कॉलेज के लिए भी नाटक किए, नाटकों का निर्देशन भी किया एवं अभिनय भी किया। शिवाजी, वोकेशनल, स्टीफन व हिंदू महाविद्यालय में।

बाद में सक्रिय रंगमंच भी किया। जैने नॉन-ग्रुप था। इस नॉन-ग्रुप के काफी कलाकार साथी सिनेमा में भी नजर आते हैं। शायद यह एक चेतना है, आपने ठीक कहा। मेरा एम. फिल. का विषय 'मोहन राकेश' था। डॉ. नगेंद्र ने तो मना कर दिया था। बोले कि मोहन राकेश तो अभी भी लड़के ही हैं ओर केवल तीन नाटक ही लिखे हैं। मैं गुस्सा होकर चला गया था, तब थोड़ी देर में बुलाया और फिर पूछा कि क्या हुआ? मैंने जवाब दिया कि सर ठीक है, जब वो नहीं रहेंगे तो तब काम करूंगा (हंसते हुए)। डॉ. नगेंद्र ने कहा कि "ठीक है, काम शुरू करो।"

एम. ए. करने के दौरान मोहन राकेश जी के साथ काम शुरू किया और उनके साथ व्यक्तिगत जुड़ाव हो गया। उनके सान्निध्य में किया, यह पहला काम है। बाद में वे नाटक के मसीहा बन गए (हंसते हुए)। डॉ. लक्ष्मीनारायण लाल जिनको रंगमंच की काफी समझ थी। "मिस्टर अभिमन्यु" में मैं उनकी प्रोडक्शन टीम में था। नाटक के प्रस्तुतीकरण में बहुत समय लगता है। उन दिनों नाट्य कर्म को सम्मानजनक नहीं माना जाता था। चूंकि मैं कहानी, व्यंग्य और कविता भी लिखता था और देखता था कि साहित्यकार होना संभवतः अधिक सम्मानजनक है। अतः मैंने रंगमंच को छोड़कर व्यंग्य को अपना लिया।

दिनेश : सर, आपका एक लंबा अध्यापन अनुभव रहा है, आप अपने अनुभव से बताएं कि एक अच्छे अध्यापक और सच्चे साहित्यकार के समाज के प्रति क्या दायित्व है?

हरीश जी : देखिए, जो किसी भी सभ्य नागरिक का दायित्व होना चहिए वही अध्यापक एवं साहित्यकार का भी होना चाहिए। चूंकि आपने ये प्रश्न किया है तो

मैं इसे विशिष्ट प्रश्न इसलिए मानता हूँ क्योंकि अध्यापक की जो भूमिका है वो उसके सामाजिक सरोकारों से ज्यादा जुड़ी होती है। किसी और व्यक्ति की अपेक्षा विशेष रूप से अध्यापक जो हैं। साहित्यकार और अध्यापक अपनी आने वाली पीढ़ी को संबोधित करता है। तो उनके सामने आदर्श के रूप में प्रतीत होता है। उसका प्रभाव बहुत ज्यादा पड़ता है। हम पर भी हमारे गुरुओं का असर बहुत अधिक रहा है और जहाँ-जहाँ हमने अच्छी कोशिश की, वहाँ-वहाँ लगता है कि शायद हमारे विद्यार्थियों पर भी असर पड़ा रहेगा और जहाँ हम इसको नहीं कर पाए, वहाँ-वहाँ हमने इसके अवसर को खोया है। इसलिए यह प्रश्न महत्वपूर्ण है। मैं समझता हूँ कि अध्यापक एवं साहित्यकार एक सामाजिक न्यायधीश की भूमिका निभाते हैं। जजमेंट देते हैं कि क्या ठीक है? क्या गलत है? हमें रास्ता खोजना बताते हैं कि कैसे इस रास्ते पर चले। अगर अध्यापक की या साहित्यकार की अपनी सरोकार समझ विशेष न हो, तो न केवल बहुत अच्छा अध्यापक या साहित्यकार, बल्कि वो अच्छा मनुष्य भी नहीं होता। इसलिए मनुष्य होने के लिए सामाजिक सरोकार भी जरूरी हैं। तभी आप समाज के अंग हैं और विशिष्ट होने के लिए चूंकि आप अध्यापन तो कर रहे हैं तो आप आदर्श हैं। चूंकि आप साहित्यकार हैं तो अपनी रचनाओं के माध्यम से क्रांति लानी है। उसकी दिशा में चलना है, तो आपके सामाजिक सरोकार स्पष्ट होने चाहिए।

दिनेश : हिंदी के अधिकतर साहित्यकारों पर कुछ विशिष्ट व्यक्तियों का प्रभाव रहा है। किसी का प्रभाव होना या किसी से प्रभावित होना मैं नकारात्मक नहीं मानता। क्योंकि यह प्रभाव गुरु और शिष्य के संबंध के रूप में भी हो सकता है। आप किस विशेष हिंदी साहित्यकार और किस पश्चिमी साहित्यकार से अपने को प्रभावित महसूस करते हैं और क्यों?

हरीश जी : बड़ा अच्छा प्रश्न किया आपने। व्यंग्य लेखन में हरिशंकर परसाई मुझे बहुत अच्छे लगे, पर उनसे पहले मेरा लेखन के प्रति जो पहला प्रभाव पड़ा, वो दो व्यक्ति थे। ये थे–बेढब बनारसी, ये बहुत अच्छे व्यंग्य लेखक हैं। इनका एक व्यंग्य उपन्यास था–''लेफ्टिनेंट पिग्सन की डायरी'। मैं इस उपन्यास को पढ़कर काफी प्रभावित हुआ था। दूसरा नाम फिक्र तौंसवी थे, उर्दू के महान लेखक थे, परंतु हिंदी में भी इनकी रचनाएं आती थीं। इनका एक स्तंभ था, प्याज के छिलके। फिर कृश्न चंदर की रचना आई थी, 'एक गधे की आत्मकथा'। वो मैंने पढ़ी। परसाई पूर्व व्यंग्य का मेरे बालमन पर काफी प्रभाव पड़ा था। बचपन में मैंने जबसे बोलना सीखा था, तब से कहानियाँ बनाना शुरू कर दिया और जब लिखना शुरू किया तो कहानियाँ ही लिखने लगा। मेरे दादा जी बोलते थे कि अच्छा चाँद पर कहानी

सुनाओ, चिड़िया पर, हाथी पर सुनाओ। मैं रात में जागकर लोगों को अपनी कहानियाँ सुनाता था (हंसते हुए)।

लेखक से व्यंग्यकार की ओर जाते हुए सबसे पहले जिन्होंने मुझे पकड़ा, वे भी मेरा सौभाग्य था कि जैनेन्द्र कुमार थे। एक बार वो मेरे स्कूल में आए थे। मैं अपने स्कूल की पत्रिका का संपादक था। जब मैंने अपनी कविता सुनाई तो उन्होंने कहा कि तुम व्यंग्य अच्छा लिख सकते हो। तब तक तो मुझे पता भी नहीं था कि व्यंग्य होता क्या है? बाद में जब हम जैनेन्द्र जी के संपर्क में आए और कई साल तक उनके साथ रहे। तब उनसे काफी सीखने को मिला। बाद में, हजारी प्रसाद द्विवेदी जी जैसे व्यक्ति का हाथ भी पीठ पर पड़ा। उनकी भी विद्वता का बड़ा प्रभाव पड़ा। पहली मुलाकात में तो उनके सामने शब्द ही नहीं फूट रहे थे। क्योंकि इतने बड़े विद्वान मेरे सामने खड़े हैं और मैं क्या बोलूं? अतः उन्होंने खुद ही बोलना शुरू कर दिया। द्विवेदी जी ने मुझे खोला, साथ ही विद्वता के बंधन से भी मुक्त किया। उनका भी काफी असर पड़ा। और देखिए, होता क्या है समय-समय पर लोगों का आप पर असर पड़ता है। जैसे संपादन में हमने धर्मवीर भारती को देखा। वो बहुत अच्छे लेखक थे। उनका तो ये चमत्कार कहिए कि उन्होंने जिस विद्या में लिखा, वो एक कीर्तिमान हो गई। युवाओं के लिए उन्होंने 'गुनाहों का देवता' लिखा जो आज भी हाथोंहाथ बिक रहा है। उन्होंने 'ठेले पर हिमालय' निबंध संग्रह लिखा, जो बहुत ही अदभुत है। उन्होंने नाटक भी लिखा, काव्य नाटक 'अंधा युग' आज भी खेला जाता है। रोज पूरी दुनिया में कहीं न कहीं खेला जाता है। और उन्होंने एक बेहतरीन प्रयोग 'सूरज का सातवां घोड़ा' में किया। यह एक प्रयोगवादी कथा है और लेखक के रूप में भी हमें इनसे बहुत लाभ मिला। जब मेरी रचनाएं छपने लगीं और भारती जी को पसंद आने लगीं तब तो रचनाएं मंगवाते थे एवं बाकायदा पोस्ट कार्ड पर लिखकर भेजते थे कि इसमें ये चीजें अच्छी थी और ये चीजें अच्छी नहीं थी। इन-इन चीजों से बचो और इन चीजों को रखो। ये वाली रचनाएं मैं इसलिए नहीं छाप रहा क्योंकि इन्हें पूरा परिवार एक साथ नहीं पढ़ सकता। कुछ ऐसा लिखो, जिसे सभी लोग बैठकर पढ़ सकें।

और फिर क्या हुआ कि जब हम बड़ी कक्षा में आए, एम. में रिसर्च वगैरह करने लगे तो जैसे हमारे गुरु थे विजयेन्द्र स्नातक। तो विजयेन्द्र जी का भी काफी प्रभाव पड़ा। उस समय तक लिखना शुरू कर चुका था। कुछ-कुछ लोग नाम जानने लगे थे और फिर शादी हुई और उनकी बेटी ही मेरी पत्नी बन गई। हम दोनों साथ ही पढ़ते थे। शादी के बाद तो उनसे संपर्क और ज्यादा बढ़ गया। और फिर उनसे बहुत कुछ सीखा। उनसे ही सीखा कि जीवन का आदर्श क्या होता है? लेखन की

गहराई क्या है? मैंने देखा कि उनकी जो व्यावहारिक दृष्टि थी, और जो इतनी बड़ी उनकी अनुभूति थी, साहित्यिक अनुभूति, साहित्य चेतना थी, भाषा पर उनका बड़ा प्रभाव था। वो ऐसे शब्दों का प्रयोग करते थे कि वो बहुत मौखिक व्यंग्याचार्य थे। जब-जब मेरी रचना छपती थी, तब वो बड़े प्रसन्न होते थे और अपना आशीर्वाद भेजते थे। हर बार जिम्मेदारी बढ़ती चली जाती थी। उनसे भी काफी प्रभावित हुआ। देखिए, दिनेश जी कुछ लोग जिंदगी में ऐसे आते हैं कि आप उनके तेज से जल्दी प्रभावित हो जाते हैं। जैसे कन्हैया लाल नंदन, सारिका के संपादक थे। और भी कई पत्रिकाओं के संपादक रहे। जहाँ भी वो संपादक रहे, वहाँ उन्होंने मुझे लिखने के अवसर दिए। उन्होंने ही साक्षात्कार लेना सिखाया, संपादन की कला सिखाई, एक अच्छे पत्रकार के क्या गुण होने चाहिए, ये सब उनसे सीखने को मिला और दया प्रकाश सिन्हा जी हैं, नाटककार हैं, बहुत बड़े अधिकारी रहे हैं, फिर भी कितने विनम्र और शालीन हैं। ये सारी चीजें उनको निकट से जानने पर मिलीं, तो मुझे उनसे प्रभावित होने का मौका मिला। एक बार उन्होंने मुझे प्रस्ताव पेश किया कि हम एक 'हिंदी मंच' की स्थापना कर रहे हैं। तुम उसके संयोजक बन जाओ, तब मैं ठीक से संचालन नहीं कर पाता था। कभी मंच पर, मुझे शब्द संज्ञान करने नहीं आते थे, परंतु आज लोग मुझे बोलते हैं कि बड़ा अच्छा बोलते हैं। और कई बार तो लोग मेरी तारीफ भी करते हैं। मुझे खुद ही संकोच होता है कि मैं पहले एक अच्छा वक्ता नहीं था। किंतु मैं कोशिश करके स्कूल, कॉलेजों के दिनों में वाद-विवाद प्रतियोगिता में जाता था, पर वो होता है न कि रट कर चले जाओ परंतु मेरे अंदर वो चीज नहीं थी, वो स्पार्क नहीं था। वो स्पार्क तब आया, जब मैं हिंदी मंच का संयोजक बना। फिर जैसे लेखकों से मिलो, उनको कार्यक्रम में बुलाओ। काफी बड़े लेखक थे, कभी नागार्जुन, कभी भवानी प्रसाद मिश्र, कभी महादेवी वर्मा, तो इनसे भी संपर्क करना पड़ता था। आपको संस्कारित होना होता है कि बड़े आदमी से कैसे बात करते हैं और जब उनको बुलाओ तो उनसे कैसे प्रश्न करेंगे? जब किसी का साक्षात्कार लेते हैं तो अगर हम उसके बारे में जानते ही नहीं हैं, उनके बारे में कुछ पढ़ा ही नहीं हैं तो क्या पूछेंगे? तब बड़ा डर लगता था। ये सारी चीजें उस दौर में सीखी तो फायदा ये हुआ कि बोलना आ गया। फिर प्राध्यापक के रूप में भी काफी लाभ मिला और देखिए कि लेखक के रूप में भी कहीं जाते थे तो लोग वक्ता के रूप में भी बुलाने लगे। और भी बहुत से लोग हैं जिनसे मैं प्रभावित होता आया हूँ। अभी उनके नाम याद नहीं आ रहे हैं।

और हाँ, मेरे ही घर में एक बहुत बड़े व्यक्ति थे, मेरे दादा जी पं. त्रिलोक नाथ 'आजम', जो सूफी शायर थे। उनका बहुत नाम था, बहुत अच्छा लिखते थे। और

मनुष्य के रूप में तो लाजवाब थे, बहुत ही लोकप्रिय शख्सियत के व्यक्ति थे। आदमी कितने कष्टों में, कितने अभावों में भी जिंदगी कैसे अच्छी तरह से जी सकता है। ये मैंने उनसे सीखा और अपने को कैसे काबू में रख सकते हो, अगर आपके पास पैसे ना हों। आपके पास पद न हो, या आप प्रतिष्ठा खो रहे हैं तो कैसे प्राप्त करेंगे। उनसे जीवन का कष्टप्रद अध्याय सीखा। निरंतर लेखन भी दादा जी से ही सीखा। यहीं उनकी मृत्यु हुई थी। इसी कमरे में वो रहते थे। (घर के एक कमरे की ओर इशारा करते हुए)। कई बार वो रात में उठकर भी लिख रहे होते थे। मुझे बोलते थे कि अरे हरीश कुछ कागज, पैन दे दो। सुबह उनके तकिए के नीचे, बिस्तर के नीचे कागज ही कागज होते थे (हंसते हुए)। उनसे ये सारी चीजें सीखीं। उन्होंने काफी अच्छे नाटक भी लिखे। उनके नाटक मशहूर कंपनियों द्वारा खेले भी गए। फारसी रंगमंच के काफी अच्छे विशेषज्ञ थे वो। और ये मेरा सौभाग्य था कि वो हमेशा मुझे उपलब्ध थे (हंसते हुए)। ये तो काफी अच्छा प्रश्न है दिनेश। सोच रहा हूँ कि इस प्रश्न पर तो पूरा लेख ही लिख दूं। अच्छा लगता है जब सोचता हूँ कि मुझ पर किन-किन लोगों का प्रभाव पड़ा है।

और शुरू में स्कूल में जिन अध्यापक का मुझ पर प्रभाव पड़ा। वो प्रभाव अब तक चला आ रहा है। और जब तक मैं हूँ तब तक रहेगा ही रहेगा। वो नाम मैंने आपको अब तक नहीं बताया। वो नाम मैं अंत में ही बताना चाह रहा था। ये नाम इन सब प्रभावों से ऊपर है। एक आध्यात्मिक प्रभाव, एक यौगिक प्रभाव। वो मेरे अध्यापक पं. धर्मभानु सुकुमार जी का रहा। वो बताते थे कि ईश्वर क्या है? योग क्या है? धर्म का सत्य क्या है? कालजयी कैसे होते हैं? ये सब चीजें उनके साथ रहकर सीखने का अवसर मिला। वो तो गुरु के रूप में हमेशा मेरे समक्ष रहते हैं। आज भी जब मुझे संकट होता है तो मैं उन्हीं को याद करता हूँ और उस संकट का मुझे कोई न कोई हल मिल ही जाता है ये एक आध्यात्मिक अनुभूति है मुझमें। जैसा वो मुझे देखना चाहते थे, वैसा तो मैं नहीं बन पाया। वो काम, क्रोध, मोह, अंधकार उतने नहीं छूट पाए, जितना वो चाहते थे। जीवन में कुछ भटकाव आते हैं, तो मैं उन भटकाव को दूर करने के लिए उनको याद करता हूँ तो संभल जाता हूँ। सबसे ज्यादा प्रभाव मुझ पर उन्हीं का पड़ा है।

दिनेश : आप एक आज्ञाकारी विद्यार्थी के लिए किस प्रकार की जीवन दृष्टि उचित मानते हैं?

हरीश जी : आज्ञाकारी नहीं, बल्कि जो अच्छी आज्ञा का पालन करें (जोर से हंसते हुए)। अब मान लीजिए कि अगर कोई टीचर किसी विद्यार्थी का मॉडल हो। और टीचर अगर किसी राजनीतिक दल का पिट्ठू हो और उसे कहे कि बीजेपी में

जाना है या कांग्रेस में जाना है। ये आज्ञा तो कुछ और ही होगी? तो इसलिए मुझे 'आज्ञाकारी' शब्द से थोड़ा ऐतराज है। विद्यार्थी को आज्ञाकारी नहीं बल्कि अपनी समझ के साथ दिखना चाहिए कि जो अध्यापक मुझे लेकर जा रहे हैं, इसके पीछे इनकी क्या मंशा है? ये मुझे क्या बनाना चाहते हैं। अगर लगे कि ये किसी किस्म की राजनीति कर रहे हैं या किसी ओर के खिलाफ मेरे मन में भाव भर रहे हैं तो कदापि नहीं मानना चाहिए। हाँ, अपनी शालीनता से भी आप उनको मना कर सकते हो। क्योंकि वो आपके अध्यापक हैं।

और जितना हम जान गए हैं तो उस पर हमें घमंड नहीं होना चाहिए। अगर हम कुछ जानते हैं तो हमें और भी ज्यादा जानने की इच्छा बढ़नी चाहिए। और ये भी नहीं सोचना चाहिए कि सामने वाले को कुछ नहीं आता है, हमें ही बहुत कुछ आता है। अभी तो हम लोग कुछ भी नहीं हैं। हम सब ज्ञान के सागर में एक छोटी-सी बूंद भी नहीं हैं। विद्यार्थी को कच्ची उम्र से ही इन चीजों से बचना चाहिए। और हाँ, जो हमारा हक है, ''साड्डा हक, ऐत्थे रख'' बात कहने की क्षमता हो। जिस चीज के लिए हम डिजर्व करते हैं, वो लेनी चाहिए। ये बातें कहने का साहस हो। बड़ी विनम्रता के साथ सामने वाले की आयु, प्रतिष्ठा, पद को देखते हुए ही शालीन व्यवहार होना चाहिए, जहाँ ऐसा व्यवहार नहीं होता, वहाँ लोग युवा पीढ़ी के खिलाफ हो जाते हैं। मर्यादित, शिष्ट व्यवहार, अपनी सीमाओं को पहचानना, दूसरों की सीमाओं का ध्यान रखना, दूसरों की निंदा ना करना। इन सभी बातों को समझने से आप पूर्ण रूप से विकास कर सकते हैं।

दिनेश : अंत में, सर आप हमें जिंदगी के लिए कोई जीवन दृष्टि पर संक्षिप्त रूप में कुछ उपदेश दें? यह प्रश्न न होकर आपसे निवेदन है।

हरीश जी : तो ये आपका विनम्र निवेदन है (हंसते हुए)। अच्छी बात है। मैंने भी अपने गुरुजी से पूछा था। जब धर्मभानु सुकुमार जी अचानक स्कूल छोड़कर कहीं आश्रम में तपस्या के लिए जा रहे थे। तो मैंने उनसे पूछा कि गुरुजी जाते हुए कुछ ऐसा संकेत कर जाएं कि जीवन कैसे अच्छा बनाएं? तो उन्होंने कहा, ''दुनिया में रहो, परंतु दुनिया को अपने में मत रखना।'' इतना ही कहकर बोले–जाओ। तब मैं कुछ समझा नहीं था। उनको समझने में इतने साल लग गए, और अब तक समझने की चेष्टा कर रहा हूँ।

चूंकि हम दुनियावी हैं, पूरे विश्व के लिए वैश्विक हो गए हैं। पूरे विश्व में रहते हैं। लेकिन अपनी अस्मिता को भी बचाए रखना होता है। जो अच्छी चीज लग रही है, पूर्व की हो या पश्चिम की हो, उसे अपनाना चाहिए और जो चीज अच्छी नहीं है चाहे वो उत्तर की हो या दक्षिण की। उसे नहीं अपनाना चाहिए। और ये हमारी

कोशिश रहनी चाहिए। हमारे इरादे नेक एवं बुलंद होने चाहिए, मन में बदले की भावना नहीं होनी चाहिए। हमारी आंखें, हमारा सिर आसमान में होना चाहिए और पैर जमीन पर होने चाहिए। और प्रकृति ने हमें एक अनमोल चीज दी है, जिसकी कोई कीमत नहीं है, इसे कोई नहीं खरीद सकता। ये है 'हमारा जीवन, हमारा शरीर'। हमें शरीर का अनुचित प्रयोग नहीं करना है और इसे ज्यादा संभाल कर रखना है। हमें अपना मन, अपना शरीर, अपना जीवन संभाल कर उपयोग में लाना है।

और इन्हीं शब्दों के साथ साक्षात्कार समाप्त करते हैं।

दिनेश : धन्यवाद, सर।

(2012)

‘सेंस ऑफ ह्यूमर’ के साथ-साथ ‘सेंस ऑफ सेटायर’ भी विकसित करें...

–प्रस्तुति गिरिराज शरण अग्रवाल

–संप्रेषण के इतने माध्यमों में से आपने अभिव्यक्ति के लिए व्यंग्य को ही क्यों चुना?

मैंने सभी की तरह कविता से लेखन आरंभ किया, वयस्क होकर कहानी को चुना। लेखन में व्यवस्था के प्रति रोष व्यक्त करना था। व्यवस्था को कुछ न कर सका–सत्ता पर निशाना लगाने लगा। अब गाली दे नहीं सकता था, लड़-भिड़ नहीं सकता था, विडंबना और विद्रूप अत्यधिक था–ऐसे में मुझे ‘व्यंग्य’ ऐसा औजार नजर आया जिसके माध्यम से हंसते-खेलते, शांत मन से अपने अशांत भावों का शमन हो सकता है। सो मैंने व्यंग्य चुना, कहानी आज भी उसमें शैलीरूप में है तथा यदि श्रेष्ठ व्यंग्य लिख लिया जाता है तो वह एक उत्तम चित्र या कविता सा ही आनंद देता है।

–आज हम हंसी के बाजार में खड़े हैं। यहाँ हंसी बिक रही है और व्यंग्य हाशिये पर खड़ा है। एक व्यंग्यकार होने के नाते आप कैसा अनुभव करते हैं?

व्यंग्य हाशिए पर कभी भी नहीं रह पाता। व्यंग्य सदा व सदैव मुख्य है। ध्वनि हो या रस व्यंग्य सदा वर्तमान है। जिन अर्थों में लगता है कि व्यंग्य हाशिए पर है। वह बाजार की दृष्टि है। मैं बाजार को बुरा नहीं मानता, वह बुरा है भी नहीं। परंतु ‘बाजारू’ होना मुझे बुरा लगता है। ‘हास्य’ निर्मल आनंद का स्त्रोत है पर वह इन्हीं अर्थो में आज बाजारू हो गया है। ‘लाफ्टर चैलेंज’ की टी. आर. पी. का वाहक बाजारूपन बना है। वहाँ तो किसी भी विधा को हाशिए पर ही होना श्रेयस्कर है। वैसे भी कई तरह के कई स्तरों के लेखन समानांतर चलते हैं, कुछ क्लासिज और कुछ मासिज के लिए होते हैं। व्यंग्य ‘क्लास’ की मांग करता है। अतः बाजारवाद से दूर है, ‘हास्य’ मासवाद में फंस गया है, मांग में है पर स्तर गिरा रहा है। ‘लाफ्टर

चैलेंज' में बड़ी हास्यरूप आदर योग्य होता है जिसकी परिणति में व्यंग्य साथ देता है।

–आप हास्य और व्यंग्य में से किसे बेहतर मानते हैं?

दोनों श्रेष्ठ हैं। सवाल बेहतरी का नहीं, चॉइस का चुनाव का है, हास्य किसे अच्छा नहीं लगता, उसका उद्देश्य भिन्न है। व्यंग्य होता ही सोद्देश्य है।

–'हास्य' व्यंग्य के लिए साधक होता है अथवा बाधक? आपकी क्या धारणा है?

रचनाकार के लिए जो व्यंग्य लिख रहा है–हास्य साधक है, यदि उसका उपयोग निश्चित मात्रा में किया जाए। शिल्प और शैली की दृष्टि से वही व्यंग्यकार अधिक सफल है जिसे हास्य को साधा है, उसका उपयोग इसलिए किया ताकि रचना कसैली न हो जाए, रूक्ष न हो जाए। मेरी रचनाओं में हास्य सदैव व्यंग्य के लिए साधक हो–मेरी कोशिश रहती है।

–आज बाजार की शक्तियां सामान्यजन की चेतना को न केवल कुंठित कर रही है। अपितु उसे संघर्ष से भी दूर ले जा रही हैं। ऐसी स्थिति में एक व्यंग्यकार के रूप में लोगों में चेतना जागृत रखने के लिए आप क्या कर रहे हैं?

व्यंग्य दरअसल सामान्य के लिए ही नहीं विशिष्ट के लिए होता है। शुद्ध व्यंग्य का पाठक सामान्य नहीं होता है। अतः यदि सवाल सामान्य जन के कुंठित होने का है। यह प्रश्न बेमानी है। व्यंग्य तो लिखा ही चेतनाजागृति के लिए है।

–समाज के नवनिर्माण में एक लेखक की भूमिका क्या केवल लेखन तक ही सीमित होनी चाहिए?

समाज के नवनिर्माण में एक लेखक की भूमिका केवल लेखक तक सीमित रहे–इसमें कोई दोष नहीं है। हाँ जो लिखता है, उसमें वह भी दिखना चाहिए जो वह लेखन में देता है। लेखक भी तो समाज की इकाई है। अपना काम निष्ठा और ईमानदारी से करना लेखक का अभीष्ट है। जिनके विरोध में लेखक लिखता है वह केवल सैद्धांतिक न हो। जाहिर है इससे लेखन की भूमिका मात्र लिखने तक सीमित नहीं होगी।

–आप निरंतर लिख रहे हैं और पर्याप्त लिख रहे हैं। क्या इससे व्यंग्य की गुणवत्ता प्रभावित नहीं होती?

निरंतर लेखन तो करना ही होता है। और कोई भी लेखन पर्याप्त कहाँ होता हैं? मैंने तो अभी लिखा ही कहाँ है? मुद्दा यह होना चाहिए कि जो हम लिख रहे हैं, उसमें सार्थक लेखन कितना है। बिल्कुल ऐसा ही मुद्दा है जैसे कि एक अध्यापक जीवन भर पढ़ाता है। कक्षा में केवल बोलना भर पढ़ाना नहीं होता है। व्यंग्य की

गुणवत्ता का प्रश्न उनके लिए है जो सार्थक, सोद्देश्य व गंभीर नहीं लिख रहे।

–व्यंग्य के नाम पर अखबारों में रोजाना थोक के भाव कुछ-न-कुछ छप रहा है। व्यंग्य का स्तर गिराने में कॉलम-लेखन को भी एक कारण माना जाता है। आप इस बात से कितने सहमत हैं?

यह प्रश्न ऊपर वाले प्रश्न का ही रूप है। व्यंग्य के नाम पर हास्य, स्मित, चुटकुला, टिप्पणी, समीक्षा, विनोद, शाब्दिक मदारीपन, आदि आदि।

यद्यपि लिखा जा रहा है। यदि उसे व्यंग्य के स्तर से जोड़े यह उचित नहीं है, उसका अपना लेखन स्तरहीन है, इससे व्यंग्य का स्तर नहीं मापा जा सकता है। हाँ कॉलम-लेखन में नियम की प्रतिबद्धता कभी कभी हीन या कमजोर लिखवा सकती है। ध्यान दीजिए ऐसे स्तंभकारों व उसके व्यंग्य लेखन पर जिनसे व्यंग्य का शुद्ध रूप समक्ष आया। उदाहरणार्थ–बालमुकुंद गुप्त, हरिशंकर परसाई, शरद जोशी, किट्टू, गोपाल चतुर्वेदी, नरेंद्र कोहली, ज्ञान चतुर्वेदी आदि। विनम्रता से निवेदित करना चाहता हूँ कि दिल्ली के इतिहास को लेकर मैंने दिल्ली चढ़ी पहाड़ संकलन में संकलित व्यंग्यों को स्तंभ के रूप में लिखा था, जिस पर बहुत अच्छी प्रतिक्रियाएं मिलीं। 'नवभारत टाइम्स' में 'तोषी मासी' संदर्भित स्तंभ लिखता रहा हूँ–प्रोत्साहन पा सका हूँ। सही लेखन प्रयास, स्तर नहीं गिरता अपितु जिम्मेदारी बढ़ाता है।

–एक व्यंग्यकार का किसी विचारधारा से जुड़कर लिखना आप कितना उचित मानते हैं?

सवाल प्रतिबद्धता का है। किसी एक विचारधारा के प्रति प्रतिबद्ध होकर लिखा गया लेखन सीमित कर सकता है। विशेषतः किसी विशेष राजनीतिक विचारधारा के प्रति बद्धित लेखन, इससे नुकसान हो सकता है। कभी कभी विचारधारा हावी होकर उस धारा का भौंपू बना देती हैं। मेरे विचार से विचारधारा की प्रतिबद्धता केवल मानवता के लिए है। जो हम लिखे वह बेहतर स्थिति की ओर लेकर जाए।

–आपने प्रायः व्यवस्था तथा तंत्र के कई महत्वपूर्ण मुद्दों को व्यंग्य का विषय बनाया है। आपको किस प्रकार के व्यंग्य लिखना अधिक सहज लगता है?

मुझे सामाजिक विषय रूचिकर हैं। विशेषतः पारिवारिक संबंधों पर लिखना, पड़ताल करना मुझे भाता है। पड़ताल में आत्म निरीक्षण आए यह मुझे उचित लगता है। आत्म-व्यंग्य सर्वाधिक रूचिकर है।

–राजनीतिक मूल्यहीनता और नैतिकता का छद्म व्यंग्य-लेखन की प्रेरणा बनता है। आपका क्या मत है?

मूल्यहीनता और नैतिकता का छद्म व्यंग्य लेखन की प्रेरणा बनता है। इसमें

संदेह नहीं। इनसे उपजे तो विसंगति, विडंबना, विद्रूप व्यंग्य-लेखन की प्रेरणा बनते हैं। व्यंग्यकार कूड़े में से, गंदगी में से विषय चुनता व ग्रहण करता है। उसकी साधना कठिन है।

–वैश्वीकरण और विश्व व्यापार की स्थितियां व्यंग्य को किस सीमा तक प्रभावित कर रही हैं? क्या आप व्यंग्य के रूप स्वरूप में परिवर्तन महसूस करते हैं?

मैं विश्वविद्यालय में पढ़ाता रहा हूँ। शिक्षा जगत, डिग्री का खोखला महत्व, अरूचिकर व अव्यवहारिक पाठ्यक्रम, अधिकारियों की महत्वकांक्षाएं अर्थतंत्र का प्रभाव, व्यसन विशेष सिद्धि आदि तथ्यों को देखता, जांचता रहा हूँ। मैंने स्वयं को इनमें से अनेक स्थितियों से जुड़ा पाया और कभी कभी ही कुछ बदलाव ला पाया। यह व्यवस्था का दोष है। हम लोग सिस्टम नहीं बदल पाते, हमें उसी मशीन के पुर्जे के रूप में मशीन को वैसा ही चलाना होता है। जैसे ढर्रा है। इन सबका प्रभाव पड़ा और मेरे लेखन में शिक्षा जगत की विडंबना बखूबी आ सकी है।

–व्यंग्य के सर्वाधिक प्रखर विषय आपको कहाँ मिले हैं?

हाँ भाषागत अनेक प्रयोग प्रायः अनायास हुए हैं। व एकाध सायास भी है। भाषा का फ्यूजन प्रयोग में आजकल हिंदी व पंजाबी भाषाओं में कर पा रहा हूँ। अंग्रेजी, हिंदी का फ्यूजन भी किया है। खुद को कम पता चलता है पर डॉ. बालेंदुशेखर तिवारी और डॉ. मधुसूदन पाटिल जैसे समर्थ विद्वान आलोचक मेरे लेखन में भाषागत प्रयोगों की चर्चा करते हैं तों मुझे भी भान होता है। डॉ. पाटिल ने मुझे भाषा के अतिरिक्त शैलीगत प्रयोग करने में समकालीन व्यंग्यकारों में सर्वाधिक अंक प्रदान किए हैं।

–अपनी आजीविका के क्षेत्र में आपने किस प्रकार की व्यंग्यात्मक स्थितियों को पाया और उन्होंने आपके लेखन को कहाँ तक प्रभावित किया?

व्यंग्य का वर्तमान समृद्ध है। अभी तक वृहतत्रयी का प्रभाव है। परसाई, जोशी, त्यागी और शुक्ल के होते हुए भी वर्तमान व्यंग्यकार अच्छा लिख पा रहे हैं। यह समृद्धि ही है। त्रयी के होते हुए भी जिनके नाम विशिष्ट लिए जाते हैं, यह प्रशंसनीय है। भविष्य तो और अच्छा होगा। त्रयी के प्रभाव से पाठक आलोचक मुक्त होकर सोचेंगे व नए संस्थापकों पर अधिक ध्यान देंगे। हम होंगे कामयाब एक दिन जरूर।

–एक व्यंग्यकार के रूप में आप अपने पाठकों को क्या संदेश देना चाहेंगे?

पाठक भी नियामक हैं। दूर-दराज, गांव, बस्ती के पाठकों के पत्र जब मिलते

हैं। तो दिशा मिलती है, दशा का बोध होता है। पाठक ही हैं जो हमें सुधारते हैं। एक व्यंग्यकार के रूप में पाठकों को यही कहना चाहता हूँ कि 'सैंस ऑफ हयूमर' के साथ साथ 'सैन्स ऑफ सैटायर' यदि विकसित करेंगे–हमें और अधिक मार्गदर्शन दे सकेंगे। गंभीर व्यंग्य की तुलना कृपया कभी भी 'लाफ्टर चैलेंज' या कवि सम्मेलनीय कवियों के कृतित्व से न करें। तुलना समानधर्मा में ही होती है। लेखन की व्यंजना को पकड़ें और हमें जकड़ें। आपको शत् शत् नमन। आप हैं तो हम हैं, मैं हूँ।

(2014)

जिसका पर्यवेक्षण जितना सूक्ष्म है, वह उतना अच्छा लिख सकता है...

–प्रस्तुति संतोष विश्नोई

प्रश्न : अपनी पारिवारिक पृष्ठभूमि से हमारा परिचय करवायें।

उत्तर : मेरा जन्म 8 जनवरी 1947 में मेरी ननिहाल नकोदर, जिला जालंधर, पंजाब में हुआ। मेरे पिता श्री हरिकृष्ण नवल अंग्रेजी के पत्रकार थे। जो 32 वर्ष की अल्पायु में चल बसे जब मैं 5 वर्ष का था। मेरी माता जी श्रीमति महेश्वरी देवी नवल तब लगभग 28 वर्ष की थी। अब वो 91 वर्ष की हैं। मेरे भाई श्री हरेंद्र नवल तब 7 वर्ष के और बहन मात्र 2 वर्ष की थी।

हमारा पालन-पोषण मेरे पितामह पं. त्रिलोक नाथ 'आजम' ने किया। वे एक प्रसिद्ध यूनानी चिकित्सक थे। तथा 'आज़म जलालावादी' उपनाम से सूफी शायरी करते थे। उन्होंने 'रसाला-ए-दस्तगीर' नामक पत्रिका का संपादन भी किया। जिसमें उर्दू के तत्कालीन प्रसिद्ध साहित्यकार छपते थे। मुशी प्रेमचंद (नबावराय) और मंटो भी उसमें रचना सहयोग देते थे। दादा जी 1989 में 94 वर्ष की आयु में सदगति को प्राप्त हुए। जब तक हम सब भाई बहन और शेष परिवार उनकी अनुकंपा से फल-फूल गए थे।

मेरे भाई श्री हरेंद्र नवल एक प्रसिद्ध संगीतज्ञ रहे। वे देना बैंक के मुख्य प्रबंधक पद से सेवानिवृत्त हुए। उनकी पत्नी श्रीमति उर्मिल नवल भारतीय खाद्य निगम के एक बड़े अधिकारी के पद से अवकाश-प्राप्त हैं।

मेरी बहन श्रीमति हिमांशु बाला वत्स हिंदी की विदुषी हैं। उनके पति स्वर्गीय कर्नल रमेश वत्स भारतीय सेना के एक बहुप्रशंसित व सम्मानित अधिकारी थे।

मेरी पत्नी डॉ. स्नेह सुधा नवल एक प्रखर चित्रकर्मी और जानी मानी कवयित्री हैं। वे दिल्ली विश्वविद्यालय के दौलतराम कॉलेज में हिंदी विभाग के एसोसिएट प्रोफेसर पद से सेवानिवृत्त हैं, वे कार्यकारी प्रिंसिपल भी रहीं।

मैं दिल्ली वि. वि. के हिंदू कॉलेज से फरवरी 2012 में सेवानिवृत्त हुआ। मैं एसोसिएट प्रोफेसर व बरसर रहा। मैं वोकेशनल कॉलेज का कार्यकारी प्रधानाचार्य भी रहा।

सन 1939 में मेरे पितामह शिमला (तब पंजाब) से दिल्ली में स्थानांतरित हो गए थे। वे प्रैक्टिस करते थे तथा भूपिन्द्रा तिब्बिया कॉलेज, दिल्ली, पटियाला के प्राचार्य भी रहे। वे राजचिकित्सक थे। विशेष रूप से जोधपुर, पटियाला, ईडर, रामपुर (बुलंदशहर), दरभंगा रजवाड़ों से संबद्ध रहे।

पितामह एक स्वतंत्रता सेनानी थे जिन्हें 'साइमन कमीशन' का विरोध करते हुए राईफल की संगीन से गहरा घाव भी हुआ था। वे शहीद बिस्मिल के आत्मीय मित्र थे तथा उनके दल के भगतसिंह (शहीदे आज़म) के भी निकट थे। वे अपनी कमाई का एक बड़ा हिस्सा इन क्रांतिकारियों की सहायतार्थ देते थे।

प्रश्न : आपने लेखन का प्रारंभ कहाँ से किया व आपके लेखन के शुरुआती विषय क्या थे? तथा व्यंग्य लेखन का श्रीगणेश कैसे एवं कम हो पाया?

उत्तर : मेरे लेखन की शुरूआत तब से हो गई जब से भली भांति लिखना आया। कहानी रचना तब से जब से ठीक से वार्तालाप करना आरंभ किया। मैं सोने से पूर्व दादा, दादी को कहानी सुनाया करता था। मैं अति कल्पनाशील था जैसा कि मुझे बताया गया, मैं विषय देते ही कहानी तैयार करने लगता था।

नवमी कक्षा से मेरे लेख, कविताएं, आदि 'सर्वहितकारी' (देहरादून) में प्रकाशित होने लगे थे। आरंभिक लेखन अध्यात्म, धर्म आदि से संबंधित था। वह प्रभाव था घर में सत्संग और स्कूल में शिक्षकों की नीतिपरक सीखों का।

हाँ व्यंग्य-लेखन 'नीलम' पत्रिका की एक परिचर्चा से हुआ–'युवतियों के नाम खुला पत्र।' यह सन् 1962-64 की बात है। तभी मैंने क्रिकेट को आधार बनाकर दो व्यंग्य लिखे थे। 'रामचंद्र जी वर्सेस कृष्ण जी क्रिकेट मैच' और 'मिस्टर कमेंट्रीदास'।

'मिस्टर कमेंट्रीदास' तत्कालीन प्रसिद्ध हास्य और व्यंग्य पत्रिका 'नोकझोंक' (आगरा) में 1965 में प्रकाशित हुआ यानि......पूरे पचास साल पहले कितना अजीब लग रहा है। यह सोच कर।

अजीब है अभी तक 'व्यंग्य' क्या है के प्रश्न से जूझ रहा हूँ और वैसे सोच रहा हूँ कि पचास साल से व्यंग्य लिख रहा हूँ।

प्रश्न : आपने साहित्य की कौन-कौन-सी विधाओं को अंगीकार किया तथा व्यंग्य के अतिरिक्त अन्य किस विधा से आपको अधिक प्रेम है?

उत्तर : साहित्य की जिन विधाओं में लिखने का प्रयास किया उनमें व्यंग्य कविता, संस्मरण, कहानी, उपन्यास, लघुकथा, रिपोर्ताज, यात्रवृंत, साक्षात्कार, समीक्षा, आलोचना, सम्मिलित हैं।

व्यंग्य के अतिरिक्त अन्य विधाओं में 'कहानी' मुझे भाती है, कॉलेज के दिनों में जितनी वि. वि. का 'सर्वश्रेष्ठ कहानीकार' पुरस्कार भी प्राप्त किया था। अभी इधर 'ज्ञानोदय' प्रायः पसंद की जाती है वह है व्यंग्य-कथा लेखन कविताएं मैं अब संगोष्ठियों में पढ़ने लगा हूँ। पारिवारिक संबंधों पर अधिक लिखी हैं–अभी वह पाठकों तक नहीं पहुँची है।

संस्मरणों की पुस्तक 'निराला की गली' पसंद की गई, यह पुरस्कृत भी हुई। लोग कहते हैं कि मैं संस्मरण अच्छे सुनाता और लिखता हूँ। पाठकों के पत्र भी प्राप्त हुए हैं।

जहाँ तक समीक्षा का प्रश्न है, मैं 'सरिता' और 'इंडिया टुडे' में समीक्षा के स्तंभ लिखता रहा हूँ। समीक्षा कर्म में भूमिका लेखन भी आता है। साठ से अधिक भूमिकाएं लिखी हैं जो समीक्षात्मक हैं।

आलोचना के क्षेत्र में रंगालोचन विशेष किया है। मेरी शोध का विषय नाटक और रंगमंच रहे हैं। मेरी दो पुस्तकें 'हिंदी नाटक के तीन दशक' और 'रंगमंच संदर्भ हैं जिनमें पहली को बहुत पसंद किया गया।

उपन्यास की जहाँ तक बात है–श्रीलाल शुक्ल से लेकर सुभाष चंदर तक मुझसे श्रेष्ठ व्यंग्य उपन्यास लिखने की आकांक्षा करते रहे हैं। दो की प्रस्तावना आदि चल रही है। अलबत्ता एक उपन्यास पूर्ण हो गया है जो आचार्य तुलसी के जीवन से संबंधित है–

'भारतीय लघुकथा कोश और 'विश्व लघु कथा कोश' में रचनाएं छपी हैं। सराहना मिली हैं।

प्रश्न : लेखन के लिए प्रेरणा स्रोत कौन थे एवं किस घटना विशेष ने आपको लेखन की ओर अभिमुख होने में महत्त्वपूर्ण भूमिका निभाई?

उत्तर : मेरे लेखन के लिए मुझे प्रेरणास्त्रोत परिवार, और परिवेश से मिले। घर में दादा जी शायद थे, पिता पत्रकार थे। मूल संस्कार तो वहीं से मिले। स्कूल में शिक्षकों से प्रेरणा मिली विशेषतः धर्मभानु सुकुमार जी से।

स्कूल में पधारे मुख्य अतिथि जैनेंद्र कुमार जैसे बड़े रचनाकार से प्रेरणा मिली। उनके घर आना जाना हुआ, लेखन के बीज प्रस्फुटित होने लगे। कॉलेज के दिनों में आचार्य हजारी प्रसाद द्विवेदी जैसे दिग्गज साहित्य मनीषियों से आशीर्वाद मिले। द्विवेदी जी ने कालांतर में मेरी व्यंग्य रचना 'विक्रमार्क बुढ़िया और सराय रोहिल्ला'

के प्रकाशित होने पर पत्र लिखकर प्रशंसा की। यह मेरे लिए मेरे जीवन का एक बहुत बड़ा पुरस्कार था।

आचार्य विजयेंद्र स्नातक जी से बहुत कुछ जाना, समझा, सीखा। वे मेरे श्वसुर और गुरु थे। आलोचना, शोध-संवेदना की गुत्थियां वे सुलझा देते थे।

जहाँ तक 'व्यंग्य' का प्रश्न है। मैंने बेढब बनारसी की 'लेफ्टिनेंट पिग्सन की डायरी' नामक कृति पढ़ी, मेरी व्यंग्य में रुचि बढ़ी, शिल्प समझ आने लगा। कृश्न चंदर, फिक्र तौंसवी और कन्हैयालाल कपूर को पढ़ा-व्यंग्य चेतना जागृत होती गई।

और जब हरिशंकर परसाई को पढ़ना शुरू किया–'व्यंग्य' की शुद्धता समीप लगने लगी। शरद जोशी, रवींद्रनाथ त्यागी और श्री लाल शुक्ल ने भी मुझे ही नहीं मेरी पूरी व्यंग्य पीढ़ी को प्रभावित किया।

मेरा सौभाग्य रहा कि इन सभी से भरपूर स्नेह, आशीर्वाद और उत्साहवर्धन व्यक्तिगत रूप से मिला।

पत्र-पत्रिकाओं में प्रकाशन का अटूट सिलसिला मिला। सबसे अधिक और महत्वपूर्ण–डॉ. धर्मवीर भारती से जिन्होंने 'धर्मयुग' में मुझे बहुत अवसर प्रदान किए। श्री मनोहर श्याम जोशी ने 'साप्ताहिक हिंदुस्तान' में स्थान दिया। 'सारिका' में कन्हैयालाल नंदन और दैनिक हिंदुस्तान में मृणाल पांडे और विजय किशोर मानव ने। दैनिक हिंदुस्तान में दो बार मैने और मृणाल पांडे ने सह लेखन भी किया।

प्रश्न : आपके कितने व्यंग्य संग्रह प्रकाशित हैं तथा कितनी फुटकर व्यंग्य रचनाएं पत्र-पत्रिकाओं में अब तक प्रकाशित हो चुकी हैं? आपको साहित्यिक योगदान हेतु प्राप्त हो चुके पुरस्कारों के विषय में भी कृपा कर बतलाएं!

उत्तर : मेरे व्यंग्य-संग्रह हैं :–'बागपत के खरबूजे', 'दिल्ली चढ़ी पहाड़', 'पीली छत पर काला निशान', 'वाया पेरिस आया गांधीवाद' और 'माफिया जिंदाबाद'।

व्यंग्य कथाओं का संकलन है 'दीनानाथ का हाथ' तथा अन्य संकलनों में 'मेरी 51 व्यंग्य रचनाएं' और 'नेशनल बुक ट्रस्ट द्वारा प्रकाशित 'हरीश नवल : संकलित व्यंग्य' और 'डॉलर भाग्य विधाता......(संपादन सुशील सिद्धार्थ/ किताब घर)

अन्य लेखन कृतियों में हैं : 'मादक पदार्थ और पुलिस', 'निराला की गली में, 'रंगमंच संदर्भ', 'हिंदी नाटक : तीन दशक', 'नव साहित्य की भूमिका' 'रेतीले टीले का राजहंस' 'आधी छुट्टी की छुट्टी' और 'वीरगढ़ के वीर' (नव साक्षर कला के अंतर्गत प्रकाशित)

नौ पुस्तकें संपादित की हैं। 72 पुस्तकों में सहयोगी रचनाकार हूँ तथा 1500 से अधिक रचनाएं देश-विदेश की पत्र-पत्रिकाओं में प्रकाशित हुए हैं।

साहित्यिक योगदान हेतु (पुरस्कारों में प्राप्त हुए हैं :–

'युवा ज्ञानपीठ पुरस्कार', 'पं. गोविंद बल्लभपंत पुरस्कार' (भारत सरकार) 'साहित्य कला परिषद पुरस्कार (दिल्ली प्रशासन), 'साहित्य गौरव' (हरियाणा) 'साहित्य मणि' (बिहार) 'माध्यम' अट्टहास सम्मान' (उ. प्र.)

'फिक्र तौंसवी पुरस्कार' (हरियाणा) 'बालकन जी बारी इंटरनेशनल सम्मान', 'व्यंग्य श्री पुरस्कार' (हिंदी भवन दिल्ली) 'काका हाथरसी सम्मान' (दिल्ली) 'मीरा-और' (दिल्ली प्रा. हिंदी सम्मेलन) 'सृजन साहित्य अशर्फी झा सम्मान' (बिहार) 'अवंतिका सम्मान', 'कवितायन सम्मान' मॉरीशस का 'हिंदी स्पीकिंग यूनियन सम्मान', अमरीका का 'अंतर्राष्ट्रीय हिंदी समिति सम्मान पत्र', ताशकंद में 'हिंदी भाषा और साहित्य परिषद सम्मान; 'उद्भव शिखर सम्मान', तथा न्यूयॉर्क समाज से 'व्यंग्य मनीषी सम्मान'।

प्रश्न : आप किस क्रिया-विधि का प्रयोग करते हैं कि आपकी रचनाओं का प्रभाव हर वय एवं हर तबके के लोगों पर समान रूप से पड़ता है? कृपया अपने लिखने की वो प्रक्रिया बतलाएं ताकि हमारा मार्गदर्शन हो सके!

उत्तर : रचना प्रक्रिया : भाव व आइडिया आदि चलते रहते हैं, उनके बिंदु लिख लेता हूँ फिर अवसर मिलने पर बैठकर उन पर विचार करके लिखने लगता हूँ। कच्चा ड्राफ्ट प्रायः एक ही होता है। बहुधा सीधे ही अर्थ से लेकर इति तक लिख देता हूँ। रचना पूरी करने के बाद जिसने मांगी होती है–वहाँ तक प्रेषित कर देता हूँ। मौलिक लेखन के लिए पहले कुछ नहीं पढ़ना आदि होता। आलोचनात्मक आदि के लिए खूब पढ़ना और विचार करना होता है। मैं कुर्सी-मेज पर ही प्रायः देर रात्रि तक ढंग के वस्त्र पहने हुए लिखता हूँ......जबकि अपडेटेड बनकर लिखने से कोई बेहतर नहीं हो जाता.......जानता हूँ।

प्रश्न : हास्य एवं व्यंग्य में क्या मौलिक भिन्नता आप पाते हैं? क्या व्यंग्य रचना में बिना हास्य के पुट का प्रयोग किये उेस रोचक एवं सरस बनाया जा सकता है?

उत्तर : हास्य और व्यंग्य एक दूसरे के पूरक भी हैं, विरोधी भी हैं, सहायक भी हैं। हास्य निर्मल आनंद की अनुभूति देता है और व्यंग्य की परिणति करुणा में होती है। सुख व दुख, 'रात व दिन' की भांति हैं हास्य व व्यंग्य। अजीब प्रकृति हो गई है–दोनों को एक मिलाकर देखने की व्यंग्य रचना या हास्य रचना ना कह कर प्रायः दोनों को हास्य-व्यंग्य की रचना कह दिया जाता है। हास्य का प्रयोग व्यंग्य के रूखेपन को बचाने के लिए होता है। जैसे कि कड़वी दवा को मीठे कैप्सूल में दिया जाता है। यदि मूल व्यंग्य रचना में हास्य अधिक हो जाएगा, उसकी अर्थवत्ता में गिरावट आ जाएगी। दूसरी ओर मूल हास्य रचना में व्यंग्य का आधिक्य उसकी

गुणवत्ता बढ़ा देता है।

बिना हास्य के उत्कृष्ट व्यंग्य रचनाएं लिखी जाती रही हैं। मेरी ही रचना 'विक्रमाक, बुढ़िया और सराय रोहिल्ला में हास्य नहीं है, परसाई जी उसका उदाहरण इसी संदर्भ में देते थे।

प्रश्न : व्यंग्य शैली है या विधा? संक्षेप में समझावें?

उत्तर : जहाँ मूल कृति लेखन है यानि व्यंग्य रचना है वहाँ वह विधा है जिसके कारण हरिशंकर परसाई, शरद जोशी या मेरे जैसे लेखक को 'व्यंग्यकार' कहा जाता है।

जहाँ किसी अन्य विधा में व्यंग्य है जैसे कहानी में व्यंग्य, कविता में व्यंग्य, उपन्यास में व्यंग्य–वहाँ व्यंग्य एक शैली है।

अब व्यंग्य नाटक, व्यंग्य कथा, व्यंग्य उपन्यास भी विधाएं मानी जा रही हैं।

प्रश्न : पहले शास्त्र का निर्माण होता है या विधाओं का?

उत्तर : व्यंग्य में निहितार्थ का महत्व होता है। क्या ध्वनित हो रहा है, उस पर सब मय्यस्सर हैं। विधाएं बनाई नहीं जातीं, बन जाती हैं। पहले रचना होती है तत्पश्चात् शास्त्र। जब बात कहानी, लेख, टिप्पणी, समीक्षा आदि में नहीं कही गई और उसे कहने के लिए जैसा विस्तार चाहिए था, वह उन विधाओं में नहीं उपलब्ध हुआ अथवा उतना सार्थक या चोटिला नहीं हुआ या होता, तब व्यंग्य में कहने की जरूरत महसूस हुई व होती है। मैं गाली नहीं दे सकता, चुप भी नहीं रह सकता, शारीरिक लड़ाई नहीं लड़ सकता पर पाखंड के विरूद्ध कहना चाहता हूँ। विडंबना, विसंगति, विद्रूप पर चोट करना चाहता हूँ तब 'व्यंग्य' ही विधा रूप सुझाई देता है।

प्रश्न : यदि व्यंग्य का प्रामाणिक शास्त्र उपलब्ध है तो उनके आवश्यक तत्त्वों के वर्णन से हमें ज्ञानरंजित करें?

उत्तर : यूं तो व्यंग्य का कोई काव्य शास्त्र पूर्णतः नहीं बना है। फिर भी गद्य व्यंग्य के लिए जिन तत्वों की आवश्यकता समझी जाती है। वे हैं :–यथार्थता, गाम्भीर्य, सांकेतिकता, बौद्धिकता, तटस्थता, सूक्ष्म पर्यवेक्षण, लक्षित भाषा आदि।

व्यंग्य के उद्दीपक साधनों का प्रयोग प्रभावन्विति के लिए किया जाता है परंतु अखबारी या तथाकथित व्यंग्य इन्हीं उद्दीपक तत्वों को मान लिया जाता है जैसे हास, परिहास, उपालक्ष्य, अतिश्योक्ति, सपाटबयानी, भाषा की जगलरी, विनोद, टिप्पणी, चुटकुला आदि।

प्रश्न : विधाओं का निर्माण कैसे होता है?

उत्तर : यह प्रश्न के उत्तर 9 में आ गया है।

प्रश्न : परसाईजी ने कहा था तथा त्यागीजी ने भी यह माना है, कि जो

स्वयं पीड़ाओं को झेलेगा वही व्यंग्य का सर्जक होगा! इस बारे में आपकी क्या राय है?

उत्तर : मुझे नहीं मालूम कि परसाई जी और त्यागी जी ने ऐसा माना है। हाँ दुख, तकलीफ, दर्द, चोट ये सब व्यंग्य के प्रेरक तत्व हैं। इन्हें स्वयं झेले बिना भी व्यंग्य लिखा जाता है। यदि झेला हो तो उसमें वास्तविकता का गहरा रंग जुड़ जाता है। जब दूसरे का दुख अपना बन जाता है। तब भी लिखा जाता है, उत्कृष्ट भी. ......परानुभूति का आत्मानुभूति बनना, स्वानुभूति बनना यही है। शराब पीए बिना भी हम शराब के नशे और असर को समझ सकते हैं। व्यंग्य जिस वेदना से लिखा जाता है–उस वेदना को झेलने वाला जरूरी नहीं कि वैसा लिख सके जैसा कि एक लेखक लिखेगा। यदि लेखक स्वयं वेदना झेल रहा है, वह निश्चित ही बेहतर लिख सकेगा।

जिसका पर्यवेक्षण जितना सूक्ष्म है, वह उत्कृष्ट लिख सकता है। सूक्ष्म पर्यवेक्षक दृष्टि का लेखन में, विशेषतः व्यंग्य लेखन में बड़ा महत्व है।

प्रश्न : व्यंग्य विधा किन मायनों में अन्य विधाओं से भिन्न है?

उत्तर : व्यंग्य लिखना बिल्कुल अलग है। अन्य विधाकार कहीं भी हो सकते हैं। परंतु व्यंग्यकार वहाँ होता है जहाँ अंधेरा है, दुर्गंध है, कीचड़ है, अवसाद है, पाखंड है, झूठ है, फरेब है......मैं अक्सर कहता हूँ 'व्यंग्यकार गंदे नाले के किनारे खड़ा होता है। उसे उच्छिष्ट में से साहित्य निकालना होता है–नाले के किनारे कैसी अनुभूति होगी वह रचनात्मक अनुभूति से इसलिए अलग होती है कि रचने के बाद तुष्टि होती है–अपूर्ण पात्र कुछ भर जाता है।

प्रश्न : परसाई, जोशी एवं त्यागी के लेखन के मूल तत्त्वों को उद्घाटित करें!

उत्तर : अभी तक 'विद्वान' अधिकतर परसाई, जोशी और त्यागी पर टिके हुए हैं? तीनों का लेखन उत्कृष्ट है। परसाई में कथात्मकता, शरद जोशी में निबंधात्मकता और त्यागी में कम गंभीर परंतु सांस्कृतिक चेतना मुझे विशिष्ट लगते हैं। तीनों ने गद्य व्यंग्य को एक श्रेणी दी है, महत्ता दी है।

प्रश्न : व्यंग्यकार किस प्रकार से अन्य साहित्यिकों से भिन्न दृष्टिकोण रखते हैं?

उत्तर : उत्तर 13 भी देखें।

व्यंग्य की भूमिका 'सचेतक' की भूमिका रही है। व्यंग्य की भूमिका प्रहरी की भूमिका रही है। जागरण का निरंतर स्वर देना व्यंग्यकार का धर्म है। कोई चेते न चेते पर व्यंग्यकार चेतावनी देता चलता है। कहीं न कहीं, किसी न किसी स्तर पर

नागरिक चेतता तो है। पर्दाफाश होने पर वास्तविकता का भान होता है। यह पर्दाफाश करके व्यंग्यकार वास्तविकता से परिचित करवाता है। यह बड़ी बात है। वह अंधेरे से प्रकाश में लाता है।

प्रश्न : व्यंग्य रचनाओं की अधिकता से क्या व्यंग्य अधिक स्थापित हो जाएगा?

उत्तर : तथा कथित व्यंग्य जिसे 'अखबारी व्यंग्य' कहा है वह दिखता अधिक है पर उससे व्यंग्य विधा समृद्ध नहीं हो रही। गुणवत्ता सदा परिमाण से बड़ी होती है। 'क्लास' और 'मास' का अंतर सर्वविदित है। अखबारों में 'व्यंग्य' के नाम पर यदि 'व्यंग्य' नहीं है तो क्या कीजिए, उसे व्यंग्य न मानिए। वह टिप्पणी, गवेषणा, शब्दों की जादूगरी, तुकांत योजना, गरियाना, विनोद, उपहास......कुछ भी हो सकता है। जहाँ जहाँ व्यंग्य है तो व्यंग्य ही है। समृद्धि गुणवत्ता से ही मापी जाती है। सार्थक व्यंग्य अखबारों से भी आया है।

प्रश्न : व्यंग्य सृजन में कथ्य का क्या महत्त्व है?

उत्तर : व्यंग्य ही नहीं किसी भी विधा को रचना का स्वरूप देते हुए सर्वाधिक महत्व कथ्य को देना चाहिए। कथ्य ही वह आधार है जो ध्वनित होकर व्यंग्यकार के लक्ष्यार्थ तक पहुँचेगा। कथ्य को लक्ष्य तक पहुंचाने में शिल्प सहायक होता है। ऐसा समीकरण बनाना होता है कि व्यंग्यार्थ का भावना तक संप्रेषित करने के लिए भाषा, शैली, उपमान, मुहावरों आदि का कैसे व कितना प्रयोग किया जाए कि अभिव्यक्ति ऐसी हो कि संप्रेषण हो ताकि भावक साधारणीकृत हो सके और विरेचन हो। कलात्मकता का अधिक आग्रह कभी कभी मूल भाव को दबा देता है। कथ्य पर ही ध्यान केंद्रित हो और शिल्प पक्ष न्यून हो, तब हो सकता है कि रचना का प्रभाव वैसे व उतना न पड़े जितना होना चाहिए। कभी-कभी शुष्कता व नीरसता भी इस कारण से व्याप्त हो जाती है। अतः भाव व शिल्प का सामंजस्य ही बनाना होता है ताकि मूल भाव स्पष्टतः प्रेषित हो सके।

प्रश्न : व्यंग्य की विकास यात्रा में जनसंचार माध्यमों की क्या भूमिका है?

उत्तर : व्यंग्य के विकास में जनसंचार माध्यम बहुत कारगर होते हैं। सिनेमा, टी.वी. रंगमंच, रेडियो, पत्र-पत्रिकाएं और सम्मेलनीय मंच व गोष्ठियों की सार्थक भूमिका होती है। व्यंग्य का विकास इन सबके द्वारा हुआ है।

कवि सम्मेलनीय मंचों की भूमिका कभी बहुत प्रभावी रही परंतु अब ऐसा नहीं है। व्यंग्य के नाम पर जो परोसा जाता है वह भद्दे और रंगीन हास-परिहास को प्रकट करता है जिससे साधारण प्रेक्षक चाहे वह दर्शक हो अथवा श्रोता व्यंग्य की मूल चेतना को नहीं समझ पाता। जो कविगण व्यंग्यार्थ की सार्थक भूमिका को स्पष्टतः

प्रेक्षक तक पहुँचा सके, उनके कारण व्यंग्य विकसित और प्रभावी होता है, परंतु दुर्भाग्य से ऐसा बहुत कम है। यह बात अन्य सभी माध्यमों पर भी कमोबेश लागू है। गद्य व्यंग्य, व्यंग्य कविता की तुलना में मंचों पर बहुत कम प्रेषित होता है। सिनेमा, रंगमंच, टी. वी., पत्र और पत्रिकाएं अलबत्ता इसका प्रसार अधिक करते हैं।

प्रश्न : समाज के प्रति एक साहित्यकार की क्या प्रतिबद्धता होनी चाहिए?

उत्तर : मैं समझता हूँ कि साहित्यकार की जवाबदेही या प्रतिबद्धता सबसे पहले अपने स्वयं के प्रति होती है। दूसरों की जय से पहले अपना मन विजय करें। व्यक्ति समाज की आधारिक इकाई है–सर्वप्रथम वही है जो सामाजिक सरोकारों के कारण सिद्ध करना है कि एक सबके लिए, सब एक के लिए।' समाज के प्रति प्रतिबद्धता महत्वपूर्ण है, ऐसी प्रतिबद्धता जिसका मूल उत्स मानवता से प्रेरित हो। व्यंग्य उस पर न हो जो पीड़ित है, सर्वहारा है। व्यंग्य उस पर हो जो पीड़ा दे रहा है, जो जुल्म कर रहा है। व्यंग्य विशेषतः उन स्थितियों पर हो जिसके कारण दुख बढ़ रहा हो। व्यंग्य की परिणति करुणा है। वह रचना श्रेष्ठतर है जहाँ दुर्भावनाओं का प्रतिकार ऐसे किया जाए कि करुणा मुखरित हो।

किसी विशेष राजनैतिक विचारधारा रचनाकार को एकांगी बना सकती है। रचनाकार राजनैतिक दल विशेष का भोंपू हो सकता है–इससे व्यंग्यकार को बचना होता है। न वह निर्देश दे, न उपदेश दे, जो दे वह स्वतः ही सरोकार को स्पष्ट करे।

प्रश्न : व्यंग्य के प्रति सुधी आलोचकों का व्यवहार किस प्रकार का रहा है?

उत्तर : 'व्यंग्य' को आलोचकों ने गौण रखा। दरअसल 'ध्वनि' के रूप में, 'व्यंजना' के रूप में या 'वक्रोक्ति' के रूप में 'व्यंग्य' काव्यशास्त्र में रहा और आलोचकों ने आचार्यो ने उस पर कार्य भी किया। आनंदवर्धन ने 'ध्वन्यलोक' में व्यंग्यार्थ आदि पर बहुत कुछ लिखा है।

'व्यंग्य' को प्रायः शैली मानकर उसे न्यून किया जाने लगा किंतु गद्य में वह विधा के रूप में अपना स्थान स्वयं बनाने लगा और इसके गद्यकार प्रयोगकर्त्ता 'व्यंग्यकार' कहलाने लगे। 'व्यंग्य' को विधा न मानकर विद्वानों ने ध्यान नहीं दिया, परंतु अब आज के कई मुख्य प्रगतिशील आलोचक भी 'व्यंग्य' की बात करने लगे हैं उसे तरजीह देते हैं।

प्रश्न : एक व्यंग्यकार का उत्तरदायित्व समाज के प्रति क्या है?

उत्तर : एक व्यंग्यकार होने के नाते मुझे अपनी जिम्मेदारी अन्य विधाकारों की अपेक्षा तनिक अधिक लगती है। व्यंग्यकार सामाजिक-न्यायधीश होता है। उसका सात्विक क्रोध, उसका दबा हुआ रोष पाखंडों के कारण निरंतर उभरता रहता

है, जिसका शमन ऐसी रचनाओं के माध्यम से होता है। जो ऐसे पाखंडों के प्रति पाठक को सचेत कर सके। उसे जानकारी दे पाए कि इनके कारण उत्पन्न स्थितियों को समझा जाए और निपटने के उपाय ढूंढ़े जाए। ताकि न्याय हो सके। इसलिए विभिन्न क्षेत्रों की विसंगतियों का रेखांकन मेरी व्यंग्य रचनाओं में होता रहा है। एक नागरिक, एक भारतीय, एक ग्लोबल नागरिक, एक सहज मानव होने के क्या दायित्व हैं, यह जानना जरूरी है। जान कर उनको पूर्ण करना हमारा लक्ष्य है, इसी लक्ष्य की पूर्ति हेतु जो मेरी अपेक्षाएं थीं उनकी पूर्ति मेरा लेखकीय धर्म रहा। अभी सच कहूँ कि उनकी पूर्ति नहीं हो पाई है, जितना जितना लिखता हूँ वे विसंगतियां, नए रूपों में सुरक्षा के मुख सी विस्तृत नजर आती हैं। बहुत कुछ मैं लिखना चाहता हूँ, लिखना चाहता था पर कई कारणों से रह जाता है। मुख्य कारण संभवतः प्रमाद ही है। पर्याप्त श्रम का अभाव भी है, निरंतर बैठक का न होना भी है। साथ ही स्वास्थ्य, पारिवारिक दायित्व आदि के कारण होती रही मजबूरियां भी हैं।

वैसे सदा कहा जाता है कि बेस्ट इज येट टू कम।' मेरे साथ भी ऐसा ही हो सकता है। आकांक्षा है एक दो व्यंग्य उपन्यासों की रचना का देखते हैं कब ऊंट करवट बदलता है।

प्रश्न : एक साहित्यकार के लिए पुरस्कार तथा सम्मान क्या महत्त्व रखते हैं?

उत्तर : जो मुझे सौभाग्य से बहुत से सम्मान व पुरस्कार मिले हैं जिनमें स्थानीय, प्रादेशिक, राष्ट्रीय और अंतर्राष्ट्रीय भी सम्मिलित हैं। एक लेखन या किसी के लिए भी पुरस्कार और सम्मान महत्वपूर्ण होते हैं। मेरे लेखन के लिए भी पुरस्कार, सम्मान प्रेरक सिद्ध हुए हैं। मुझे स्कूली जीवन से ही पुरस्कार मिलने लगे थे। नाटक और लेखक के लिए बहुत पुरस्कार मिले। कॉलेज में आकर दायरा बढ़ा, मुझे लगा कि मुझे स्वयं से अपेक्षा है कि कॉलेज व विश्वविद्यालय साहित्यिक उपयोगिताओं में मुझे पुरस्कार मिलें, जाहिर है इसके लिए साधना की आवश्यकता होती है, पुरस्कार मिलते रहे यानि प्रोत्साहन मिलता रहा और मैं अपनी सीमाओं में बढ़ता रहा।

कालांतर में जब बड़ी पत्र-पत्रिकाओं में प्रकाशित होने लगा, थोड़ा नाम हुआ और मुझे कुछ बड़े पुरस्कार मिलने लगे। प्रायः ये पुरस्कार साहित्यिक प्रतियोगिता का फलागम था। दिल्ली प्रशासन की संस्था 'साहित्य कला परिषद' ने मेरी एक रचना का 34-35 वर्ष पूर्व बड़ा पुरस्कार दिया, मेरे व्यक्तित्व में हलचल हुई। अपने और अपने लेखन पर विश्वास बढ़ा, तत्पश्चात बिहार राज्य से 'साहित्यमणि' हरियाणा से 'साहित्य-गौरव' सम्मान मिले।

एक अति महत्वपूर्ण पुरस्कार जिसने मुझे मेरी जिम्मेदारियों का बहुत अहसास

कराया, सन 1987 में व्यंग्य लेखन प्रतियोगिता का आयोजन भारतीय ज्ञानपीठ की ओर से हुआ। पांडुलिपियां मंगवाई गई थीं। निर्णायकों में शरद जोशी और श्रीलाल शुक्ल जैसे दिग्गज व्यंग्य शिल्पी भी थे। 48 चुनी गई प्रविष्टियों में मेरी पांडुलिपि की सवेश्रेष्ठ करार किया गया जो 'बागपत के खरबूजे' के शीर्षक से भारतीय ज्ञानपीठ ने पुस्तक रूप में प्रकाशित की। यह एक बड़ा टर्निंग प्वाइंट था।

'युवा ज्ञानपीठ पुरस्कार विजेता' का ठप्पा लगा और मैं स्वयं को परिपक्व समझने लगा। गांभीर्य को बढाया, चिंतन को दिशा दी। 'व्यंग्य-विमर्श' मेरे लिए सर्वोपरि हुआ। मुझे युवा व्यंग्य लेखन का 'आइकन' कहा गया। टाइम्स ऑफ इंडिया ने सर्वेक्षण में 'बागपत के खरबूजे' को बीसवीं सदी की सौ सबसे महत्वपूर्ण कृतियों में सम्मिलित किया। प्रसिद्ध सिने निर्माता श्री बी. आर. चोपड़ा ने इस पुस्तक पर धारावाहिक निर्माण का प्रस्ताव भेजा......आदि आदि।

मुझे अपने को सर्वदा इसके योग्य बने रहने के लिए संघर्ष करना पड़ा। दूसरी पुस्तक 'पुलिस और मादक पदार्थ' भी भारत सरकार के गृह मंत्रालय के अधीन एक प्रतियोगिता में 'पं. गोविंद बल्लभ पंत पुरस्कार' की अभिकारणी बनी। मेरा दायित्व, और बढ़ा....फिर 'माध्यम' (लखनऊ) का 'युवा अट्टहास सम्मान', अलकनंदा का 'व्यंग्य-शिरोमणि', हरियाणा का 'फिक्र तौंसवी सम्मान', 'भारतीय साहित्य परिषद' का 'जैनेन्द्र कुमार सम्मान', दिल्ली प्रादेशिक हिंदी साहित्य सम्मेलन का 'मीरा-मौर सम्मान आदि मिले।

सन् 1999 जब हिंदी को राजभाषा बने पचास वर्ष हुए। मुझे 'बालकन जी बारी अंतर्राष्ट्रीय सम्मान' प्राप्त हुआ। यह सम्मान 'वरिष्ठ साहित्यकार का था–मैं तब से 'युवा' से 'वरिष्ठ' में, परिवर्तित हो गया–लेखकीय दायित्व बढ़ते गए अतः लेखकीय समझ का बढ़ना-बढ़ाना भी जरूरी लगने लगा। मैंने व्यंग्यालोचन पक्ष भी लिया और उस पर भी लेखनी चलाने लगा, व्यंग्य कार्यशालाएं व आलोचनात्मक वक्तव्य देने लगा.....तब से वरिष्ठ साहित्यकार' के रूप में प्रकट होने लगा.....

सन 2002 में मारीशस की संस्था 'इंडियन स्पीकिंग यूनियन' ने मारीशस में सम्मानित किया। मुझे वहाँ के प्रसिद्ध पत्र 'जनवाणी' में व्यंग्य 'स्तंभ लेखन' का आग्रह संपादिका ने किया और मैं निरंतर लिखने लगा....

पुरस्कार, सम्मान मिलते रहे, मैं लेखन प्रयास बढ़ाता रहा, विवेकशील अटका भी, पर मुख्य कार्य से इतर भी हुआ पर फिर फिर मार्ग पकड़ता रहा। अमरीका की अंतर्राष्ट्रीय हिंदी समिति ने भी सम्मान दिया। प्रवासी लेखन भी मेरी चिंता का विषय बना। अमरीका, इंग्लैंड, कनाडा, मारीशस, उज्जबेकिस्तान, थाईलैंड, त्रिनिडाड, संयुक्त अरब अमीरात, बल्गारिया, कंबोडिया, वियतनाम, ओमान आदि देशों के

व्यंग्य-गोष्ठियों में हिस्सा लिया। हिंदी और हिंदी व्यंग्य का प्रसार करने का प्रयास कुल मिलाकर उन देशों में की अपने सीमित लघु स्तर पर किया.....।

........पुरस्कारों सम्मानों की कड़ी में इजाफा होता रहा। हिंदी भवन, दिल्ली द्वारा राष्ट्रीय सम्मान 'व्यंग्यश्री' उपलब्ध हुआ।

'विश्व हिंदी साहित्य परिषद' ने ताशकंद में 'शिखर-सम्मान' दिया। यह 2014 सोलह जुलाई की बात है, उसी दिन पैरों में जकड़न होनी आरंभ हुई, यंत्रणा के भारी कुछ दिन ताशकंद और कुछ वापिस दिल्ली में बीते......विस्फोट हुआ, ज्ञात हुआ कि कैंसर है जो प्रोस्टेट से आरंभ हुआ। रीढ़ की हड्डी में 'टयूमर' का साम्राज्य था......

.........इलाज का भीषण दौर चला, फेसबुक और अन्य माध्यमों से दुनिया भर से साहित्यिक मित्रों, प्रशंसकों, विद्यार्थियों, संबंधियों ने दुआएं दीं। ये दुआएं और आशीर्वाद थे जिनके कारण पुनः स्वास्थ्य का पुरस्कार' प्राप्त हुआ........

.......13 सितंबर 1914 को अस्पताल से छुट्टी मिली और उसी समय एक विशिष्ट 'शिखर-सम्मेलन' प्राप्त हुआ जो सम्मान स्थल से मेरे घर में प्रदान करने आए मेरे आत्मीय विद्वान 'मित्र डॉ. प्रेम जनमेजय और शिष्य पुत्रवत साहित्यिक प्रतिभा डॉ. लालित्य ललित.......

......अब? थोड़ा जीर्ण तन में बड़ा सा मन लिए पुनः 'स्टडी' में लेखन रत हूँ। कुछ अच्छा सा दे सकूं प्रयास कर रहा हूँ–जिम्मेदारी का यह अहसास मुझे लगता है–अभी तक प्रदत्त पुरस्कारों-सम्मानों के कारण ही है। लो आपने छोटा सा प्रश्न किया मैंने बड़ा सा जवाब दिया। मैं, उस बहाने पुरस्कार के योग्य मुझे समझने वालों के प्रति कृतज्ञता को मन ही मन ज्ञापित कर पाया। हाँ इस वर्ष 24 जनवरी 2015 को 'उदभव' संस्था ने मुझे 'शिखर सम्मेलन' देकर मुझे चलते रहने की प्रेरणा दी है।

प्रश्न : अमूमन पुरस्कार वितरण का आधार क्या होता है?

उत्तर : जहाँ जो भी 'जेनुइन' है, सही व्यक्ति को सही कार्य के लिए दिया गया सम्मान या पुरस्कार है वह वास्तविक मूल्यांकन पर ही आधारित होता है। अपनी कोशिश, मेल-मिलाप, मन व्यंग्य करके अथवा चाटुकारिता से लिया या दिया गया सम्मान या पुरस्कार किस महत्व का है, यह व्याख्या करने की कतई जरूरत नहीं। मुझे आत्मिक संतोष है कि सिवाय 'शिखर सम्मानों के जो भी मुझे मिले, विनम्रातपूर्वक कहना चाहूँगा सही मूल्यांकन से मिले।

'शिखर-सम्मेलन' कई बार इसलिए भी दे दिए जाते हैं। कि चलो इनके रहते रहते दे दिया जाए–यह बुरा नहीं है पर इसमें सदाशयता के पीछे कारूणिक भावना

भी हो सकती है। मसलन, 'यह साहित्यिक कैंसरग्रस्त है, न जाने कितना जीवन है, इसे इसके सामने ही यह सम्मान दे दिया जाएं।

प्रश्न : व्यंग्य की भाषा का मतलब क्या होता है?

उत्तर : व्यंग्य ही भाषा से आशय भाषा के प्रयोग रूप से है। जो सटीक हो, ध्वनित होकर बड़ी अभिप्रेत कर सके जो लक्ष्यार्थ है–ऐसी भाषा। वयंग्य की भाषा महीन मारक भाषा होती है। चुटीली, चोटीली, व्यंजक भाषा जिसका प्रहार निर्मम हो पर निर्ममता का तात्कालिक बोध न हो। मुहावरेदार भाषा तथा प्रचलित से नए अर्थ व्यंजित करने वाली भाषा व्यंग्य की भाषा होती है।

प्रश्न : लेखक का उत्तरदायित्व जीवन-मूल्यों के प्रति अधिक है?

उत्तर : रचनाकार ही नहीं, सभी के लिए सामाजिक दायित्व का बोध होता है। निजी और सार्वजनिक जीवन दोनों ही होते हैं। लेखक भी अलग नहीं, हाँ उसके दायित्व में अधिक जवाबदेही होते हैं। निज में पातकी और सार्वजनिक जीवन में परोपकारी, ऐसा दोमुंहा व्यक्तित्व लेखक का अपेक्षित नहीं है।

व्यंग्यकार होने के नाते जहाँ बहुत कुछ छूट मिली होती है वहीं सीमाएं भी हैं। व्यंग्यकार आत्म व्यंग्य कर सके जो उसका आत्म-मंथन होगा बेहतर है। आत्म-प्रवंचना न करे क्योंकि अन्य विधाकारों की अपेक्षा वह समस्या में, से अधिक नजदीकी नाता रखता है। सफाई सभी करते हैं कर सकते हैं पर सफाई कर्मचारी के दायित्व इसी क्षेत्र में अधिक वजनी हैं।

प्रश्न : लेखन हमें क्या बनाती है?

उत्तर : एक लेखक के लिए उसका लेखन उसका दायित्व होता है। वह आवश्यकता या विवशतावश भी लेखन के लिए बाध्य होता है, हो सकता है।

प्रश्न : रचना कैसे कालजयी बनती है?

उत्तर : लेखन की प्रासंगिकता कालयजी हो, शाश्वत हो, यह हर रचना के साथ संभव नहीं है। युगबोध और मूल्यबोध के अनुसार बदलाव आते हैं। तत्कालीन परिवेश की स्थितियों से बाधित होकर जो लिखा जाता है, प्रायः कालजयी नहीं होता।

अखबारी व्यंग्य अक्सर तत्कालीन राजनैतिक, सामाजिक परिस्थितियों और घटनाओं पर केंद्रित होता है। परिस्थिति बदलने से वह रचना मौन हो जाती है। किसी संवैधानिक धारा के बदलाव हेतु जो लिखा जाए वह धारा में उचित संशोधन के कारण अस्त हो सकता है।

जीवन में जो विशिष्ट भाव अथवा मूल्य होते हैं, वे दीर्घजीवी होते हैं। उन पर केंद्रित विषय देर तक व दूर तक चलते हैं। प्रेम, घृणा, मां, गांव, महानगर बोध, बदलते रिश्ते, मृत्यु आदि ऐसे विषय भाव है जो लगभग शाश्वत नहीं है तो दीर्घजीवी

हैं।

घिनौने षड्यंत्र, भ्रष्ट आचरण, हत्या, अन्य जघन्य अपराध, बलात्कार आदि विजय सर्वकालीन हैं। व्यंग्य साहित्य की शाश्वतता का प्रश्न महत्वपूर्ण है क्योंकि इस लेखन में तात्कालिकता बहुत प्रभावी है। क्रिया की प्रतिक्रिया, पाठक पसंद करते हैं, परंतु वह दीर्घकालीन नहीं होतीं।

किसी लेखक का लेखन कब तक कितना प्रासंगिक हेा यह तय करना कठिन है। व्यंग्य के नाम पर जो टिप्पणियां, परिहासरस, विनोद, हास्य, उपहासरस, शाब्दिक जाल आदि प्रस्तुत किए जाते हैं। वे शाश्वत कैसे हो सकते हैं–वे पहले तो व्यंग्य ही नहीं दूसरे केवल तात्कालिक बोध के लिए लिखे जाते हैं। उन्हें छोड़ दीजिए भोलराम का जीव या जीप पर सवार इल्लियां अथवा इंस्पेक्टर मातादीन चाँद पर 'देर से जीवित है, देर तक जीवित रहने की संभावना से युक्त है।

प्रश्न : अपने समकालीन लेखकों की रचनाधर्मिता के विषय में आपका क्या सुझाव है?

उत्तर : मैं समकालीन अपने व्यंग्यकार सहयात्रियों के लेखन को पढ़ता हूँ, बहुत लोग बहुत अच्छे लगते हैं। उनके लेखन की नहीं अपने लेखक की बात कहता हूँ–मुझे शालीन लिखना भाता है, विनम्रता सुहाती है। अपशब्द, गाली आदि नहीं लिखता, मैं महीन मारक लेखन का आग्रही हूँ। मुझे कथ्यात्मकता पसंद है। किस्सागोई में सरसता और सरलता रहती है, मेरी अधिक पसंद की जाने वाली रचनाएं कथा सूत्रों में चलती हैं। मेरी भाषा में आम बोलचाल, प्रादेशिक बोलियों, विदेशज शब्द अनायास प्रयुक्त होते हैं।

मैं नहीं जानता था जब तक व्यंग्यलोचक डॉ. मधुसूदन पाटिल ने मेरे व्यंग्यकर्म की आलोचना करते हुए लिखा कि संभवतः सबसे अधिक शैलियों का प्रयोग समकालीन व्यंग्यकारों में मैं कर रहा हूँ।

मैं व्यंग्य की परिणति करुणा में मानता हूँ। मैं विसंगति दर्शन में मूल कारण तक जाने की कोशिश करता हूँ।

सहजता व बोधगम्यता का निर्वाह करता हूँ। मैं व्यंग्य रचना में हास्य उतना ही चाहता हूँ। जितना भोजन में चटनी। बिना हास्य के भी मैंने व्यंग्य लिखे हैं।

मैं 'हास्य-व्यंग्य' के स्थान पर हास्य और व्यंग्य रखता हूँ।

मैं 'विक्रमार्क' बुढ़िया और सराय रोहिल्ला' को अपनी सबसे अच्छी रचना मानता हूँ। समकालीन 'व्यंग्य के सबसे बड़े जीवित हस्ताक्षर डॉ. शंकर पुणतांबेकर मेरी रचना, 'पीली छत पर काला निशान' को सौ में से पांच सौ नंबर देते हैं। 'किस्सा-ए-डूपलैस' को भी श्रीलाल शुक्ल' सबसे बेहतरीन कहते थे।

मेरी पसंद के व्यंग्यकारों में परसाई, जोशी, त्यागी और शुक्ल आजादी के बाद प्रथम पीढ़ी में। दूसरी पीढ़ी में शंकर पुणतांबेकर, कृष्ण चराटे, नरेंद्र कोहली, अशोक शुक्ल तीसरी पीढ़ी में हरि जोशी, गोपाल चतुर्वेदी, यज्ञ शर्मा, अजात शत्रु चौथी यानि मेरी पीढ़ी में ज्ञान चतुर्वेदी, प्रेम जनमेजय, बालेंदु शेखर तिवारी, सुरेशकांत, अंजनी चौहान, सूर्यबाला, देवेंद्र इंद्रेश, पांचवी पीढ़ी के दामोदर दत्त दीक्षित, प्रकाश पुरोहित, जवाहर चौधरी, अलका पाठक।

छठी पीढ़ी में सुभाष चंदर, यशवंत व्यास, गिरीश पंकज, अरविंद तिवारी, विनोद साब, आलोक पुराणिक, अशोक आनंद सातवीं पीढ़ी में अतुल चतुर्वेदी, पंकज प्रसून, पंकज सुबीर, सुशील सिद्धार्थ, अनूपमणि त्रिपाठी, शरद उपाध्याय, अतुल कनक अभी हाल की के व्यंग्यकारों में अर्चना चतुर्वेदी, लालित्य ललित, सुनीता शानू, अलंकार रस्तोगी, संतोष त्रिवेदी, सुमित प्रताप, गौरव त्रिपाठी।

फिलहाल में ये ही नाम ध्यान आ रहे हैं, जो मुझे पसंद है। आपको लग रहा होगा कि मेरी पसंद बड़ी विशद है।

प्रश्न : कृपया समसामयिक सृजनशील व्यंग्यकारों के बारे में बतलाएं!

उत्तर : अन्य सृजनशील व्यंग्यकारों के नाम मैंने उपरोक्त लिखे हैं।

वर्तमान में नई पीढ़ी का नेतृत्व करने वालों में जो मुझे प्रतीत हो रहे हैं। उनमें प्रेम जनमेजय जो 'व्यंग्य-यात्रा' पत्रिका के माध्यम से व्यंग्य उत्थान का बड़ा काम कर रहे हैं। उन्होंने नई पीढ़ी के व्यंग्यकारों पर केंद्रित अंक (प्रथम बार किसी द्वारा) भी निकाले हैं।

डॉ. ज्ञान चतुर्वेदी हैं जो अपने उत्कृष्ट निरंतर लेखन से गुरुजन को प्राप्त हैं। उनके कथ्य और शिल्प का समीकरण अभिनंदनीय है।

विनम्रतापूर्वक अपना यानि हरीश नवल का नाम लूंगा जो देश-विदेश की व्यंग्य गोष्ठियों और कार्यशालाओं में श्रेष्ठ व्यंग्य तथा वैज्ञानिक व्यंग्यलोचन से नई पीढ़ी के साथ निरंतर हैं।

हिंदी गद्य व्यंग्य के इतिहासकार सुभाष चंदर हैं जो व्यंग्य और व्यंग्यशास्त्र को खूब समझाते हैं। वे व्यंग्य संबंधी प्रश्नों के हल देने में माहिर हैं।

गिरीश पंकज का सामर्थ्य अभिनंदनीय है। इधर सुशील सिद्धार्थ व्यंग्यकर्म को लेकर नए चेतना बिंदु दे रहे हैं।

प्रश्न : नई पीढ़ी के हास्य-व्यंग्य के लेखकों के लिए कोई संदेश?

उत्तर : प्रथमतः आप प्रश्न में 'हास्य-व्यंग्य' के स्थान पर कृपया 'हास्य और व्यंग्य' का प्रयोग कीजिए। नई पीढ़ी के हास्य और व्यंग्य लेखकों को सबसे पहले 'हास्य' और व्यंग्य के भेदों को समझना चाहिए। उन्हें चिंतन और विमर्श सहायक

होंगे।

वे किसी पसंदीदा व्यंग्य लेखक की नकल न करें। अपनी मौलिकता बनाए रखें।

'व्यंग्य' को विधागत स्तर पर जानते रहने का प्रयास करते रहें।

नई पीढ़ी को परसाई, जोशी, त्यागी से आगे बढ़ना होगा। उससे पूर्व सच में इन तीनों और श्रीलाल शुक्ल को पढ़ना होगा।

वे लोकप्रियता के मोह में न पड़े। मात्रा के स्थान पर गुणवत्ता की सत्ता महसूस करें।

अपनी बेचैनी को चैन से कागज पर उतारें।

लेखन में मानवता को सर्वोपरि रखें। सर्वहारा, वंचित, दलित को व्यंग्य का निशाना न बनाएं।

धर्म, जाति, प्रांतीयता के मोह में न पड़े।

सबसे अधिक शक्ति 'औदार्य' से मिलेगी। वे उदारमना बने।

बुराई की जड़ तक पहुंचे।

जड़ों को सींचे, केवल पत्तों को गीला न करते रहें। अपनी पूर्ववर्ती पीढ़ियों का सम्मान-मान करें।

अपनी आने वाली पीढ़ी का सत्कार सदभाव से करें कंफ्यूजन न रखकर फ्यूजन को अपनाएं।

कुछ न समझ आए, मेरे पास बेखटके आएं।

प्रश्न : भविष्य की लेखन संबंधी योजनाएं क्या हैं?

उत्तर : भविष्य में एक व्यंग्य उपन्यास हेतु और पर्यटन पर एक उपन्यास लेखन राजनैतिक व्यंग्य विवेचना का व्यंग्यालोचन की एक पुस्तक का निर्माण व्यंग्य नाटकों पर आलोचनात्मक पुस्तक लेखन व्यंग्य कार्यशालाओं का आयोजन और आत्म मंथन, आत्म व्यंग्य द्वारा स्वयं को खोजने का कार्य।

(24.04.2015)

परिवेश बदलने से विधाओं का स्वरूप बदलता है...

–प्रस्तुति ममता जायसवाल

प्र. : व्यंग्य लेखन में महत्वपूर्ण कारण क्या हैं आपकी दृष्टि में।

हरीश नवल : मेरे विचार से समाज में फैली विसंगतियों, विद्रूप स्थितियों और विडंबनाआअें आदि के विषय में अप्रत्यक्ष रूप से प्रतीक स्थितियों को उभारकर निबंध, कथा या किसी भी गद्य-शैली में 'व्यंग्य' लिखना अधिक कारगर लगता है। जब हम शारीरिक रूप से लड़ नहीं सकते, अपशब्द, गाली-गलौज प्रयोग नहीं कर पाते, तब 'व्यंग्य' विधा द्वारा प्रयोजन सुगमता से सिद्ध हो सकता है।

प्र. : वर्तमान में व्यंग्य लेखन की चुनौतियां क्या हैं? पहले की चुनौतियों से किस प्रकार भिन्न हैं?

हरीश नवल : वर्तमान में गद्य व्यंग्य लेखन में प्रतिस्पर्धा इस कदर बढ़ गई है कि व्यंग्य लेखकों ने कई दल बना लिए हैं। कहानी, कविता आदि विधाओं में पहले से ऐसा था किंतु व्यंग्य में न था, यह चुनौती बढ़ी है।

दूसरे अखबारी लेखन बनाम पत्रिका-पुस्तक लेखन को लेकर विभिन्न मत हो गए हैं। स्तंभ लेखन जो समाचार पत्रों में स्थान बढ़ाता जा रहा है। जिसमें तत्कालिक घटनाओं पर टिप्पणियों को व्यंग्य रूप देने की महारत बढ़ती जा रही है, उससे गंभीर व्यंग्य लेखन कैसे बचा रहे–यह भी एक बड़ी चुनौती है।

तीसरे व्यंग्यालोचन अभी भी अपरिपक्व है। वह रूप ले रहा है–रेनेसां अवधि है, उसे सही दिशा में लाना एक गंभीर चुनौती है।

चौथे, गद्य व्यंग्य लेखन में हास, विनोद, परिहास, चुटकुले आदि जहाँ अधिक परिमाण में जुड़ते हैं, व्यंग्य का रूप शिथिल हो रहा है।

प्र. : क्या कारण है कि कबीर के बाद आधुनिक युग में व्यंग्य लेखन मिलता है?

हरीश नवल : आधुनिक से पूर्व के हिंदी साहित्य में गद्य की अपेक्षा पद्य में

अधिक लिखा जाता था। कबीर ने चेतना जागृति के लिए कविता में व्यंग्य भरा और निर्मम प्रहार किए। उस समय यह काम कठिन था पर कबीर कर सके।

ऐसा नहीं है कि उनके बाद व्यंग्य लेखन उपलब्ध न हो। भक्ति काल में ही तुलसीदास ने भी व्यंग्य से प्रहार किए। 'रामचरित मानस' में 'परशुराम-लक्ष्मण संवाद' और 'अंगद-रावण संवाद' इसके बहुत सशक्त उदाहरण है।

सूरदास ने तुलसी से भी पूर्व 'मैया मोरी मैं नहीं माखन खायौ' में व्यंजना निदर्शन सटीक किया है। 'अष्टछाप' के कवियों विशेषतः कुम्भनदास ने संतन को कहाँ सीकरी सो काम' जैसे पदों में गंभीर मारक व्यंग्य प्रस्तुत किए हैं।

रीतिकाल में बिहारी जैसे अप्रतिम कवि हुए हैं जिन्होंने घोर जागरण कार्य अपने व्यंग्यात्मक दोहे से किया जो हमारे इतिहास की धरोहर हुआ :–

'नहिं पराग नहिं मधुर मधु, नहिं विकास इहि काल।
अति कली ही सौं बहयौ आगे कौन हवाल।।

देव, घनानंद आदि कवियों के लेखन को खंगालेंगी, व्यंग्य लेखन के अनेक उदाहरण मिल सकेंगे।

आधुनिक काल भारतेंदु, बालमुकुंद गुप्त, प्रताप नारायण मिश्र के व्यंग्य लेखन का प्रभाव आरम्भ हुआ। मेरे विचार में यह इसलिए अधिक महवपूर्ण हो उठा क्योंकि कविता के साथ साथ गद्य की विधाओं में भी व्यंग्य भरसक लिखा जाने लगा....यहाँ तक कि 'व्यंग्य' विधा के रूप में लक्षित होने लगा।

प्र. : किस व्यंग्यकार ने आपको सबसे अधिक प्रभावित किया और क्यों?

हरीश नवल : सबसे अधिक हरिशंकर परसाई ने प्रभावित किया। उन्होंने अपने सशक्त लेखन के बल पर हिंदी गद्य व्यंग्य का महत्व वर्द्धन किया। शैली और शिल्प दोनों ही उनके बहुत प्रभावी हैं। उन्होंने समाज जागरण हेतु जिन विषयों को उठाया, उससे जन जागृति हुई। भ्रष्टाचार, पाखंड, स्वार्थपरकता, अंधविश्वास, अवसरवादिता, सांप्रदायिकता और अनेक कुप्रवृतियों को बेनकाब किया। जिसमें उन्होंने मर्यादित शिष्टता बरती।

मुझे उनके कथारूप ने बहुत प्रभावित किया। 'भोलाराम का जीव' हो या 'इस्पेंक्टर मातादीन चाँद पर' अथवा कोई अन्य उनमें कथा प्रवाह शिथिल नहीं पड़ता और न ही आरोपित लगता है।

परसाई के 'बेचारा भला आदमी' जैसे निबंधात्मक व्यंग्यों में सामाजिक कुरीतियों का सहज विश्लेषण है जो पाठक के मर्म को छूता है।

मुझे परसाई के लेखन में 'जिंदगी और मौत का दस्तावेज' जो आत्मकथ्यात्मक शैली में लिखा गया है जैसे विसंगति-निदर्शक व्यंग्यात्मक बहुत भाते हैं।

परसाई जी के साथ मेरा पत्र-व्यवहार होता था। चार दशक पूर्व उन्होंने अपने एक पत्र में मुझे व्यंग्य विधा है अथवा नहीं पर 'व्यंग्य स्पिरिट है' लिखा था। वे एक बड़े लेखक थे परंतु नए लेखकों को प्रोत्साहित करते थे। मुझे उनके निवास जबलपुर में भी उनसे वार्तालाप करने के अवसर मिल सके थे। उनमें आत्म-गौरव था परंतु अपने इतने कद का घमंड कदापि नहीं था। मुझे उनकी रचनाओं को पटकथा रूप देने की स्वीकृति बिना किसी शर्त उनसे प्राप्त हुई थी। यह विनम्रतापूर्वक निवेदन करूंगा कि चेन्नइ के 'दक्षिण भारत हिंदी प्रचार सभा उच्च शिक्षा और शोध संस्थान द्वारा 1998 में डॉ. निर्मला मौर्य के निर्देशन में श्रीमति के. गीता ने एम. फिल का शोध-प्रबंध प्रस्तुत किया था। जिस पर उन्हें उपाधि प्रदान की गई थी उस शोध का विषय था, 'हरिशंकर परसाई कृत' ऐसा भी सोचा जाता है।' एवं हरीश नवल कृत 'बागपत' के खरबूजे संग्रहों में अभिव्यक्त व्यंग्य का तुलनात्मक अध्ययन।

प्र. : समकालीन व्यंग्य पर यह आरोप लगाया जाता है कि 'उपभोक्तावादी संस्कृति के पोषक, खाये, अधाये लोगों के हुल्लड़ गिरोह ने व्यंग्य ही नहीं बस विनोद की भी लुटिया डुबो रखी हैं।' आप का क्या विचार है?

हरीश नवल : मैं नहीं जानता यह उक्ति कब किसने किस संदर्भ में दी। हाँ प्रवृतिपरक मुद्दा नजर आता है कि व्यंग्य की मांग दिनोंदिन बढ़ती जा रही है। अथवा कहें-छोटे बड़े पत्र-पत्रिकाओं की बहुलता के कारण 'व्यंग्य' के नाम पर बहुत कुछ लिखा जा रहा है। जिसे पीड़ित नहीं लिख रहे बल्कि वे लिख रहे हैं जो सुविधाभोगी संपन्न हैं। क्षमा कीजिए मैं ऐसा नहीं मानता हूँ। जब कोई विधा रूप में 'व्यंग्य' का चुनाव करता है, निश्चित ही वह समाज की पीड़ा, दुख को समझता और उसके विषय में लिखना चाहता है। जहाँ खाये अघाये' की बात है सामाजिक और आर्थिक दृष्टि से संपन्न व्यक्ति क्या अच्छा लेखक नहीं हो सकता? क्या उसके मन में जनदुख नहीं हो सकता? यह दीगर बात है कि जो 'खाये' या 'अधखाये' 'बिनखाये' लिख रहे हैं, उनके लेखन का स्तर क्या है? लेखन के सही मूल्यांकन से उनकी लेखकीय क्षमता का मूल्यांकन होता है। जो 'व्यंग्य' के नाम पर 'टिप्पणी', 'चुटकुला' 'शब्द-चमत्कारी प्रयोग' या सतही दृष्टि से लिख रहे हैं उनसे विधा पुष्ट नहीं होती।

जहाँ व्यंग्य की परिणति करुणा में होती है, वही विनोद और हास्य की निर्मल आनंद में होती है। जहाँ ऐसा नहीं है वहाँ लुटिया के डूबने का रास्ता रहता ही है।

प्र. : वर्तमान व्यंग्य का स्वरूप क्या है?

हरीश नवल : हिंदी गद्य काव्य का स्वरूप बदल रहा है। सामाजिक स्थितियाँ शहरों में तो तेजी से बदली है और लालडोरा से सटी बस्तियों में नवकुबेर संस्कृति

फैल रही है। जो महानगर के संत्रास को जी रही है। अतिरिक्त व बिना संघर्ष, श्रम के मिली आर्थिक सुविधाएं युवाओं को भ्रमित कर रही हैं। 'फेस टू फेस' कम और 'फेसबुक' अधिक कारगर है। मुट्ठी में दुनिया एन्ड्रोयड मोबाइल के बल पर आ गई है। चिट्ठी-पत्री, तार आदि कम या बंद और नेट पर मैसेज-प्रक्रिया अत्यधिक जोर पकड़ गई है। 'विश्वग्राम' के बल संचार और परिवहन के बल पर है इसमें वसुधैव कुटुंबकम्' की भावना बहुत कम है। अतः समाज के बदलाव से साहित्य के भावानुशीलन पर भी परिवर्तन होते हैं। कथ्य की सामग्री या विचार-बिंदु समाज से ही आएंगे। परिवेश बदलने से विधाओं का स्वरूप बदलता है–व्यंग्य का भी बदल रहा है। नवपरिवर्तन को पुरानी पीढ़ी के दकियानूस जल्दी स्वीकार नहीं करते, इससे पीढ़ियों में विरोध उपजता है। समाज में सहिष्णुता कम हो रही है। नागरिक अपने दायित्वों के प्रति नहीं अपने अधिकारों के प्रति अधिक सचेत हैं। 'लघु-मानव' पदार्पण से बोन्जाई संस्कृति है–सब कुछ कम में या रिमोटात्मक रूप में हम चाहने लगे हैं। अब और अर्थ बदल रहे हैं। यह सामाजिक परिवर्तनों का संक्रमणकाल है– इसमें व्यंग्य-विधा के स्वरूप में नए तेवर दिखाई दे रहे हैं। 'फेसबुक' पर व्यंग्य चर्चा ही नहीं एक प्रकार की अस्तित्व की छोटी जंग 'शीतयुद्ध' के रूप में चल रही है। वाट्स एप पर हिंदी गद्य व्यंग्य की अल्ट्रासाउंड विचारधाराएं प्रकट हो रही है। युवा पीढ़ी बहुत लिख रही है, पुरानी पीढ़ी बहुत कह रही है। अच्छा यह है कि 'व्यंग्य विमर्श' में संपन्नता और गंभीरता बढ़ रही है। पीढ़ियों की बपौतियां क्षीण हो रही हैं। और नवसत्ता हस्तांतरित हो रही है। सर्वाइवल आफ दा फिटेस्ट' फिर से सिर ऊंचा उठा रहा है। मेरे जैसे व्यंग्यकारों को भी अपनी गति तीव्र करने की, अपडेट होने की अनिवार्यता महसूस हो रही है। यह एक दृष्टि से बेहतर है–बस समन्वय भावना और शालीनता-सहिष्णुता क्षरित न हो। तो कल्याण निश्चित है। जागृत समाज से बल ही मिलता है। नए विषय, नई शब्दावली, तर्क, वैज्ञानिकता और अस्मिता की रक्षा हेतु नवसंधान हो रहे हैं–सब ठीक रहा यानि स्वस्थ रहा–हिंदी व्यंग्य की प्रभावी प्रगति संभावित है।

प्र : व्यंग्य-उपन्यास गिने-चुने हैं इसके क्या कारण आप समझते हैं?

हरीश नवल : कथा साहित्य में कहानियों, लघुकथाओं आदि की तुलना में उपन्यास कम लिखे जाते हैं। व्यंग्य रचनाओं में छोटी रचनाएं अधिक लिखी जाती है क्योंकि उनका कलेवर छोटा होता है। आज का युग संक्षिप्तिकरण का युग है। समय और निरंतर बैठक या कहें टिकाव का अभाव है। वैसे संख्या महत्वपूर्ण होती है पर मैं समझता हूँ। गुणवत्ता अधिक महत्वपूर्ण है, उस दृष्टि से कम संख्या भी साधक हो सकती है।

वैसे समकालीन व्यंग्यकारों की प्रवृत्ति यकायक विस्तृत लेखन की ओर बढ़ी है। व्यंग्य उपन्यास अब संख्यावृद्धि के प्रयास में रत हैं। अगले पांच वर्ष में देखिएगा पचास व्यंग्य उपन्यास प्रकाशित होने की संभावना है।

प्र. : व्यंग्यालोचना के प्रतिमान कब तक पुराने ढर्रे के रहेंगे?

हरीश नवल : जब तक 'व्यंग्य' और 'हास्य' के भेद को ठीक से न समझा जाएगा। 'व्यंग्यालोचन' शिथिल दिखेगा। जब तक 'व्यंग्य' के विधा रूप को सजग आलोचक और समीक्षक तथा कुछ हद तक सजग पाठक पूर्ण मान्यता मन से न देंगे यह शिथिलता बरकरार रहेगी। मेरा कथन है कि 'हमें सेंस ऑफ हयूमर' के साथ साथ 'सेंस ऑफ सेटायर' विकसित करनी होगी। वैसे कुछ समय से हिंदी के कतिपय समर्थ सुविख्यात आलोचकों की दृष्टि इस ओर पड़ी है। रचना का सामर्थ्य जब बढ़ेगा, आलोचना का भी बढ़ेगा। निराशा की दृष्टि बदलेगी–निश्चित है। बस अर्थ स्पष्ट और मान्य हो जाएं।

प्र. : आपने निबंध, कहानी, संस्मरण, यात्रावृंत्त आदि कई फार्मेटों में व्यंग्य लेखन किया है, आपका व्यंग्यकार कहाँ अपने को अधिक सहज पाता है?

हरीश नवल : मुझे कथातत्व भाता है, किस्सागोई का फॉर्मेट कल्पनाशीलता के साथ साथ कौतहूल वृद्धि करता है। जिससे रूचि भी बढ़ती है और सरसता भी। जाहिर है मेरा व्यंग्यकार इसी फॉर्मेट में अपेक्षाकृत अधिक सहज है।

(27 जुलाई 2016)

व्यंग्य मारक हो परंतु परोक्ष हो, प्रतीकात्मक हो, शब्दों का मात्र वाग्जाल न हो...

–प्रस्तुति डॉ. भावना शुक्ल

आपका साहित्य की सभी विधाओं में योग है इसलिए मुक्ताभाव से पूछ रही हूँ कि प्रेम युग के बाद, नई कहानी का अवतरण हुआ, पश्चात कहानी दृष्टि में कहानी में कथ्य और शिल्प की मात्रा क्या होनी चाहिए? नये कहानीकारों में किनके लेखन से आप संतुष्ट हैं?

प्रेम-प्रसाद युग के बाद नई कहानी का अवतरण हुआ। इस काल में 'नई कहानी', 'अकहानी' 'अचेतन' कहानी', 'समानांतर कहानी', 'सहज कहानी' और सक्रिय कहानी' आदि प्रयोग के धरातल पर पाठक को चमत्कृत करने लगे। कथ्य और शिल्प में प्रयोग हुए। कुछ प्रयोग सच में थे और कुछ प्रयोग केवल प्रयोग के लिए हुए। 'अलगाव' या 'अजनबियत' उस समय की कहानी की एक विशिष्ट दशा के रूप में चित्रित हुआ। वह अलगाव महानगर, वैवाहिक रिश्तों, प्रेम संबंधों, परिवारों आदि में खोजा गया।......जहाँ तक कथ्य और शिल्प की मात्र का सवाल है जिन कहानीकारों ने मुझे प्रभावित किया, वे कथ्य पर विशेष ध्यान देते हैं और उनका शिल्प भी मजबूत है। इन्हें तौलकर नहीं देखा जा सकता। महसूस कर बताया जा सकता है। इन कहानीकारों में मोहन राकेश, कमलेश्वर, राजेंद्र यादव, कृष्णा सोबती, फणीश्वरनाथ रेणु, 'निर्मल वर्मा, अमरकांत, शेखर जोशी, धर्मवीर भारती, राजकमल चौधरी, मन्नू भंडारी, रमेश बक्षी, रवींद्र कालिया, महेंद्र भल्ला, दूधनाथ सिंह, ज्ञानरंजन और रमेश उपाध्याय मुझे व्यक्तिगत तौर पर पसंद हैं

आजकल जो कहानीकार युवा तेवर लिए कथ्य और शिल्प के बल पर मुझे प्रभावित कर रहे हैं इनमें प्रभात रंजन, विवेक मिश्र, प्रज्ञा उपाध्याय, अजय निवारिया, सोनाली मिश्रा के नाम मुझे ध्यान में आ रहे हैं।

कविता की छंदहीनता का क्या भविष्य है? क्या कनुप्रिया जैसी सार्थक

कृतियाँ साहित्य को मिल सकेगी?

कविता के साथ छंद यौगिक भाव से जुड़ा होता है। छंदयुक्त, छंदहीन, मुक्त छंद, आज तीनों प्रकार की कविताएं प्रकाश में आ रही हैं। कविता का भविष्य असमंजसपूर्ण है। एक तरफ गद्य कविता धारा है तो दूजी ओर दोहा, हाइकू, माहिया, गजल आदि भी रचनाकारों में आकर्षित कर रही हैं।

फिर भी कहा जा सकता है कि पूर्णतः छंदहीनता तो नहीं हाँ मुक्त छंद कविता का भविष्य हो सकता है। 'कनुप्रिया' मील का पत्थर है। ऐसी कृतियाँ सदैव नहीं मिलती। रोमानी भाव पक्ष की सबलता और संवेगों को बहाव देने वाली यह अमर कृति शाश्वत है। मेरे विचार से ऐसी कृतियाँ कभी-न-कभी साहित्य को अवश्य मिलेंगी।

हरिशंकर परसाई शीर्ष व्यंग्यकार के रूप में माने जाते हैं किंतु विविधता शरद जोशी में अधिक है क्या आप इससे सहमत हैं।

हरिशंकर परसाई हिंदी व्यंग्य के शिखर पुरुष हैं। उनके व्यंग्यों की कथात्मकता प्रभावित करती हैं। जिज्ञासा जगाती है और उनकी परिणति कारूणिक होती है। इस कारण उनका व्यंग्य कचोटता है और उन असंगत स्थितियों की ओर इंगित करता है जो विद्रूप होती जा रही हैं।

शरद जोशी की शैली निबंधात्मक अधिक है। वे बुनते हैं। छोटे छोटे वाक्यों की ध्वनि अर्थ को विस्तार देती है। निस्संदेह शरद जोशी में विविधता अधिक है। परसाई जी का व्यंग्यकार राजनीतिक विषयों का मंथन अधिक करता है। शरद जोशी मुक्त विचार रखते हैं। परसाई की प्रतिबद्धता जग-जाहिर है। परसाई की दृष्टि का आयाम बहुत विस्तृत है।

दोनों ही हिंदी-व्यंग्य की विशिष्ट विभूतियां हैं जो एक दूसरे की पूरक भी हैं, दोनों का लेखन मिल कर हिंदी व्यंग्य को एक दृष्टि देता है।

व्यंग्य कैसा होना चाहिए? क्या राजनीति का समन्वय आवश्यक है।

व्यंग्य मारक हो परंतु परोक्ष हो, प्रतीकात्मक हो, शब्दों का मात्र वाग्जाल न हो, वृत्तियों पर आघात करता हो और उसकी परिणति करुणा में हो। इसमें राजनीति का समन्वय आवश्यक नहीं।

साहित्य की भाषा कैसी हो यह एक जटिल प्रश्न है, आप खुली पसंद करते हैं या अनावरित?

साहित्य की भाषा का जो भी रूप हो, साहित्यिक अवश्य हो। रचना के कथ्य और चरित्रों के अनुसार भाषा होती है। साहित्य प्रकाश में आने के बाद सार्वजनिक हो जाता है। उसमें ऐसी भाषा हो जो अनुशासित हो। जहाँ मुक्त मौन चर्चा भी हो,

वहाँ भी भाषा को सांस्कृतिक रूप भी होना चाहिए, ऐसा मैं मानता हूँ। जो भाषा परिवार की भाषा हो, संयत हो, बेहतर है। कृतियोँ में गाली प्रयोग भी स्वीकार्य हो सकता है। यदि कथ्य उसकी गहरी मांग करता हो। तब भी गाली को अपूर्ण भी रखा जा सकता है यदि वह पूर्ण लक्षित अर्थ दे रही हो।

मारीशस में कवि सम्मेलनों का क्या स्वरूप है?

मारीशस में कवि सम्मेलन का वह रूप नहीं है जो भारत में दिखता है। भारत के हिंदी प्रदेशों के कवि सम्मेलन चुटकुलाश्रित होने लगे हैं। कवि सम्मेलन का नामकरण ही 'हास्य कवि सम्मेलन' हो गया है। हास्य भी ऐसा जो निर्मल नहीं। मारीशस में कवि सम्मेलन का रूप ऐसा है जैसा हमारे यहाँ काव्य-गोष्ठी का। स्वस्थ और सांस्कृतिक।

आपके लेखन में आपकी पत्नी का क्या योग है?

मेरे लेखन में पत्नी डॉ. स्नेह सुधा नवल का योग बहुत अधिक है। वे प्रायः मेरी प्रथम श्रोता या पाठिका होती हैं। अपनी बेबाक राय बड़े प्रभावी ढंग से देती हैं। वे चाहती है कि मेरी हर रचना बहुत उत्कृष्ट हो, प्रेरक हो। उन्हें ज्ञात रहता है कि जब मैं लिखता हूँ, कैसा वातावरण मुझे अभीष्ट हो।। मेरी रचनाओं को बेहतर बनाने के नुस्खे इजाद करती रहती हैं। वे स्वंय भी एक श्रेष्ठ कवयित्री और चित्रकार हैं। वे मेरी प्रेरक हैं।

(अप्रैल 2017)

व्यंग्य माँजता है, मथता है और चेतना जगाता है...

–प्रस्तुति शशि पांडेय

शशि पांडेय : हिंदी गद्य विधाओं के मध्य व्यंग्य की क्या स्थिति है?

हरीश नवल : आपने विधा के रूप में व्यंग्य की स्थिति पूछी है, ऐसा मैं समझ रहा हूँ। आधुनिक काल की हिंदी गद्य विधाओं में व्यंग्य विधाओं का एक महत्वपूर्ण स्थान है। संस्मरण, रेखाचित्र, यात्रा वृत्तांत, रिपोर्ताज, पत्र, आदि की अपेक्षा पश्चिम के अनुरूप व्यंग्य ने एक विशिष्ट स्थान बनाया है। पश्चिम के 'सैटायर और 'हयूमर' और 'सेटायर' में अंतर है परंतु हिंदी में दोनों के रूपों को एक सा मानकर लिखा जा रहा है। यह एक लोकप्रिय विधा है यद्यपि बहुतायत में इसकी मांग होने पर इसकी गुणवत्ता में अंतर आया है। चुटकुला, उपहास, हास, टिप्पणी, शब्दों की जगलरी, विनोद, कटाक्ष, आदि सभी को 'व्यंग्य' मानकर लिखने और प्रकाशित करने वालों की कमी नहीं है। जो व्यंग्य को व्यंग्य समझ कर लिख रहे हैं, हिंदी गद्य साहित्य को समृद्ध कर रहे हैं। अन्य विधाकार भी व्यंग्य विधा में हाथ आजमाते रहे हैं।

इस विधा का दृढ़ पहलू है कि इसे अनेकानेक शैलियों में प्रस्तुत किया जा सकता है। इसका रूप कहानी निबंध, गल्पादि हो सकता है। हिंदी व्यंग्य को अभी व्यंग्यलोचन, सार्थक व्यंग्यलोचन की अपेक्षा है–इसका कोई परिपक्व शास्त्र नहीं है तब भी 'व्यंग्य' और 'व्यंग्यकार' पत्र-पत्रिकाओं से लेकर सोशल मीडिया पर चर्चित हैं।

शशि पाण्डेय : नए समय के नए सवालों का सामना करते व्यंग्य का क्या हस्तक्षेप है?

हरीश नवल : समय के साक्ष्य में भी व्यंग्य विधा ने सिर उठाया है। युगानुकूल (या प्रतिकूल) विसंगतियों ने इस विधा को 'चिंतन' दिया है। आज का समय व्यक्तिवादिता का समय है। यह अविश्वास और घोर प्रतिस्पर्धा का समय है।

गलाकाट प्रतियोगिता ने अनीति को मुखरित किया है। फेसबुक पर हजारों दोस्त पर पड़ोसी से पहचान नहीं–ऐसा यांत्रिक जीवन लिए तकनीक का युग है। मीडिया निर्णायक भूमिका का निर्वाह कर रहा है जहाँ टी. आर. पी. सर्वोपरि है अतः येन केन प्रकारेण इसी को बढ़ाने की चेष्टा है–'बाई हुक या बाई क्रुक'

इस विषम समय को आज के प्रखर व्यंग्यकार समझ रहे हैं, वे रेखांकित भी कर रहे हैं और प्रहार भी कर रहे हैं। अनूप मणि त्रिपाठी हों या पंकज सुबीर अथवा सुशील सिद्धार्थ इनका व्यंग्य समय के नए सवालों से बाकायदा जूझ रहा है। इस पीढ़ी से पूर्व सुभाष चंदर, यशवंत व्यास, गिरीश पंकज, अरविंद तिवारी आदि व्यंग्यकारों ने अपने समय में हस्तक्षेप किया। उनके समय तक नीति थोड़ी बहुत बची थी। आदर्श का टूटा सोपाना भी शेष था, एकै साधे सब सधे जीवनादर्श हो सकता था–टूटती स्थितियों पर उस पीढ़ी के व्यंग्यकार ने कलम चलाई।

उनसे पूर्व हमारी पीढ़ी थी, हमारे समय में कुछ कुछ लिबर्टी हमें मिलने लगी थी, हम प्रेम विवाह कर सकते थे, संयुक्त परिवार को दुखी कर एकल में स्थापित होने लगे थे। यह आदर्शो, पीढ़ियों, सपनों के टूटने का संक्रमण काल था। प्रेमजनमेजय, ज्ञान चतुर्वेदी, हरीश नवल, सुरेशकांत, विनोद शंकर शुक्ल उसी वक्त के साये में छाए थे।

इस पीढ़ी से पूर्व प्रदीप पंत, हरि जोशी, यज्ञ शर्मा, अजात शत्रु, सुबोध कुमार श्रीवास्ताव, प्रभृति व्यंग्य कर्मियों ने अपने युग के पाखंडों का पर्दाफाश किया। शिक्षा, धर्म और राजनीति के बिगड़े तंत्र को विषय बनाया। इनसे तनिक पूर्व शंकर पुणताम्बेकर, नरेंद्र कोहली, अशोक शुक्ल, सुरजीत मजीठिया ने परंपराओं को संवारे रखने का प्रयास किया, नेहरू युग के सपनों को परखा। शैली का विस्तार किया।

और परसाई, शरद जोशी, श्रीलाल शुक्ल, त्यागी, घोंघी ने देखिए अपने समय के अनुकूल युग सापेक्ष टक्करें लीं। आदर्श और यथार्थ को दूध और पानी की तरह भावुक करके दिखाया।

आने वाले समय में जिनोम, नैनो, एन्ड्रोयड, फैशन-पैशन से जो विषाक्त तत्व निकलेंगे उन पर आप देखना सबसे पहले व्यंग्यकार की कलम पर उंगली उठेगी।

शशि पांडेय : अति प्रकाशन से व्यंग्य को लाभ है या हानि?

हरीश नवल : 'अति सर्वत्र वर्जयेत्' यह कथन प्रायः सभी तत्वों, वस्तुओं आदि पर सही लागू होता हे। अति प्रकाशन जिस तथाकथित व्यंग्य के कारण है, उसके विषय पर बात हो चुकी है। संभवतः उसी के कारण आपको यह प्रश्न पूछना पड़ा? सही या शुद्ध व्यंग्य का अतिलेखन कहाँ है, उसका लेखन तो कम ही है।

शशि पांडेय : बहुतेरी बहसों, गोष्ठियों, वक्तव्यों, यात्राओं आदि से क्या व्यंग्य

में गुणात्मक वृद्धि हो रही है

हरीश नवल : हाँ आजकल व्यंग्य-यात्राएं आयोजित हो रही हैं। कुछ में तो मैं भी शामिल (हुआ हूँ) मेरा मत है कि इन यात्राओं से गुणात्मक लाभ होने की संभावना रहती है। उचित आयोजन, सही संगत और जहाँ जा रहे हैं, वहाँ के व्यंग्यकर्मियों की प्रति-भागिता होने से लाभ होता है। मैं डलहौजी और हलद्वानी गया था, बहुत अच्छा लगा। युवा व्यंग्यकार भी थे और वरिष्ठ भी, जाने माने भी थे और अनजाने भी। कुछ भी मूल विधा व्यंग्य नहीं थी, तब भी उन्होंने भाग लिया और उनका दृष्टिकोण मिला। मैं देश के बाहर भी व्यंग्य गोष्ठियों में जाता हूँ, वहाँ भी यात्राओं में बस भी सभागार बन 'बसाभार' बन जाती है और व्यंग्य के छींटे बरसते हैं। अमरीका जाना एक दो वर्षों में एक बार हो ही जाता है—वहाँ स्थानीय व्यंग्यप्रियता देखने को मिलती हैं, ऐसी यात्राओं में 'व्यंग्य की कार्यशाला भी आयोजित करता रहा हूँ। 'मारीशस, उज्बेकिस्तान, लंदन, दुबई, शारजाह, कनाडा, आदि में 'व्यंग्य' पर सार्थक संवाद हुए।

शेष बहसों, गोष्ठियों, वक्तव्यों द्वारा यदि वे सही दिशाबोधक हो लाभ हो सकता है होता है। यदि सही दिशा न हो, अल्पज्ञानियों द्वारा 'ज्ञान' वितरित किया जाए—तब तो यह समय और ऊर्जा की बरबादी कही ही जाएगी। कई स्थानों पर ऐसा होता भी है। हाँ, कहना चाहता हूँ कि अनूप श्रीवास्ताव द्वारा 'माध्यम' आयोजित लखनऊ और अन्य स्थानों पर आयोजित व्यंग्य गोष्ठियां, कोटा, राजस्थान में आयोजित व्यंग्य सम्मेलन (अतुल चतुर्वेदी के संयोजन में) और जमशेदपुर में अरविंद विद्रोही द्वारा व्यंग्ययोजन ने बहुत मूल्यवान विमर्श स्थापित किए हैं।

शशि पांडेय : समकालीन व्यंग्य में राजनीतिक और सामाजिक विवेक के विषय में आपकी राय?

हरीश नवल : समकालीन राजनीतिक स्थितियां विद्रूप से भरपूर है। देश के माहौल को दूषित करने में राजनीतिक व्यभिचार ने बहुत रिकार्ड स्थापित किए हैं जिनसे व्यंग्य को फलने-फूलने के बहुत अवसर मिलते रहे हैं। जहाँ तक सामाजिक विवेक का प्रश्न है—समाज से मर्यादा, नैतिकता, अनुशासन, ईश्वर-भय आदि क्षीण होते जा रहे हैं, उनसे भी व्यंग्यकार को खुराक बराबर मिल रही है। जहाँ भी गंदगी है, बदबू है, कीच है, मलिनता है—उस सामाजिक मोड़ पर व्यंग्यकार का लेखनाधार दिया होता है।

शशि पांडेय : युवा व्यंग्यकारों की सक्रियता और सार्थकता पर क्या कहेंगे?

हरीश नवल : युवा व्यंग्यकारों के तेवर और मिजाज मुझे पसंद हैं। वे निरंतर लिख रहे हैं। और व्यंग्यालोचन का प्रयास भी कर रहे हैं। मैं उनसे आश्वस्त हूँ। आज

के हमारे समाज में बुजुर्गों, अध्यापकों, यहाँ तक कि माता-पिता के भी आदेश वैसे नहीं चल पाते जैसे हमारे वक्तों में चल जाते थे। इसका प्रभाव सभी स्थलों पर है किंतु यह प्रक्रिया है। हर पीढ़ी अपनी पूर्व पीढ़ियों के साथ क्रमशः दूर होती है–ऐसा ही होता है–इसलिए यह चिंता का विषय नहीं है लेकिन यदि युवाजन आपस में ही गिरोही भावनाओं से संपृक्त हों.....अपने दल और गढ़ बना लें, सहयोग केवल तथाकथित 'अपनों के साथ हो, स्थिति अच्छी नहीं।' कोई वरिष्ठ व्यंग्य धर्मी भी ऐसा होने दे रहे हैं। बौनों को जब ये लंबाई प्रदान करते हैं–बंटवारा होने लगता है, फाड़ हो जाते हैं। पहले कभी हिंदी गद्य व्यंग्यकारों में ऐसे गुट न थे–सब आपसी मेल से एक दूजे को बढ़ावा देख सकते थे–अब 'युगधर्म' का निर्वाह कर हैं जिसमें 'तू' नहीं 'मैं' भी हूँ–ऐसे भोले युवा व्यंग्यकारों की ऐसी सक्रियता देख दुख होता है।

शशि पांडेय : व्यंग्य में आलोचना की क्या स्थिति है?

हरीश नवल : अन्य विधाओं विशेषतः कहानी, कविता, नाटक आदि में आलोचनाकर्म बहुत हुआ किंतु गद्य में व्यंग्य में बेहद कम हुआ। कुछ व्यंग्यालोचकों ने यद्यपि बहुत श्रम किया जैसे बालेंद्रु शेखर तिवारी, श्याम सुंदर घोष, भगीरथ बडोले, सुरेश आचार्य, मधुसूदन पाटिल, भगवान दास कहार, के साथ-साथ स्वयं प्रेमजनमेजय, हरीश नवल, सुभाष चंदर जैसे व्यंग्यकारों ने। वर्तमान में रमेश तिवारी, अजय अनुरागी भी व्यंग्यलोचन में कमोबेश हैं। परंतु क्षमा कीजिए प्रायः व्यंग्यालोचकों के कद उतने बड़े नहीं जितने अनेक व्यंग्यलेखकों के जबकि उदाहरणार्थ कहानी के आलोचकों के कद कहानीकारों के कद से कम नहीं हैं। परसाई, शरद जोशी, श्रीलाल शुक्ल, त्यागी आदि के लेखन पर आलोचना कार्मिक का कद उतना बड़ा नहीं रहा। इसलिए स्वयं व्यंग्यकारों को व्यंग्यालोचन में आना पड़ा। अब यह स्थिति तनिक बढ़ती हैं, अब डॉ. नामवरसिंह डॉ. नित्यानंद, तिवारी और डॉ. निर्मला जैन जैसे कद्दावर आलोचक भी हिंदी गद्य व्यंग्य को परखने लगे हैं। कहना चाहता हूँ कि हम लोगों को जिस बड़े व्यंग्यालोचक की दृष्टि से मार्ग मिले वे कविता में व्यंग्य के आलोचक रहे डॉ. शेरजंग गर्ग। यदि वे गद्य व्यंग्यालोचन की पड़ताल करते-संभवतः व्यंग्यशास्त्र बन जाता। इस व्यंग्यशास्त्र की संरचना में एक बहुत बड़ा नाम हमें मिला था। आचार्य विजयेंद्र स्नातक का परंतु वे भी इसे त्याग इतिहास रचना की ओर चले गए।

शशि पांडेय : व्यंग्य से क्या अपेक्षाएं होती हैं? आपका मानना?

हरीश नवल : व्यंग्य मांजता है, मथता है, रोशन करता है, चेतना जगाता है, ये सब व्यंग्य की अपेक्षाएं हैं। व्यंग्य मर्मस्पर्शी करे और उसकी परिणति करुणा में हो। व्यंग्य शुष्क, भोथरा न हो इसलिए उसमें हास्यादि, विनोदी तत्व भी हो। वह

आरामदायक इलाज करे।

शशि पांडेय : आपकी व्यंग्य संदर्भित उपलब्धियां?

हरीश नवल : सबसे बड़ी उपलब्धि एक विशाल पाठक समुदाय है। पाठकों के पत्र जो जिज्ञासा, परामर्श, आलोचना, निंदा या प्रशंसा से भरे होते हैं। मुझे संतुष्टि देते हैं। दूसरी बड़ी उपलब्धि विनम्रता से सूचित करना चाहता हूँ। कि एम. फिल. पी. एच. डी. उपाधियों के लिए मेरे व्यंग्य लेखन पर नौ शोध-कार्य संपन्न हो चुके हैं। तथा तीन हो रहे हैं।

तीसरी बड़ी उपलब्धि कि मेरे व्यंग्य पाठ्यक्रमों में कुछ संस्थानों में हैं। जिनसे फिजी में 'साउथ पेसिफिक यूनिवर्सिटी' पंजाब विश्वविद्यालय, उस्मानिया विश्वविद्यालय, मुंबई बोर्ड, राष्ट्रीय मुक्त विद्यालय उल्लेखनीय हैं।

चौथी उपलब्धि कि व्यंग्य लेखन ने मुझे डेढ़ दर्जन राष्ट्रीय स्तर के सम्मान पुरस्कारों से संपन्न किया। जिनमें भारतीय ज्ञानपीठ युवा पुरस्कार, भारत सरकार का 'गोविंद वल्लभ पंत सम्मान, बिहार का 'साहित्यमणि', हरियाणा का 'फिक्र तौंसवी सम्मान' दिल्ली का व्यंग्य श्री, और उत्तर प्रदेश का माध्यम (अट्टहास) सम्मान और 'उर्दू-हिंदी अदबी सम्मान' भी शामिल हैं। पांचवी उपलब्धि कि मुझे हिंदी व्यंग्यकार होने के कारण अब तक अपने देश के साथ साथ पैंतीस देशों में जाने के अवसर प्राप्त हुए हैं।

एक विशेष उपलब्धि कि मुझ पर पूर्ण अपना आंशिक, केंद्रित अंक भी कतिपय पत्रिकाओं ने निकाले जिनमें 'कल्पांत', 'व्यंग्य-यात्रा' 'व्यंग्य-तरंग' 'समावर्तन' और 'अनवरत' सम्मिलित हैं।

........और यह कितनी बड़ी उपलब्धि है कि मुझ नाचीज से एक मेरी प्रिय पत्रिका के लिए आप जैसा युवा व्यंग्यकर्मी 'साक्षात्कार' हेतु सवाल कर रहा है।

(03 जनवरी 2017)

साहित्य का प्रभाव धीमे-धीमे पड़ता है, यह शनैः शनैः जड़ता को गलाता है...

–प्रस्तुति दिलीप तेतरबे

प्रश्न : व्यंग्य की मौलिक प्रकृति क्या है?

उ. व्यंग्य मानव के स्वभाव में है। दुनिया के देशों में कई भू-भाग ऐसे हैं जहाँ के नागरिकों में अपेक्षाकृत अधिक व्यंग्य चेतना है। कृति के रूप में भी नागरिकों में कमोबेश होता है।

प्रश्न : हम किसी विधा का वास्तविक चिन्तन कैसे करें?

उ. किसी भी विधा के शास्त्रीय पक्ष पर मनन करने हेतु पूर्व, पश्चिम, उत्तर, दक्षिण, सभी के काव्य-शास्त्रियों/ विद्वानों/ साहित्यकारों/ विचारकों आदि की मान्यताएं, धारणाएं आदि चिंतन का पक्ष बनती हैं। 'व्यंग्य' के लिए भी चिंतक पूर्व, पश्चिम दोनों के विद्वानों के विचार देते हैं। आप ठीक कह रहे हैं कि अपनी भाषा और धाम के अनुरूप ही विश्लेषण होना चाहिए लेकिन हम ऐसे देश में रहते हैं जिसमें मुंबई, दिल्ली जैसे महानगर हैं जिनके कुछ हिस्सों में अमेरिका और यूरोप जैसी आधुनिकता या स्वच्छंदता है और हमारे ही देश में ऐसे स्थल हैं जो ठेठ ग्राम्य हैं, आज भी वहाँ सोलहवीं शती है–अतः विषय की व्यापकता हेतु पूर्व, पश्चिम दोनों की धारणाओं का संज्ञान लेना मेरी दृष्टि से अभीष्ट है।

प्रश्न : आधुनिक युग में व्यंग्यकार की क्या भूमिका है?

उ. जितना विसंगतिमय समाज होता जाता है, विद्रूपताएं बढ़ती हैं, व्यंग्यकार का दायित्व उतना ही बढ़ता जाता है। व्यंग्यकार को गलत रूढ़ियों के विरूद्ध लिखना होता है, समाज को सजग करने के लिए, जागरण के लिए आवाज उठानी होती है, क्योंकि व्यंग्यकार चेतना जागृत करता है–उसकी भूमिका निस्संदेह बड़ी है।

प्रश्न : व्यंग्य का मूल उद्देश्य क्या है, क्या राजनीति पर यह सम्यक् प्रहार करती है?

उ. 'व्यंग्य' का मूल उद्देश्य मनोरंजन कदापि नहीं है न होना चाहिए।

'राजनीति' पर व्यंग्य लिखे जाते हैं। उन रचनाओं में सभी 'राजनीति' पर लिखे व्यंग्य नहीं होते जो किसी राजनैतिक समाचार पर टिप्पणी के रूप में यत्र-तत्र लिखे जाते हैं। जो 'राजनैतिक विचार' केंद्रित रचनाएं हैं, भले ही निबंध, कथा, आलेख या किसी भी अन्य शैली में लिखे गए हैं, उन्हें भी राजनीति पर लिखे व्यंग्यों में समाहित करना उचित होगा। दूसरे बहुत से रचनाकार इसलिए बचते हैं राजनीति पर लिखने से कि वे कहीं 'ब्रांडेड' न हो जाएं। पक्षधर या विरोधी न माने जाने लगें।

प्रश्न : हास्य एवं व्यंग्य में क्या अन्तर है?

उ. विधा के हिसाब से 'हास्य' और 'व्यंग्य' दो भिन्न विधाएं हैं। पश्चिम में 'ह्यूमर' और 'सैटायर' पृथक हैं। किंतु भारत में, विशेषतः हिंदी में इन्हें एक या एक सा माना जाता है इसलिए 'हास्य-व्यंग्य' भी कह दिया जाता है, हास्य की परिणति 'निर्मल आनंद' में और व्यंग्य की 'करुणा' में होती है ऐसा मैंने कई बार कहा है। परंतु जहाँ 'हास्य' शैली रूप में सहायक है वहाँ इसका प्रयोग 'व्यंग्य' में व्यंग्य के साथ किया जा सकता है। हाँ यदि हास्य की मात्रा अत्यधिक होगी व्यंग्य के धराशायी होने की संभावना बढ़ जाएगी। हास्य के संग से 'व्यंग्य' उत्कृष्ट भी हो सकता है और बिना हास्य के भी ऐसा हो सकता है, होता है।

प्रश्न : विसंगतिपूर्ण भाषा एवं कथा ही क्या व्यंग्यकारों की पहचान बन गए हैं?

उ. 'विसंगतिपूर्ण भाषा और कथा' से क्या अभिप्राय है, मुझे स्पष्ट नहीं। 'व्यंग्य' को लेकर इन दिनों विवाद चल रहे हैं, यह स्पष्ट है। 'व्यंग्य' इन दिनों बहुत 'पॉपुलर' हो रहा है। व्यंग्यकार 'व्यंग्य उपन्यास' लेखन की ओर बढ़ रहे हैं। व्यंग्य को लेकर बहुत सी गोष्ठियां, कार्यशालाएं आदि आयोजित हो रही हैं। पर्यटन गोष्ठियां भी इस दिशा में उल्लेखनीय कही जा सकती हैं। ये सभी प्रयत्न मैं समझता हूँ 'व्यंग्य' को व्यवस्थित करने हेतु हैं, अब यह दीगर है कि इनसे व्यंग्य कितना व्यवस्थित हुआ? अथवा अव्यवस्थित हुआ? नंबर वन, टू, थ्री की लड़ाई जब दिखाई देती है तब अवसाद होता है, व्यंग्यकार जब प्रवृत्ति नहीं 'व्यक्ति' पर प्रहार करने लगते हैं, दुख होता है। ऐसा हो रहा है, वैमनस्य से प्रतिभा कुंठित होती है। यह समझने की जरूरत है। पुरस्कार/ सम्मान हेतु असम्मानजनक वातावरण की सर्जना का होना ठीक नहीं।

प्रश्न : व्यंग्य की शक्ति किसमें निहित है?

उ. व्यंग्य 'व्यंजना' शब्द-शक्ति में निहित होता है। यह 'तथ्य' शुद्ध शास्त्रीय है, व्यंग्य 'अभिधा' से भी उपजता है और लक्षणा से भी।

यह तथ्य सही है कि 'व्यंग्य' किसी भी विधा के साथ समाहित किया जा

सकता है, बल्कि किया ही जाता है। 'कहानी में व्यंग्य', 'कविता में व्यंग्य', 'नाटक में व्यंग्य', 'उपन्यास में व्यंग्य' आदि आदि। 'व्यंग्य की प्रधानता वहाँ हैं, जहाँ उसे मुखर किया जाता है–वहाँ दूसरी विधाएं उभर सकी हैं जैसे 'व्यंग्य उपन्यास', 'व्यंग्य कहानी' 'व्यंग्य कविता', 'व्यंग्य नाटक' आदि। यह 'व्यंग्य' की शक्ति है।

प्रश्न : वास्तव में व्यंग्य की भाषा क्या है?

उ. 'व्यंग्यज' से ही भाषा 'व्यंग्य की भाषा' के रूप में परिवर्तित होती कही जा सकती है। डॉ. बालेंदु शेखर तिवारी और डॉ. श्याम सुंदर घोष ने इस क्षेत्र में पर्याप्त कार्य किया। डॉ. शंकर पुणतांबेकर ने भी 'व्यंग्यज' को ऊंचाई दी। उन्होंने 'व्यंग्य अमरकोश' के अंतर्गत नौ हजार शब्दों के नए अर्थ दिए। डॉ. बालेंदु शेखर तिवारी 'व्यंग्यज-कोश' बनाने की प्रक्रिया में थे, संभवतः वह कोश प्रकाश में आए।

प्रश्न : व्यंग्य का मानव समाज में क्या योगदान है?

उ. व्यंग्य लेखन जागृति का संदेश देता है। व्यंग्य से या किसी भी विधा से यह अपेक्षित नहीं कि उससे समाज 'तुरंत बदल सके' या 'बदल ही सके।' ऐसा होता तो परसाई, शुक्ल के लेखन के कारण राजनीति स्वच्छ हो जाती। बदलाव बहुत बाद की बात है, वह धीमी गति से होता है लेकिन 'समझ' विकसित हो जाती है। 'गलत' क्यों 'गलत' है, के सही जवाब मिलते हैं। विशेषतः 'धर्मग्रंथ' जीवन को बदल सकते हैं। 'भगवद्गीता', 'रामचरितमानस', 'जेंद अवेस्ता', 'कुरान शरीफ' 'बाईबल', गुरुग्रंथ साहिब' आदि ने ऐसा परिवर्तन किया है। धर्म-ग्रंथ कर पाते हैं तेजी से और साहित्य करता है धीमे से।

प्रश्न : व्यंग्य के सामाजिक सरोकार क्या होने चाहिए?

उ. 'व्यंग्य में सामाजिक सरोकार' व्यंग्यकार का एक उद्देश्य होना चाहिए, ऐसा मैं मानता हूँ। व्यंग्य में वह तत्व है जो समाज सुधारक बनाता है। स्थिति की बेहतरी की भावना व्यंग्य से आती है–यह भी एक महत्वपूर्ण सामाजिक सरोकार है।

हम समाज में रहते हैं। समाज की बेहतरी हमारी बेहतरी है, इससे हम कट नहीं सकते। व्यंग्यकार हो अथवा कोई भी विधाकार–सामाजिक सरोकार उसकी अनिवार्यता है।

प्रश्न : व्यंग्य की बाहुल्यता वाले विशिष्ट उपन्यासों के बारे में बतलाइए?

उ. व्यंग्य बाहुल्य वाले उपन्यास 'रागदरबारी' को मैं एक श्रेष्ठ उपन्यास मानता हूँ। इसने 'व्यंग्य उपन्यास' विधा को प्रश्रय दिया। इससे पूर्व भी व्यंग्य बाहुल्य वाले उपन्यास लिखे गए किंतु इसकी बात कुछ और ही है। शिवपाल गंज के माध्यम से लेखक ने देश की आंतरिक स्थिति में उपस्थित भ्रष्ट आचरण, अव्यवस्था, बेईमानी, अनेक प्रकार की लोलुपताएं जो दीमक की भांति देश को, समाज को अमर्यादित कर

खोखला कर रही हैं विशेषतः राजनीति से संदर्भित विसंगतियां प्रतीक रूप में दर्शाई है। भाव, भाषा, शैली, चरित्र सृष्टि, ठोस कथ्य आदि सभी दृष्टियों से यह बेजोड़ है। यद्यपि इसमें पुनरावृत्तियां हैं, स्त्री पात्रों की संख्या में बेहद कमी है, तब भी अपने उद्देश्य में यह उपन्यास सफल है। इसका प्रभाव बहुत देर तक और दूर तक रहेगा।

प्रश्न : नई पीढ़ी की रचनाधर्मिता पर आपकी क्या राय है?

उ. नई पीढ़ी से मैं आश्वस्त हूँ। उनकी रचनाधर्मिता का आकाश विस्तृत है। वे प्रयोग में विश्वास करते हैं, मुक्त मन से स्पष्ट लिखते हैं। हर्ष का विषय है कि वे व्यंग्यालोचन में रूचि रखते हैं और निरंतर लेखन का सामर्थ्य भी उनमें है। हमारी पीढ़ी में व्यंग्य उपन्यास अधिक नहीं लिखे गए, नई पीढ़ी बड़ी रचनाएं दे रही हैं। यह पीढ़ी 'वन लाइनर' से दीर्घ कलेवर तक का लेखन कर रही है।

प्रश्न : हरिशंकर परसाई जी के कृतित्व पर प्रकाश डालें?

उ. मैं हरिशंकर परसाई को अपने हृदय के बहुत निकट महसूस करता हूँ। उनकी शैली का मुरीद हूँ, जब वे कथा-शैली में लिखते हैं, मुझे अत्यंत प्रभावित करते हैं। उनकी रचना धर्मिता में संकेतों से बात कही जाती है। वे एक गंभीर लेखक हैं जो व्यंग्य को एक गंभीर कर्म मान कर निष्ठापूर्वक लिखते रहे और अपने स्वाभिमान की रक्षा भी करते रहे। मुझे उनका स्नेह और आशीर्वाद बहुत मिला। उनको मैं पत्र द्वारा प्रश्नों के रूप में जब भी अपनी जिज्ञासाएं प्रेषित करता, मुझे तुरंत उत्तर मिलते थे। वे नव लेखकों का उत्साह बढ़ाते थे, उनकी रचनाओं को खरीद कर पढ़ते थे। व्यंग्य संबंधी उनकी शास्त्रीय धारणाएं भी बहुत पुख्ता हैं जिन पर वे अडिग रहे। 'व्यंग्य' को विधा न मानने के बावजूद भी उन्हें व्यंग्यकारों की प्रथम पंक्ति में अग्रणी स्थान पाठकों, आलोचकों और समानधर्मी व्यंग्यकारों ने दिया।

प्रश्न : क्या समाज पर साहित्य का कोई प्रभाव पड़ता है?

उ. इस सवाल का जवाब पहले भी आ चुका है। साहित्य का प्रभाव धीमे धीमे पड़ता है। यह जड़ता को शनैः शनैः गलाता है। 'ग्लास नोस्त' और 'पेरेस्त्राइका' का प्रभाव हम स्वयं देख सके हैं–साम्यवाद के तंबू को कैसे इन पुस्तकों ने विगत दशकों में उखाड़ा, साहित्य के प्रभाव का उदाहरण है। 'दस कैपिटल' ने 'मार्क्सवाद' को पोषित किया, यह भी बहुत पहले की घटना नहीं है।

प्रश्न : व्यंग्यकारों के लिए कोई सन्देश देना चाहेंगे?

उ. मैं व्यंग्यकारों से (जिनमें मैं भी शामिल हूँ) कहना चाहता हूँ कि हम आस्थावान रहें। हमारे व्यंग्य के औजार पैने हों पर हम उनका प्रयोग शालीनता से करें, व्यंग्य की गंभीरता की मर्यादा को समझते रहें। लेखन में संख्या से अधिक गुणवत्ता को महत्व दें। हमसे पूर्ववर्ती पीढ़ी को तत्कालीन युगधर्मिता और उनकी

सीमाओं का ध्यान करते हुए उनका आकलन करें। नई पीढ़ी को यथोचित स्नेह और विश्वास दें–अंततः वही हमारी विधा को आगे लेकर जाएंगे, उनकी राहें संवारें। रहे मेरे और आप जैसे मध्यम पीढ़ी वर्ग के व्यंग्यकार–वे समीकरण बनाए रखें, भूत और भविष्य की समालोचना अंतस में करते रहें और विनम्रता तथा औदार्य का पाठ पढ़ते, पढ़ाते हुए उदाहरण बनें।

आमीन।

(अनवरत हेतु 15 मई 2018)

लेखन की नींव झूठ पर न रखें...

-प्रस्तुति हरदयाल सिंह

प्रश्न : आपको लेखन की प्रेरणा कहाँ से मिली कृपया अपने कृतित्व के विषय में भी जानकारी दें?

उत्तर : मुझे लेखन की प्रेरणा अपने पारिवारिक माहौल से ही मिली। बचपन में दादा जी व दादी जी से कहानियाँ सुनता था। कहानी में रूचि होने से छोटी उम्र में ही लेखन की ओर झुकाव हो गया और मैं दादाजी को अपनी कहानियाँ सुना सुना कर प्रशंसा बटोरने लगा। दादाजी कहते, "मेरा पोता एक दिन बड़ा कहानीकार बनेगा" बस दादाजी के इसी वाक्य से प्रेरित होकर मैं स्कूली जीवन में ही कहानी लिखने लगा।

दरियागंज के जैन स्कूल में जब मैं सातवीं में पढ़ता था। मुझे हिंदी के अध्यापक धर्मभानु सुकुमार का मार्गदर्शन मिला। उनके प्रोत्साहन से मैं स्कूल के सभी कार्यक्रमों में बढ़ चढ़ कर हिस्सा लेता और अक्सर मुझे प्रथम स्थान प्राप्त होता। मेरी प्रतिभा को देखकर उन्होंने मुझे "वाणी परिषद" का सचिव नियुक्त कर दिया। फिर क्या था मुझे रास्ता मिल गया और वाणी के सभी कार्यक्रम, कविता, कहानी, प्रतियोगिता आदि सभी मेरे द्वारा संपन्न होने लगे। मिरांडा हाउस में आयोजित एक कहानी प्रतियोगिता में प्रसिद्ध साहित्यकार राजेंद्र यादव व डॉ. सुरेश सिन्हा द्वारा मेरी कहानी "शिकायत नहीं" को प्रथम पुरस्कार मिला। मेरी दूसरी कहानी "एक झूठा आदमी" को भी खूब प्रशंसा मिली।

लेखक अपने आस-पास समाज में जो कुछ भी देखता है उसी परिवेश से उसे विषय की प्रेरणा मिलती है। विश्वविद्यालय में अध्ययन के दौरान मैं पूरी तरह स्थापित लेखक बन गया। एक बार इसी बीच मेरा झुकाव अंग्रेजी म्यूजिक की ओर भी हुआ किंतु शीघ्र ही मैं राष्ट्र भाषा की ओर आ गया। उर्दू पत्रिका के संपादक दादा जी एवं अंग्रेजी के लेखक अपने पिताजी हरिकृष्ण नवल और सर्वश्री जैनेन्द्र व धर्मभानु सुकुमार का सहयोग नहीं मिला होता तो मैं कभी भी वह स्थान प्राप्त नहीं

कर पाता। जिस पर आज हूँ नवोदित लेखकों को अक्सर समस्याओं का सामना करना पड़ता है जो मेरा भी अनुभव है। देहरादून से प्रकाशित धार्मिक पत्रिका ''सर्वहितकारी'' में 1961 में मेरी रचना ''नौका विहार'' और ''प्रेम कहानी'' प्रकाशित हुई जिससे उस समय मुझे काफी प्रोत्साहन मिला। 1971 में ''लघु कथा कोश'', मुट्ठियों में बंद आकाश'' प्रकाशित हुई। इसके बाद पत्र-पत्रिकाओं में छपने का अनवरत सिलसिला शुरू हो गया। करीब 6 सौ से अधिक रचनाएं विभिन्न प्रतिष्ठित पत्र-पत्रिकाओं में छपने के बाद मेरी छह मौलिक पुस्तकें भी प्रकाशित हुई। मेरी बहुचर्चित पुस्तकों में ''बागपत के खरबूजे'' और ''भारतीय मनीषा के प्रतीक'' विशेष उल्लेखनीय हैं।

प्रश्न : रचनाकार को रचना लिखते समय किन बिंदुओं को मद्देनजर रखना चाहिए?

उत्तर : जिस विषय पर आप लिख रहे हैं वह सत्य एवं वास्तविकता के करीब है। उसकी नींव झूठ पर नहीं होनी चाहिए। खासतौर से कविता लिखते समय कवि को समाज के कल्याण को ध्यानार्थ रखते हुए समन्वय भावना के तहत कविता लिखनी चाहिए। जिस प्रकार एक धावक प्रातः काल उठकर दौड़ लगाता है और पिच पर जाने से पूर्व क्रिकेट खिलाड़ी निरंतर अभ्यास करते हैं उसी तरह लेखकों को भी लगातार अभ्यास और पठन-पाठन करते रहना चाहिए। आपके लेखन में गंभीरता और चिंतन का समावेश तभी हो सकता है जब समाज की पीड़ा को नजदीक से अनुभव करेंगे। रजाई में बैठकर सत्य लेखन नहीं किया जा सकता। लेखन की सार्थकता तभी है जब आपकी रचना से समाज को नवीन स्फूर्ति और रचनात्मक कार्यो की ओर उन्मुख होने की दिशा मिले।

नवोदित लेखकों को समर्पण एवं सात्विक भावना से लिखना चाहिए। लेखन कार्य को ऊर्जा आपके अपने कार्यों से ही मिलती है जो पीड़ा और अनुभव आप अपने जीवन में भोगते हैं। समाज की विसंगति जिन्हें लेखक नजदीक से देखता है वही पीड़ा उसकी रचना बन जाती है। मन के संकल्प की शक्ति ही लेखक को एक अच्छा लेखक बनाती है इसके लिए उसे किसी मंदिर में जाने की आवश्यकता नहीं है।

प्रश्न : लेखक को कौनसी विधा में लिखना चाहिए जिससे उसके रचनाधर्म की सार्थकता सिद्ध हो सके?

उत्तर : सभी विधाओं का अपना महत्व है। लेखक को कभी भी ऐसा भ्रम नहीं पालना चाहिए कि नाटककार, उपन्यासकार प्रसिद्ध हो रहे हैं। आप कहानी लिखते हैं अथवा व्यंग्य, कविता लिख रहे हैं या गद्य। आप अपनी रचनाओं में कितना डूब कर लिखते हैं यह महत्वपूर्ण है। आपकी रचना की सार्थकता तभी होगी जब वह

समाज के लिए आइना बन जाए और पाठक उसे अपने नजदीक महसूस करें।

प्रश्न : ऐसा कहा जाता है कि वर्तमान में गद्य की अपेक्षा कविताओं पर विशेष ध्यान दिया जा रहा है?

उत्तर : आपका कहना ठीक हो सकता है, लेकिन मेरे विचार से ऐसा नहीं है। वर्तमान में कविता के बनिस्पत गद्य का दौर तेजी से बढ़ा है। नये लेखकों की शुरूआत कविता के माध्यम से हो रही है यह हर्ष का विषय है। कभी किसी आलोचक ने कहा था कि ''कविता मर चुकी है। आलोचक द्वारा कविता के विषय में ऐसी कटु टिप्पणी को नवोदित लेखकों ने नकार दिया है। लेखन की शुरूआत कविता से करने वाले लेखक बाद में गद्य की अन्य विधाओं में साहित्य सृजन करते हैं। आपके कथन को मैं सूचना के रूप में ले रहा हूँ। हाँ यह अवश्य कहा जा सकता है कि कुछ हद तक एकांकी, रिपोर्ताज, संस्मरण, नाटक और आत्मकथाओं पर कम कार्य किया जा रहा है।

प्रश्न : आज के साहित्य में कौन से पहलुओं को उजागर किया जा रहा है अपना नजरिया बतायें?

उत्तर : आज के साहित्यकार लेखन में अव्यवस्था, विसंगतियों, मूल्यहीनता, विरोधाभास, सामाजिक विकृतियों और जटिलताओं पर विशेष ध्यान केंद्रित कर रहे हैं। साहित्यकारों को नई चेतना के साथ माननीय विचारों को प्रमुखता देनी चाहिए। साहित्यकार को राजनीतिकों की तरह नहीं सोचना चाहिए। हमारा सबसे बड़ा धर्म मानव धर्म है। हम इससे इतर सोचेंगे तो साहित्य में शिथिलता उत्पन्न हो जाएगीं

प्रश्न : आज के परिवेश में व्यंग्य की सार्थकता पर प्रकाश डालें?

उत्तर : साहित्य में व्यंग्य का विशेष महत्व है। समाज में जहाँ कुछ गलत दिखाई देता है व्यंग्यकार अपनी कलम से उस पर चोट करता है। व्यंग्य देखने में जितना सरल लगता है वह वास्तव में उतना ही कठिन होता है। व्यंग्य दिशाहीन लोगों को नई दिशा प्रदान करता है तो कई बार व्यंग्यकार के चुटीले शब्दों का तीखापन वास्तविक पात्रों का हृदय परिवर्तन भी कर देता है। सर्वश्री हरिशंकर परसाई, कृश्न चंदर, रवींद्र नाथ त्यागी एवं शरद जोशी के व्यंग्यों से मैं काफी प्रभावित रहा हूँ।

शिक्षा का सर्वश्रेष्ठ माध्यम मातृभाषा ही हो सकती है...

–प्रस्तुति डॉ. रमेश तिवारी

(डॉ. हरीश नवल हिन्दी भाषा-साहित्य के संवर्धन में लगभग आधी सदी से सक्रिय रहे हैं। हिन्दुस्तानी भाषा भारती के पाठकों के लिए पत्रिका सम्पादक श्री सुधाकर पाठक एवं सह सम्पादक श्री विजय कुमार शर्मा की उपस्थिति में डॉ. नवल से हिन्दी के साथ-साथ अन्य भारतीय भाषाओं के वर्तमान और भविष्य की चुनौतियों पर बातचीत की। बातचीत के प्रमुख अंश यहाँ प्रस्तुत हैं- कार्यकारी संपादक)

प्रश्न : आज हमारे साथ हैं हिन्दी भाषा साहित्य के क्षेत्र में लगभग पचास वर्षों से सक्रिय वरिष्ठ हिन्दी सेवी डॉ. हरीश नवल! डॉ. साहब आपकी पत्रिका के पाठकों के लिए आपसे की जानेवाली बातचीत में आपका स्वागत है!

उत्तर : बहुत-बहुत धन्यवाद रमेश जी। मैं सुधाकर पाठक जी के साथ काफी लंबे समय से विभिन्न स्तरों पर जुड़ा रहा हूँ। हिन्दी और अन्य भारतीय भाषाओं के प्रति इनकी सक्रियता और निष्ठा देखकर मुझे सुखद आश्चर्य होता है। आप लोगों ने मुझसे बातचीत के बहाने पाठकों से बातचीत का मुझे जो अवसर प्रदान किया है, यह मेरे लिए अत्यंत प्रीतिकर अनुभव है।

प्रश्न : मान्यवर! आप तो हिन्दी भाषा-साहित्य के क्षेत्र में बहुत लंबे समय से सक्रिय रहे हैं। अध्ययन-अध्यापन, शोध, लेखन-विश्लेषण, शोध निर्देशन करते हुए आपने एक लंबा और मूल्यवान जीवन जीया है। इन समस्त अनुभवों के उपरांत जब वर्तमान परिदृश्य पर आप दृष्टि डालते हैं तो हिन्दी भाषा के विस्तार में आज कौन सी संभावनाएँ व चुनौतियाँ दिखाई पड़ती हैं?

उत्तर : हिन्दी की अस्मिता एवं अस्तित्व को जानने के संदर्भ में मेरा मानना है कि हमारे देश में 16000 से अधिक भाषाएँ हैं, इनमें 48% से अधिक जनता हिन्दी भाषा को जानती, समझती, पढ़ती और लिखती है। देश में अन्य समृद्ध

भाषाओं की बात करें तो बांग्ला, तमिल, तेलुगु, कन्नड़, मलयालम, मराठी आदि क्षेत्रीय भाषाएँ भी हैं जिनका क्षेत्रीय महत्व निर्विवाद रूप से है। दूरदर्शन के विभिन्न चैनलों पर प्रादेशिक कार्यक्रम आते हैं जबकि 78% कार्यक्रम हिन्दी भाषा में प्रसारित होते हैं। इसके अतिरिक्त देश में 16 मुख्य भाषाओं में विज्ञापन बनते हैं जबकि इन भाषाओं की अपेक्षा हिन्दी के विज्ञापनों का कहीं अधिक महत्व एवं प्रचलन है। इन तथ्यों को नजरंदाज नहीं किया जा सकता कि फिल्म जगत, चैनलों और विज्ञापनों के माध्यम से जीविकोपार्जन का मूलाधार हिन्दी भाषा ही है।

प्रश्न : जी, ये तो संभावनाएँ हैं इसके अतिरिक्त चुनौतियाँ क्या हैं?

उत्तर : देखिए रमेश जी। मेरा यह मानना है कि हमारे देश में भाषाओं की विविधता है। राजनैतिक एवं सामाजिक परिवेश में विविध प्रावधानों के द्वारा हिन्दी और अन्य भारतीय भाषाओं को समर्थ बनाने के लिए कारगर कदम उठाने की आवश्यकता है। हिन्दी की जहाँ तक बात है तो आज भारत में सर्वाधिक बोली, लिखी, पढ़ी, समझी जाने वाली भाषा हिन्दी है। संपर्क भाषा के रूप में यह भारत की सभी भाषाओं में सर्वोपरि है। मुझे तो बहुत दुःख होता है कि इतनी समर्थ भाषा को जो स्थान आज हमारे समाज में, दैनंदिन जीवन, कार्य व कार्यालयों में चिकित्सा, शिक्षा व न्यायालयों में मिलना चाहिए था, दुर्भाग्यवश वह नहीं मिल सका है।

प्रश्न : तो आखिर इसमें बाधाएँ क्या हैं?

उत्तर : दुर्भाग्यपूर्ण परंतु सत्य यह है कि हिन्दी की इस स्थिति के लिए हम किसी बाहरी व्यक्ति अथवा सत्ता व्यवस्था को दोष नहीं दे सकते। कहीं न हीं यह हमारी नीतियों की, सरकारों की संकल्पों की असफलता का ही परिणाम है कि आजादी के इतने वर्षों बाद भी हमें भाषा के लिए इतनी जद्दोजहद करनी पड़ रही है। कुल मिलाकर इसकी जिम्मेदारी हम सबकी ही बनती है। दुर्भाग्यपूर्ण है, कड़वा भी है किन्तु सत्य यही है, हम इस सत्य से मुँह नहीं मोड़ सकते।

प्रश्न : आपने तमाम भारतीय भाषाओं का जिक्र करते हुए हिन्दी की स्थिति को स्पष्ट किया, उससे एक प्रश्न यह निकलता है कि राष्ट्रभाषा के रूप में हिन्दी को स्वीकार्य करने में क्या बाधाएँ हैं?

उत्तर : असल में भाषा संबंधी विमर्श को सर्वस्वीकृति, सर्वमान्यता और परस्पर संवादों के द्वारा ही हल किया जा सकता है ऐसे प्रत्येक निर्णय का मैं स्वागत करूँगा, अतीत में कुछ कदम उठाए भी गए हैं किंतु कहीं-न-कहीं उनमें विमर्श के मूल मुद्दे चाहे-अनचाहे गुम हो गए। हमें नीति और नीयत दोनों में स्पष्टता, विश्वसनीयता और पारदर्शिता लाने की आवश्यकता है। हिन्दी भाषा को राष्ट्रभाषा का दर्जा देने के लिए हमें सभी दिशाओं में, सभी हिन्दवासियों और राज्य सरकारों से संवाद कर

उन्हें भरोसे में लेना होगा। यह मुश्किल हो सकता है किंतु असंभव कतई नहीं है। सभी राज्यों से परस्पर संवादों और उन्हें भरोसे में लेकर ही हम सर्वस्वीकृति और सहमति से इसे क्रियान्वित कर सकते हैं।

प्रश्न : डॉ. नवल आपको हिन्दी का भविष्य कैसा दिखता है?

उत्तर : रमेश जी! अल्प प्रादेशिक भाषाओं की तुलना में हिन्दी का क्षेत्र बहुत व्यापक है, आज संपर्क भाषा के रूप में हिन्दी कहीं अधिक प्रयोग में आती है। भविष्य की ओर देखते हुए जो चीजें मुझे कचोटती हैं, मैं उन पर भी अपना पक्ष रख दूँ सर्वप्रथम अन्य भाषाओं को लेकर उत्तर भारत में जो व्यंग्य या मजाक में लिया जाता है, वह नहीं होना चाहिए। हम देखते हैं कि मराठी फिल्म निर्माता अधिक से अधिक हिन्दी फिल्मों को बनाते हैं। दक्षिण भारत की फिल्मों को हिन्दी में डब किया जाता है। विभिन्न चैनलों एवं अन्य माध्यमों से इन्हें प्रदर्शित किया जाता है जो बहुत ही लोकप्रिय है, इसलिए परस्पर ईर्ष्या-द्वेष के स्थान पर परस्पर सहयोग की आज बहुत जरूरत है।

इसके साथ मैं एक बात बहुत जोर देकर कहना चाहता हूँ कि स्वयं द्वारा मातृभाषा को सम्मान देने से ही दूसरे लोग भी सम्मान और समर्थन देंगे। मुझे यह बड़ा विचित्र लगा है कि आज लोग भाषा विमुख होते जा रहे हैं और दूसरी ओर बोलियों के लिए लड़ाई कर हे हैं यदि बोलियों और भाषाओं के नाम पर यूँ ही आंदोलन या अभियान चलाएँगे तो तुलसी, सूर, अष्टछाप के ग्रंथों की भाषाओं ब्रज, अवधी आदि का हिन्दी-जगत् में क्या स्थान रह पाएगा? इस प्रकार हिन्दी भाषा समृद्ध तो नहीं हो पाएगी। हाँ इसकी उपभाषाओं और बोलियों के अलग होने से हिंदी की खूबसूरती खत्म होने लगेगी और बोलियों का समूह विखंडित हो जाएगा।

प्रश्न : क्या हिन्दी को राष्ट्रभाषा का दर्जा देने में सरकारी समर्थन प्रभावी हो सकता है?

उत्तर : भारत सरकार की हिन्दी सलाहकार समितियों में अपने व्यक्तिगत अनुभव के आधार पर मैं कह सकता हूँ कि इन समितियों में वर्ष में कम से कम दो बैठकों के आयोजन का प्रावधान है जबकि प्रत्येक मंत्रालय में इन बैठकों का आयोजन कई-कई वर्षों तक नहीं हो पाता क्योंकि इसके गठन में प्रायः विलम्ब होता रहता है, ऐसी स्थिति में सरकारी समर्थन या सहयोग पर अधिक निर्भर नहीं रहा जा सकता।

प्रश्न : मान्यवर! आप तो दिल्ली वि.वि. हिन्दी भाषा-साहित्य के प्राध्यापक रहे हैं। शिक्षा के माध्यम की भाषा के बारे में आपकी क्या राय है?

उत्तर : बड़ा ही महत्वपूर्ण सवाल किया है आपने! मुझे लगता है कि इस विषय

में किसी को कोई शंका रखनी ही नहीं चाहिए, शिक्षा का माध्यम सबसे पहले मातृभाषा को ही बनाना उपयुक्त और प्रभावी होता है। विद्यार्थियों को भी जब मातृभाषा में विषयों की शिक्षा दी जाती है तो वह उनके लिए अधिक बोधगम्य और लाभकारी होती है। यह मैं अपने अनुभव से भी कह सकता हूँ।

प्रश्न : इस संबंध में बिना किसी का नामोल्लेख किए मैं एक प्रश्न पूछना चाहता हूँ, इन दिनों यह भी देखा जा रहा है कि प्राथमिक स्तर पर मातृभाषा को हटाकर अंग्रेजी भाषा को लागू किया जा रहा है। आपकी दृष्टि में यह कहाँ तक उचित है?

उत्तर : सेना में प्रयोग होने वाले संकेतों आदि शब्दों की संस्कृतनिष्ठ बनाने के कारण भाषा सम्प्रेषणीय नहीं रह पाती, मेरा सुझाव है कि ऐसे सभी शब्द जनभाषा में होने चाहिए। इसी प्रकार प्राथमिक स्तर की भाषा का मातृभाषा में होना बहुत जरूरी है ताकि बच्चा उसे सहज सरल रूप में ग्रहण कर सके। भाषा का स्वरूप जनप्रिय होना चाहिए। हम लोग उर्दू, तुर्की, अरबी आदि के शब्दों को आम बोलचाल की भाषा में प्रयोग करते हैं तो हम सम्प्रेषणीयता को ध्यान में रखकर ऐसे शब्दों को संस्कृतनिष्ठ शब्दों के स्थान पर प्रयोग कर सकते हैं। ऐसा मेरा मानना है।

प्रश्न : मातृभाषा के प्रयोग को बढ़ावा किस प्रकार दिया जा सकता है?

उत्तर : मुझे लगता है कि मातृभाषा का सम्मान हम स्वयं अपने घरों से ही शुरू करें। तभी अन्य से हम अपेक्षा कर सकते हैं, स्वयं को सुधार कर ही हम अगली पीढ़ी को सुधार सकते हैं। हम अंग्रेजी से इतने प्रभावित हो चुके हैं कि अंग्रेजी बोलने, लिखने, पढ़ने वालों को हम विद्वान और स्वयं को तुच्छ मान लेते हैं। इसी कारण हम हीनभावना से ग्रस्त हो जाते हैं। हमें इस हीनभावना से मुक्त होने की जरूरत है। हम अपनी भाषा को महत्व देकर ही महान कहला सकते हैं।

प्रश्न : वर्तमान सरकार का भाषा के प्रति कैसा दृष्टिकोण है और इस सरकार से भाषा को लेकर आपकी क्या उम्मीदें हैं?

उत्तर : मैं देखता हूँ कि भारत के प्रधानमंत्री सहित अन्य कई मंत्रिगण भी देश-विदेश में हिन्दी का प्रयोग करते हैं। देश-दुनिया में इसका बहुत सकारात्मक असर दिखाई पड़ता है। हिन्दी को उसका अपेक्षित सम्मान दिया जा रहा है। यह हिन्दी भाषा के विस्तार और स्वीकृति के लिए एक सकारात्मक और सराहनीय प्रयास है।

प्रश्न : हिन्दुस्तानी भाषा अकादमी परिवार और हिन्दुस्तानी भाषा भारती पत्रिका के पाठकों के लिए आपका कोई संदेश, जो आप देना चाहें?

उत्तर : हिन्दुस्तानी भाषा अकादमी की स्थापना से भी पूर्व मैं सुधाकर पाठक

(संस्थापक-अध्यक्ष) से जुड़ा रहा हूँ। अकादमी की स्थापना के साथ विगत वर्षों में सुधाकर जी के नेतृत्व में जमीनी कार्य किए गए हैं, मैं इसके लिए इनकी और अकादमी के सभी सदस्यों की भूरि-भूरि प्रशंसा करता हूँ। आप सबकी कर्मठता और भाषाओं के संरक्षण-संवर्धन के लिए यह जज्बा नित्य नए कीर्तिमान रचे, यही शुभकामना है।

हिन्दुस्तानी भाषा भारती पत्रिका के पाठकों के लिए मेरा यही संदेश है कि हम सबको अपनी मातृभाषा के प्रयोग में गर्व होना चाहिए। परस्पर संवाद और विचार-विनिमय द्वारा हिन्दी समेत समस्त भारतीय भाषाओं के बीच एक सेतु बनाते हुए राष्ट्रीय स्तर पर सदा एकजुट होकर बेहतरी के लिए सकारात्मक प्रयास करते रहना चाहिए।

प्रश्न : आपने हमें बातचीत के लिए इतना समय दिया इसके लिए आपका आभार!

उत्तर : सुधाकर पाठक जी, डॉ. रमेश तिवारी जी, विजय शर्मा जी! आप लोगों ने बातचीत के क्रम में मेरी भावनाओं और विचारों को इतने ध्यान से ग्रहण कर विस्तार दिया है, इसके लिए आप सबका हृदय से आभार।

('हिंदुस्तानी भाषा भारती')

संपादक में तीन गुण अवश्य होने चाहिए- निष्पक्षता, औदार्य और विनम्रता

-प्रस्तुति आरती स्मित

भारतीय सांस्कृतिक संबंध परिषद् (भा.सां.सं.प.) की स्थापना स्वतंत्र भारत के प्रथम (शिक्षामंत्री मौलाना अबुल कलाम आजाद द्वारा 1950 में की गई थी। परिषद् का उद्देश्य भारत के विदेशी सांस्कृतिक संबंधों से संबंधित नीतियाँ और कार्यक्रम तैयार करना और उनके कार्यान्वयन में भागीदारी करना, भारत और अन्य देशों के बीच सांस्कृतिक संबंधों और पारस्परिक समझ को बढ़ाना और मजबूत करना; अन्य देशों और लोगों के साथ सांस्कृतिक आदान-प्रदान को बढ़ावा देना; संस्कृति के क्षेत्रों में राष्ट्रीय और अंतर्राष्ट्रीय संगठनों से संबंध स्थापित करना और उन्हें विकसित करना; और ऐसे कदम उठाना है, जो इन उद्देश्यों को आगे बढ़ाने के लिए आवश्यक हों। भा.सां.सं.प. का संबंध संस्कृतियों के समन्वय, अन्य देशों के साथ रचनात्मक संवाद से है। विश्व की संस्कृतियों के साथ इस पारस्परिक विचार-विमर्श को सुगम बनाने के लिए परिषद् देश में और विश्व के अन्य देशों के साथ भारत की संस्कृतियों की विविधता और समृद्धि को व्यक्त और प्रदर्शित करने का प्रयास करती है। इस उद्देश्य की पूर्ति के लिए प्रकाशित 'गगनांचल' साहित्य, कला एवं संस्कृति की द्वैमासिक पत्रिका है।

देश-विदेश में हिंदी के प्रसार में इस पत्रिका की महत्वपूर्ण भूमिका है। पत्रिका के संपादक डॉ. हरीश नवल व्यंग्य के मूर्धन्य हस्ताक्षर हैं।

इसी संदर्भ में डॉ. आरती स्मित से हुई बातचीत के प्रमुख अंश :

आरती स्मित : आपकी कार्यसूची में एक और दायित्व जुड़ गया- भारतीय सांस्कृतिक संबंध परिषद् की बहुचर्चित हिंदी पत्रिका 'गगनांचल' के संपादन का। इस दायित्व को ग्रहण करते हुए कैसी अनुभूति हुई?

हरीश नवल : मैं पहले भी 'गगनांचल' में कन्हैयालाल नंदन के साथ सहायक

संपादक के रूप में संबद्ध रहा। मेरी दिली इच्छा थी कि विदेश मंत्रालय की इस प्रतिष्ठित पत्रिका का कभी पूर्ण रूप से संपादन करूँ और वक्त ने मुझे वह अवसर दिया। नंदन जी के साथ काम करते हुए उस समय संपादन के कई तकनीकी गुण सीखे थे, शीर्षक बनाना, कट पेस्ट करना, संपादन की बारीकियाँ- बहुत कुछ। यह दायित्व निश्चय ही बहुत बड़ा है। यह पत्रिका भारतीय दूतावासों में जाती है। इस तरह यह भारतीय साहित्य, कला और संस्कृति का प्रतिनिधित्व करने वाली पत्रिका है।

आरती स्मित : सुना है, विदेश मंत्री सुश्री सुषमा स्वराज इस पत्रिका में रुचि ले रही हैं। वैसे भी साहित्य से उनके लगाव की चर्चा मैंने सुनी है।

हरीश नवल : जी, आपने सही सुना है। माननीय मंत्री महोदया भी इसमें काफी रुचि ले रही हैं। भारतीय सांस्कृतिक संबंध परिषद् विदेश मंत्रालय का महत्वपूर्ण विभाग है। भारतीय सांस्कृतिक संबंध परिषद् और विदेश मंत्री की अभिरुचियाँ कई प्रकार की हैं। उनके मन में यह संकल्पना रहती है कि इस पत्रिका के माध्यम से भारतीय संस्कारों को दूर-दूर तक प्रसारित कर सकते हैं।

जब मैंने दायित्व सँभाला, तब एक दिन मुझे सूचना मिली कि माननीय मंत्री महोदया मिलना चाहती हैं तो प्रसन्नता हुई। गत वर्ष 'विश्व हिन्दी सम्मेलन', भोपाल में उनसे मिलने का अवसर मिला था। जब उनसे मिलने गए तो सुखद आश्चर्य हुआ कि तमाम व्यस्तताओं के बावजूद उन्होंने हमें पहचाना भी और हमें यह अवसर दिया कि हम अपनी बात उनसे कह सकें। हमने पत्रिका के लिए जो तैयारी की थी, उसकी सूची लेकर गए। सह संपादक आशीष कंधवे भी साथ थे। हमने जो अंक तैयार किया था, साहित्य, कला, संस्कृति और उसके अंतर्गत कला, क्षेत्रीय कला, स्थापत्य कला और अध्यात्म से संबद्ध जो रूपरेखा बनाई थी, उसकी सूची लेकर गए थे। आपको आश्चर्य होगा, उन्होंने एक-एक लेखक और उनके लेखक के बारे में सुना-जाना। वे कई बड़े लेखकों और उनकी रचनाओं से परिचित भी थी। उन्होंने शीर्षक सुना और विषय के सार को देखा-समझा भी। दो-एक रचनाएँ उन्होंने शामिल करने से मना करते हुए कहा, "ये न दीजिए, ये चीजें हमारी संस्कृति का हिस्सा नहीं हैं। यदि ऐसी चीजें हमारे देश में हो भी रही है तो भी उन्हें व्याख्यायित नहीं करना।"

आरती स्मित : पत्रिका को लेकर किन-किन बिंदुओं पर आपकी बात हुई?

हरीश नवल : यह पत्रिका भारतीय संस्कृति से जुड़ी है। यह प्रवासी भारतीयों तक पहुँचती है, तो तीन-चार पीढ़ी पहले गए प्रवासी भारतीय इस पत्रिका के माध्यम से ही देश की परंपरा को जान पाते हैं कि उनका भारत कहाँ तक पहुँच गया है। पत्रिका के माध्यम से उन्हें अपनी परंपरा का भान होता रहे, उनकी यह इच्छा जानकर अच्छा लगा। उन्होंने यह भी कहा कि गिरमिटिया एवं अन्य प्रवासी भारतीयों पर

विशेषांक निकाले। अंक विशेषांक गिरमिटिया पर आधारित है। हमने फीजी, सूरीनाम, मॉरीशस एवं अन्य जगहों से भी लेख और रचनाएँ मँगवाई हैं। विशेषांक तैयार हो गया है।

आरती स्मित : गिरमिटिया पर लिखित या उनके द्वारा लिखित?

हरीश नवल : गिरमिटिया पर लिखित। वे मजदूर के रूप में गए। जिस तरह तमाम संघर्षों के बावजूद वे प्रगति करते गए, उन्नत होते गए। पहले वे पेड़ के नीचे बैठकें करते थे, जिन्हें 'बैठका' बोलते हैं। जहाँ वे गिरमिटिया मजदूर थे, जिन्हें बैल की जगह जोता जाता था- जिन पर अंग्रेजों के हंटर बरसते थे, आज वे उन देशों के नियामक हो गए हैं। उनकी रक्तकथा, उनकी उत्तरोत्तर प्रगति की गाथा, मजदूर से महात्मा गाँधी संस्थान तक पहुँचने का सफर।

आरती स्मित : यह तो है। उन्होंने काफी विस्तार किया, अपना भी और राष्ट्र का भी।

हरीश नवल : उनके पास तुलसी थे, राम थे। वे सोचते थे, जब राम राजकुमार होकर चौदह वर्ष बनवास काट आए तो हम तो साधारण आदमी हैं। हमारे भी दिन गुजर जाएँगे। 'रामचरितमानस' का बड़ा सहारा था। वे दिनभर जी-तोड़ मेहनत करते, रात को रामधुन गाते। मंजीरे बजाते, ढोलक पर थाप पड़ती और चौपाई गाई जाती। और उनको वो जीवन मिला- जीवन क्या गिरमिटियों का जो संघर्ष है, जिसको अभिमन्यु अनत जी ने 'लाल पसीना' में बखूबी व्यक्त किया, विवेकानन्द शर्मा ने इतिहास में लिखा, जोगिंदर जी ने उपन्यास में व्यक्त किया। गिरमिटियों ने पत्रिका निकाली। आप उनके संघर्ष को उनके लेखन से जानते रहे। मॉरीशस से अभिमन्यु अनत, त्रिनिडाड-कनाडा में हरिशंकर आदेश, फीजी में कमला प्रसाद मिश्र, जिने बारे में कहा जाता है कि 'यदि वे भारत में रहते तो पंत के समकक्ष होते। हमने इन कवियों के कुछ साहित्यिक अंश लिए। सूरीनाम में महातम जी सिरजन- हमने इनके साहित्यिक अंश लिए। अभिमन्यु अनत से हेमशंकर तक की साहित्यिक यात्रा- उनके संघर्ष की जो गाथा है, हमने उन पर एक नाटिका तैयार करवाई है, उसकी भाषा भोजपुरी ही रखी है। इतना ही नहीं, भोजपुरी के कुछ वैसे शब्द जो पहले प्रचलन में थे, अब नहीं हैं, हमने उन शब्दों को काटकर हटाया नहीं, क्योंकि यह नाटिका तो उस काल को भी प्रस्तुत कर रही है।

आरती स्मित : यों भी माटी की अपनी खुशबू होती है। भाषा उस माटी की सुगंध से तर होती है। बतौर संपादक यह आपने अच्छा निर्णय लिया। वैश्विक स्तर पर यह विशेषांक तैयार हो रहा है तो विभिन्न देशों से लेख मँगाने में कोई असुविधा हुई।

हरीश नवल : समय कम था, मगर इंटरनेट ने हमारी परेशानी कम कर दी।

हमने अमेरिका, कनाडा, इंग्लैंड, मॉरीशस, सूरीनाम, पोलैंड, कतर और कई देशों से रचनाएँ मँगवाई। भारतीय प्रवासी हमारी बातों को गंभीरता से लेते हैं। वे इसे महत्वपूर्ण मानते हैं। प्रवासी भारतीय भारत की बात का आह्वान मानते हैं। हमने जिन्हें भी कहा, उन्होंने शीघ्र रचना भेजी। आशा है, यह विशेषांक पाठकों को पसंद आएगा।

आरती स्मित : इस पत्रिका की संरचना में आप किसी प्रकार के बदलाव की आवश्यकता महसूस करते हैं? पत्रिका से संबद्ध आपकी कोई भावी योजना है?

हरीश नवल : हाँ! मैंने ऐसा महसूस किया था पहले प्रत्येक पत्रिका में तीन-चार पृष्ठों से आर्काइव के चित्र होते थे। कभी-कभी हों तो ठीक है, मगर हर बार! सामग्री की कमी तो है नहीं। तो मैंने इसके लिए निवेदन किया और उन्होंने मान लिया। दूसरा बदलाव यह किया कि पहले कवर के दूसरे भाग में- भीतरी हिस्से में परिषद् के बारे में लिखा होता था। मैंने अधिकारियों से बात की और अपनी बात रखी कि प्रारंभ में अपनी ही संस्था का प्रचार करना शोभित नहीं लगता। क्यों न हम विशेषांक से संबंधित फोटो डालें और परिषद से जुड़ी बातों को अन्य किसी पृष्ठ पर दे दें। जैसे कि गिरमिटिया विशेषांक में हमने गिरमिटिया मजदूर का चित्र आर्काईव से लिया और उस पर अभिमन्यु अनत की कविता के अंश दिए हैं।

मैंने बताया न, पहला और दूसरा विशेषांक संयुक्तांक के रूप में निकालने की योजना है। अगले विशेषांक 'स्वतंत्रता दिवस के सत्तर वर्ष' पर श्री बंकिमचंद्र की कविता और संबंधित चित्र की योजना है। अधिकारी अच्छे हैं, प्रबुद्ध हैं। समझते हैं। वैसे भी सरकारी काम है। फाइनल काम अधिकारी की नजर से गुजरता है। इस विशेषांक की कुछ चीजें आप देखना चाहेंगी?

आरती स्मित : बतौर संपादक आप अपनी संपादन-शैली पर कुछ बताना चाहेंगे?

हरीश नवल : संपादक में तीन गुण अवश्य होने चाहिए- निष्पक्षता, औदार्य और विनम्रता। जितनी अधिक विधा शामिल की जाएँगी, पत्रिका की गुणवत्ता उतनी बढ़ेगी।

स्थापित लेखकों के अतिरिक्त जो नए रचनाकार हैं या जो पूरी तरह स्थापित नहीं हो पाए हैं, हम उनको स्थान देंगे और उनको भी जो अच्छा लिखने की कोशिश कर रहे हैं, जिन्हें हम अपने संपादन-कौशल से बेहतर बना सकते हैं। नाम उनका ही जाएगा। जिनके आगे कुछ बेहतर कर पाने की संभावना दिखेगी, कम से कम मैं ऐसे बच्चों को छोड़ूँगा नहीं। उन्हें सँवारना एक संपादक की जिम्मेदारी है।

एक और बात बताना चाहूँगा। मॉरीशस, फीजी से जो रचनाएँ आ रही हैं, उन्हें भारतीय हिन्दी के व्याकरण की दृष्टि से नहीं देखा, उन्हें उनकी दृष्टि से देखा। जैसे हम 'पर' बोलते हैं, वे 'पे' बोलते हैं। मैंने नाटिका की चर्चा की थी, जिसकी भाषा

भोजपुरी है, हमने उसकी भाषा या शब्द को हटाया नहीं। हाँ, उसके अंत में लेखक से अनुमति लेकर बदलाव किया। इसी तरह एक अन्य सज्जन लेखक की कहानी के अंत में कुछ बदलाव करना था तो उन्हें फोन करके अनुमति ले ली, फिर किया। संपादन के दौरान संपादक की कैंची उतनी ही चले जितनी जरूरी है। जिन्होंने लिखा, अपने हिसाब से ठीक ही लिखा होगा। संपादक एक बार लेखक से बात कर ले। मैंने कहा न, संपादक को बहुत निर्मम भी नहीं होना चाहिए। निर्मम उस हद तक कहो, जहाँ रचना की बिल्कुल हत्या ही न हो जाए।

आरती स्मित : आपने बहुत महत्वपूर्ण बिंदुओं पर प्रकाश डाला। कुछ बातें जो हममें से कई लोग जानना-समझना चाहते हैं, जैसे कि भारतीय सांस्कृतिक संबंध परिषद की साहित्यिक सांस्कृतिक गतिविधियाँ क्या-क्या हैं? ये कैसे काम करती है?

हरीश नवल : भारतीय सांस्कृतिक परिषद का उद्देश्य पूरी दुनिया के साथ संबंध जोड़कर विश्वग्राम स्थापित करना है। इसके लिए विदेशों से भी लोग आते हैं, यहाँ से भी जाते हैं। भाषा शिक्षण के लिए यहाँ से कॉलेज के शिक्षक जाते हैं, स्कूल के शिक्षक जाते हैं। भारतीय साहित्य के प्रसार के लिए साहित्यकारों के दल जाते हैं। उनके आने-जाने, ठहरने की व्यवस्था की जाती है। फिर भी हमारे शास्त्रीय संगीत के लोग हैं, गायक, वादक, नर्तक आदि- उनकी सूची बनाई जाती है। जिस देश से जिस भारतीय कलाकार की माँग होती है, वहाँ के लिए उन्हें सूचित किया जाता है। मान लीजिए किसी देश ने भारतीय बंधु की माँग की तो वहाँ के संबंधित अधिकारी पहले भारतीय दूतावास से संपर्क करेंगे, वहाँ से आईसीसीआर सूचना आएगी, पूछा जाएगा कि आपके यहाँ अमुक कलाकार नामित हैं? आईसीसीआर उनसे पूछेगा कि वे जाने के इच्छुक हैं या नहीं। स्वीकृति पर उनका विशेष पासपोर्ट बनता है, तुरंत। इसे बहुत महत्वपूर्ण मानकर किया जाता है। इसी तरह आईसीसीआर विदेशों से वहाँ के गीत, वाद्य और लोकनृत्य के कलाकारों के दल को समय-समय पर आमंत्रित करता है, वहाँ के चित्रकारों की चित्रकला प्रदर्शनी आयोजित करता है। बहुत ही भव्य कार्यक्रम होता है और इसके लिए कोई टिकट नहीं रखा जाता। इस तरह अंतरराष्ट्रीय स्तर पर विश्व से साहित्य, कला और संस्कृति के संबंध को कैसे मजबूत बनाया जाए, उसका क्या आधार हो तो उस आधार का नाम है- भारतीय सांस्कृतिक संबंध परिषद। हम कैसे विचार विनिमय करें, कैसे सौहार्द बनें, इस पर चिंतन करती है। यह एक ऐसा संगम-स्थल है, जहाँ से भारतीय संस्कृति विश्वभर में और विश्वभर की संस्कृति भारत में पहुँचाने का कार्य करती है।

(पुस्तक संस्कृति, जन.-मार्च, 2018)

हाफ लाईनर व लघुकथा में लगभग वही अंतर है, जो व्यंग्य एवं कहानी में है...

–चंद्रकांता की प्रस्तुति

लेखक, संपादक, पत्रकार, विजिटिंग व्याख्याता व वरिष्ठ व्यंग्यकार डॉ. हरीश नवल जी पिछले करीब पाँच दशकों से हिंदी साहित्य को अपने विविधतापूर्ण लेखन से समृद्ध कर रहे हैं। दिल्ली विश्वविद्यालय से परास्नातक व पी-एच.डी. डॉ. नवल का जन्मस्थान पंजाब (जालंधर, नकोदर) है, वे मूल रूप से दिल्ली निवासी हैं। प्रस्तुत है युवा लेखिका व संपादक चंद्रकांता के साथ डॉ. हरीश नवल का साक्षात्कार।

चंद्रकांता : ऐसा माना जाता है कि आमतौर पर लेखन की शुरुआत पद्य या कविता से होती है! आपकी कथा क्या रही? एक ऐसे समय में जब हास्य और व्यंग्य को लगभग गुम्फित समझा जाता रहा होगा आप व्यंग्य लेखन की तरफ कैसे आकृष्ट हुए? आपकी प्रथम व्यंग्य पुस्तक 'बागपत के खरबूजे' को युवा ज्ञानपीठ पुरस्कार दिया गया था। देसी खरबूजे तो अब संकर (हाइब्रिड) हो गये हैं। आपकी पुस्तक के बारे में बताइये?

डॉ. हरीश नवल : सभी की भाँति मेरी शुरुआत भी तुकबंदी से हुई और स्कूल में मुख्य अतिथि के रूप में पधारे प्रख्यात साहित्यकार जैनेंद्र कुमार को प्रिंसिपल के कहने से कविता सुनाई तो उन्होंने कहा- व्यंग्य अच्छा लिख सकते हो, इसमें खूब व्यंग्य है। तबसे अब तक व्यंग्य है क्या पता करने में लगा हूँ और व्यंग्य लिख रहा हूँ। यूँ मैं कहानी बनाता था, रात को सोने से पूर्व मैं अपने दादा जी व माताजी से पूछता था कि बताए किस पर कहानी सुनाऊँ!

जहाँ तक मेरी प्रथम पुस्तक बागपत के खरबूजे का प्रश्न है, भारतीय ज्ञानपीठ ने नई पीढ़ी व्यंग्य प्रतियोगिता आयोजित की थी जिसमें पांडुलिपि भेजनी थी। देश भर से 46 पांडुलिपियों में मेरी पांडुलिपि को चुना गया। निर्णायकों में शरद जोशी और श्रीलाल शुक्ल भी थे। बागपत के खरबूजे को जिसे भारतीय ज्ञानपीठ ने ही

प्रकाशित किया, 1987 अक्टूबर के अंतिम दिन श्रीलाल शुक्ल ने लोकार्पित किया और शरद जोशी जी ने वक्तव्य दिया, ऐतिहासिक क्षण था। बहु प्रचार भी हुआ, गोष्ठियाँ हुईं। सबसे बड़ी बात यह रही कि 'टाइम्स सर्वे' ने बीसवीं सदी की जिन सौ पुस्तकों को चुना उनमें 'बागपत के खरबूजे' भी एक थी। आलोचकों ने इस पुस्तक को 'नई पीढ़ी की प्रतीक पुस्तक' कहा।

आज भी जब मेरा नाम लिया जाता है तब 'बागपत के खरबूजे' को मुझसे पहले याद किया जाता है। आज तैंतीस वर्ष बाद भी उस पुस्तक को सम्मान प्राप्त होता है।

चंद्रकांता : हाल ही में 'साहित्य अमृत' पत्रिका के रजत जयंती विशेषांक में आपके व्यंग्य उपन्यास 'बोगी नं. 2003' का एक अंश प्रकाशित हुआ है। उपन्यास के बारे में कुछ बताइये? यह उपन्यास लिखने के पीछे कोई खास प्रेरणा रही?

डॉ. हरीश नवल : हाँ 'बोगी नंबर 2003' व्यंग्य उपन्यास के अंश साहित्य अमृत के अतिरिक्त व्यंग्य यात्रा, कादंबिनी, अमर उजाला, इंद्रप्रस्थ भारती व साहित्य गंधा में भी प्रकाशित हुए हैं। लेखक के रूप में मेरा प्रसन्न होना स्वाभाविक है। इस उपन्यास के लिखने की प्रेरणा मुझे अपने ही कॉलेज से मिली जिसके विद्यार्थियों का एक टूर मेरे संरक्षण में गया था। यह चालीस वर्ष पहले की बात है। मैंने इस व्यंग्य उपन्यास के माध्यम से उस समय की युवा पीढ़ी और अपनी पीढ़ी का समाज विज्ञान संदर्भित अवलोकन किया या अध्ययन किया।

इसमें मैंने स्वतंत्रता से पूर्व की पीढ़ी और स्वतंत्रता के बाद की दो पीढ़ियों का अंतर बताने या कहूँ जताने की कोशिश की है। एक कॉलेज यात्रा के माध्यम से उपन्यास का ताना-बाना बुना गया। कॉलेज टूर में एक रेलवे की बोगी बनी नंबर दो हजार तीन बुक की गयी थी। दिल्ली से गोवा की जो यात्रा आयोजित की गयी थी उसी में मुख्य घटनाक्रम की भूमिकाएँ बनती चली गयीं।

चंद्रकांता : अंग्रेजी का सटायर और हिंदी का व्यंग्य क्या एक ही है? मानव जीवन की विसंगतियों की खिल्ली उड़ाना एक भौंडा कर्म है, करुणा और विवेक रहित व्यंग्य से फूहड़ता उपजती है। आप इस बात से कितनी सहमति रखते हैं? व्यंग्य में हास्य की उपस्थिति को लेकर आपका क्या मत है?

डॉ. हरीश नवल : हिंदी व्यंग्य का उजला पक्ष वही है जहाँ उसकी परिणति करुणा से हुई है। विसंगति, विडंबना, विद्रूपता और पाखंड व्यंग्य के मुख्य कारक हैं। व्यंग्य में शैली के रूप में हास्य की उपस्थिति से मैं परहेज नहीं मानता। हाँ, रचना में हास्य की अनावश्यक (अधिक) मात्रा व्यंग्य को भोथरा बना देती है। व्यंग्य रूक्ष न हो, अरोचकता से बचे। उसके लिए हास्य की उपस्थिति व्यंग्य रचना में ऐसी ही

हो जैसे भोजन में चटनी। ऐसा न हो कि भोजन में चटनी ही चटनी हो जाए।

चंद्रकांता : व्यंग्य में आलोचना कर्म की क्या स्थिति है? वर्तमान में व्यंग्य बहुलता में लिखा जा रहा है। व्यंग्य रचना के शिल्प, भाषा-शैली और विचार पक्ष पर कितना विमर्श किया जा रहा है? क्या व्यंग्य आलोचना की कोई शास्त्रीय रूपरेखा तैयार हो सकी है? व्यंग्य का सौंदर्यशास्त्र क्या है?

डॉ. हरीश नवल : व्यंग्य में आलोचना कर्म उतना नहीं हुआ है जितना अन्य विधाओं में। व्यंग्य का आलोचना कर्म प्रायः व्यंग्यकारों ने ही अधिक (प्रारंभ) किया। डॉक्टर बालेंदु शेखर तिवारी, श्यामसुंदर घोष, मधुसूदन पाटिल, प्रेम जनमेजय, हरीश नवल आदि ने व्यंग्य आलोचना को जरूरी समझकर उसमें कदम रखे। साथ ही ऐसे विद्वान भी व्यंग्य आलोचना के क्षेत्र में आए जिन्होंने विशुद्ध रूप से गंभीर आलोचना कर्म इस विधा के लिए किया। जिनमें डॉक्टर बरसाने लाल चतुर्वेदी, डॉक्टर शेरजंग गर्ग, डॉक्टर नंदलाल कल्ला, डॉ. भगीरथ, डॉक्टर सुरेश माहेश्वरी, डॉक्टर बापूराव देसाई, डॉक्टर मलय, तेजपाल चौधरी, गौतम सान्याल, डॉक्टर रमेश तिवारी और एम.एम. चंद्रा के नाम मुझे ध्यान आ रहे हैं। कुछ विद्वत्जन आलोचक ऐसे भी रहे जिन्होंने व्यंग्य को स्वीकृति दी जैसे डॉ. विजयेंद्र स्नातक, डॉक्टर धनंजय वर्मा और कुछ वर्षों से व्यंग्य यात्रा और डॉ. प्रेम जनमेजय के प्रयास से डॉ. विश्वनाथ त्रिपाठी, डॉ. निर्मला जैन और डॉ. नित्यानंद जैसे प्रगतिशील आलोचकों ने भी व्यंग्य की सुधि ली है।

जहाँ तक व्यंग्य के सौंदर्यशास्त्र का प्रश्न है वह नहीं बना है। रचना का वैभव पहले होता है उसी से शास्त्र बनता है जैसे श्रीलाल शुक्ल के राग दरबारी ने व्यंग्य उपन्यास को स्थापित किया जबकि उनसे पूर्व भी कितने ही उपन्यास लिखे जा चुके थे।

चंद्रकांता : आज लेखन के इस पड़ाव पर आपका अनुभव क्या कहता है - व्यंग्य एक विधा है या शैली?

डॉ. हरीश नवल : मेरा अनुभव क्या कहेगा। हमने (मैंने और प्रेम जनमेजय) 1975 में एक गोष्ठी दिल्ली के कॉलेज ऑफ वोकेशनल स्टडीज में आयोजित की थी। जिसका विषय ही था- 'क्या व्यंग्य एक स्वतंत्र साहित्यिक विधा है। उसमें रवींद्रनाथ त्यागी, विजयेंद्र स्नातक, अजित कुमार, नरेंद्र कोहली, रमेश उपाध्याय, सुधीश पचौरी, कन्हैयालाल नंदन आदि प्रतिभागी थे। और यह लगभग तय हो गया था कि 'गद्य व्यंग्य' एक विधा है।

यह प्रश्न अब बेमानी है। यह बात 'गद्य व्यंग्य' के साथ है, जिसके कारण विधा होने के कारण ही परसाई जी को व्यंग्यकार कहा जाता था जो इसे विधा नहीं मानते थे।

जब कथात्मक, निबंधात्मक या किसी भी प्रकार की मूल रचना व्यंग्य प्रतिपादित हो, तब व्यंग्य विधा के रूप में है। यदि किसी अन्य विधा के रूप में जैसे कहानी या नाटक तब व्यंग्य शैली है। जहाँ तक व्यंग्य उपन्यास की बात है, वह एक विधा ही माना जाता है। दिक्कत यह है कि विधा का नाम व्यंग्य होने से भ्रांति होती है। यदि इसे (विनम्र निवेदन) व्यंग्य आलेख जैसा नाम दे दिया जाता, तब यह भ्रांति नहीं होती।

चंद्रकांता : हाफलाईनर क्या है यह लघु कथा से किस तरह भिन्न है? क्या वनलाईनर भी होते हैं? हाल ही में सोशल मीडिया पर मल्टीलाईनर भी सुनने को मिला। क्या हमारा लेखन अखबारों व पत्रिकाओं के स्तंभ की तरह सिकुड़ता जा रहा है?

डॉ. हरीश नवल : हाफलाईनर और लघु कथा में लगभग वही अंतर है जो व्यंग्य और कहानी में होता है। व्यंग्य रचना चाहे निबंधात्मक हो, कथात्मक हो या किसी भी और शैली में हो हम उस गद्य रचना को व्यंग्य कहते हैं। तीन-चार पृष्ठों वाले व्यंग्य वन लाइनर भी कहे जाते हैं और एक-दो पृष्ठों वाले हाफ लाईनर कहे जाते हैं। मल्टी लाइनर नहीं होते।

चंद्रकांता : बी.एल. आच्छा जी ने हाइलाईनर के लिए 'अर्धाली व्यंग्य' शब्द का प्रयोग किया है। हिंदी शब्दकोष के लिये यह शब्द कितना उपयुक्त है? हिंदी में हाफलाईनर का उद्भव कब हुआ? पाठकों में इसकी स्वीकार्यता की क्या स्थिति है?

डॉ. हरीश नवल : हाफलाईनर के लिए आलोचक प्रवर बी.एल. आच्छा जी ने 'अर्धाली व्यंग्य' शब्द का प्रयोग किया। किंतु हाफलाईनर चूँकि स्वीकृत हो रहा है, यही हिंदी शब्दकोश में आ जाएगा। हिंदी व्यंग्य में इसका प्रयोग बहुत विनम्रता के साथ कहना चाहता हूँ कि सर्वप्रथम मैंने ही किया। फेसबुक पर डेढ़ वर्ष से मैं हाफ लाईनर दे रहा हूँ जो काफी पसंद किए गए हैं। अब 'सोशल मीडिया पर इतना कुछ पढ़ने-सुनने या देखने को होता है कि लंबी रचनाओं को बहुत कम पढ़ा जाता है। भले ही 'लाईक' बिन पढ़े ही दे दिए जाते हैं। छोटी रचनाओं को पढ़ा जाता है उन पर 'कमेंट्स' अधिक आते हैं। समाचार-पत्र और पत्रिकाओं में जो प्रकाशित होता है उसका एक बहुत बड़ा भाग पुनः सोशल मीडिया पर आकर विश्वव्यापी हो जाता है। इसलिए हाफ लाईनर की स्वीकार्यता बढ़ती जा रही है।

चंद्रकांता : उड़िया के प्रख्यात लेखक और अनुवादक श्री गौरहरि पांडा जी ने आपकी व्यंग्य कथा का उड़िया अनुवाद किया। वे अब आपकी 51 व्यंग्य रचनाओं का भी अनुवाद कर रहे हैं। आपकी रचनाओं का अनुवाद उड़िया के अतिरिक्त और

भी भाषाओं में हुआ है?

डॉ. हरीश नवल : मेरी रचनाओं का अनुवाद उड़िया के अतिरिक्त अंग्रेजी, उर्दू, पंजाबी, मराठी, तमिल, तेलुगु, बांग्ला और बुल्गारियन में भी हुआ है। उड़िया अनुवाद मेरे लिए इसलिए महत्वपूर्ण है कि उड़िया के प्रख्यात लेखक गौरहरि पांडा मेरे व्यंग्य के अतिरिक्त पुस्तकों का भी अनुवाद करने में रुचि ले रहे हैं। एक सूचना आपको दे दूँ कि 'बोगी नंबर 2003' का अंग्रेजी अनुवाद भी हो रहा है।

चंद्रकांता : भाषाओं का आदान-प्रदान साहित्य और संस्कृति दोनों के लिये सुखद है। द्विभाषी साहित्यकारों को प्रोत्साहन दिया जाना चाहिए। यह पाठक वर्ग का भी विस्तार करता है। भाषाई समरसता की दृष्टि से अनुवाद के विषय में आपका क्या मत है?

डॉ. हरीश नवल : भाषाओं और साहित्य के उत्थान तथा विस्तार-प्रसार के लिए अनुवाद की भूमिका अत्यंत महत्वपूर्ण है। हमने बांग्ला, असमिया, गुजराती, तमिल आदि हिंदी इतर भाषाओं के अनुवाद हिंदी में पढ़े हैं वरना रवींद्रनाथ ठाकुर, बंकिमचंद्र, शरतचंद्र, प्रतिभा रॉय, भामा वरेरकर, विजय तेंदुलकर, गिरीश कर्नाड, शंकर कुरूप, ताराशंकर बंद्योपाध्याय, उमाशंकर जोशी, शिवराम कारंत, आशापूर्णा देवी, अखिलंदम, वीरेंद्र कु. भट्टाचार्य, नानक सिंह, अमृता प्रीतम, गोपीनाथ महंती, पिल्लै, कुसुमाव्रज, पुन्नालाल पटेल आदि की कृतियों को कैसे पढ़ते?

हमने टॉलस्टॉय, गोर्की, जॉर्ज बर्नार्ड शॉ, ब्रेख्त, शेक्सपियर, हेमिंग्वे, लुशिन आदि अभारतीय भाषा के साहित्यकारों को अनुवाद से ही जाना। बचपन में ही गुलिवर की यात्राएँ, ईसप की कथाएँ, अलिफ लैला, एलिस इन वंडरलैंड, एच.जी. वेल्स और एंडरसन को अनुवाद के माध्यम से जान लिया था। यही नहीं बाईबिल, कुरान शरीफ आदि धार्मिक ग्रंथ भी अनुवाद से ही हमारे समक्ष साकार हो सके। अनुवाद मेरे विचार से विश्व संस्कृति का सेतु है।

चंद्रकांता : क्षेत्रीय या हिंदी इतर भारतीय भाषाओं में व्यंग्य लेखन की सक्रियता हिंदी से कितनी अलग है? क्या क्षेत्रीय भाषाओं में सक्रिय रुचि दिखाते हैं?

डॉ. हरीश नवल : हिंदीतर भारतीय भाषाओं में व्यंग्य लेखन प्रचुर मात्रा में है किंतु बहुतायत में नहीं है, जैसा आजकल हिंदी में है। हिंदी के कलाजीवी भी दूसरी भाषाओं के व्यंग्य लेखन के अनुवाद करते हैं। उर्दू के शौकत थानवी, फिक्र तौंसवी, मुर्तजा हुसैन और कृश्नचंदर के खूब अनुवाद हुए हैं। हिंदी व्यंग्यकार सुरजीत ने बहुत अनुवाद किए हैं। गुजराती के विनोद भट्ट, आबिद सुरति, पंजाबी के संसारचंद्र, प्रीतम सिद्धू, बांग्ला के परशुराम, मराठी के जी.एन. देशपांडे, गंगाधर

गाडगिल, तेलुगु के चंद्रशेखर रेड्डी, डोगरी के रमेश मेहता, कन्नड़ के एम. शिवराम आदि ऐसे व्यंग्यकार रहे हैं जिनके हिंदी अनुवाद बहुत हुए हैं। अभी मेरी व्यंग्य रचनाओं और पुस्तकों का अनुवाद आप जानती ही है उड़िया के प्रख्यात लेखक गौर हरि पांडा कर रहे हैं। मेरी रचनाओं के अनुवाद अंग्रेजी, उर्दू, पंजाबी, बांग्ला, तमिल, डोगरी, मराठी और गुजराती में हुए हैं। मेरा अपना संबंध उर्दू के बड़े व्यंग्यकारों फिक्र तौंसवी और कन्हैयालाल कपूर से, डोगरी के रमेश मेहता से, गुजराती के दिग्गज व्यंग्यकार विनोद भट्ट, समकालीन निर्मिश ठक्कर और पंजाबी के जसविंदर से अच्छा रहा है।

चंद्रकांता : व्यंग्य को लेकर वैश्विक साहित्य की स्थिति क्या है? क्या अन्य देशों के अकादमिक साहित्य में भी व्यंग्य स्वतंत्र विधा के रूप में संघर्ष है? विदेशी भाषा के आपके प्रिय व्यंग्यकार के बारे में बताएं।

डॉ. हरीश नवल : व्यंग्य अन्य देशों में स्वतंत्र साहित्यिक विधा है। हमारे यहाँ अभी तक हास्य-व्यंग्य कहा जाता है, जो भ्रामक है। दूसरे देशों में 'सटायर' और 'ह्यूमर' दोनों ही स्वतंत्र साहित्यिक विधाएँ हैं, वहाँ कोई संघर्ष विधा-स्थापना का नहीं है। मेरी पसंद के विदेशी भाषाओं के व्यंग्यकारों में पी.जी. बुडहाउस और जॉर्ज बर्नार्ड शॉ हैं। जोनाथन स्विफ्ट की 'गुलिवर की यात्राओं' में घना व्यंग्य है। मार्क ट्वेन और अंतोन चेखव की रचनाओं के निहितार्थ व्यंग्य भी मुझे पसंद हैं।

चंद्रकांता : भारतीय सांस्कृतिक संबंध परिषद की पत्रिका 'गगनांचल' के संपादन का अनुभव कैसा रहा? क्या पत्र-पत्रिकाएँ वास्तव में अंतरराष्ट्रीय संबंधों को मजबूत बना सकने में सक्षम रही हैं?

डॉ. हरीश नवल : 'गगनांचल' (द्वैमासिक) के संपादन का अनुभव बहुत समृद्ध रहा। यूँ मैं इस पत्रिका के साथ वर्षों से जुड़ा हुआ था। पहले कन्हैयालाल नंदन जी के साथ उनके सहायक के रूप में, फिर संपादन समिति के साथ जिसमें डॉ. रामदरश मिश्र, ममता कालिया, बालशौरि रेड्डी, अशोक चक्रधर, अनामिका और मैं सदस्य थे। अब सवा तीन वर्ष मुख्य संपादक के रूप में चार विशेषांक निकाले जिनमें एक महाविशेषांक था जो ग्यारहवें विश्व हिन्दी सम्मेलन मॉरीशस के अवसर पर वहाँ लोकार्पित हुआ। यह भारतीय संस्कृति संदर्भित विशेषांक था जिसमें अनेक देशों से रचनाकारों व विद्वानों ने लेख भेजे जिनमें उन देशों में भारतीय संस्कृति के प्रभाव को लक्षित किया गया था। पहला विशेषांक गिरमिटिया संदर्भित विशेषांकक थका यह भी बहुत पसंद किया गया। 'भारतीय स्वतंत्रता के सत्तर वर्ष' विशेषांक में समाज, साहित्य, कला, मीडिया आदि के सत्तर साल के विकास पर विशेषज्ञों के लेख थे।

चौथा विशेषांक अमेरिका और कनाडा के हिंदी लेखन पर केंद्रित था। पहली

बार किसी पत्रिका में एक साथ इतने लेखक अमेरिका कनाडा से संकलित हुए थे-60 लेखक। इस विशेषांक का लोकार्पण हमने बिना किसी सरकारी सहायता के अपने व्यय और साधनों से अमरीका के न्यूयॉर्क नगर में भारतीय कौंसिलावास में किया। हमें अमेरिका के प्रवासी लेखक अनूप भार्गव का सहयोग मिला और बहुत से बड़े साहित्यकार जैसे वेद प्रकाश बटुक व सुषम बेदी भी उसमें सम्मिलित हुए। इस प्रकार स्वतंत्र रूप से भारतीय सांस्कृतिक संबंध परिषद के अधिकारियों के साथ मिलकर 'गगनांचल' का जो रूप और स्तर गिर गया था उसे ऊपर उठाने में सफलता प्राप्त हुई। यह संतोष का विषय था। मेरा एक स्तंभ अंततोगत्वा भी था जिसमें मैंने 'हाफलाईनर' देने आरंभ किए। 'गगनांचल' जैसी पत्र-पत्रिकाएँ अभिव्यक्ति का माध्यम और अंतरराष्ट्रीय संस्कृति को बंधुत्व के माध्यम से 'वसुधैव कुटुंबकम्' को साकार करने में सहायक होते हैं।

चंद्रकांता : आपने हरिशंकर परसाई जी के पत्र का जिक्र किया था। यदि असुविधा न हो तो उस रोचक पत्र-व्यवहार और संदर्भ से पाठकों को भी लाभान्वित कीजिये। साहित्यिक विमर्श के पत्र निजी स्मृतियों के अतिरिक्त साहित्य की अमूल्य थाती भी हैं। एक लेखक के तौर पर देश-विदेश का आपका अनुभव वृहद है। डिजिटल संवाद के दौर में साहित्य में पत्र-व्यवहार की वर्तमान स्थिति क्या है?

डॉ. हरीश नवल : हरिशंकर परसाई का मेरे नाम का पत्र वह पत्र है जिसमें परसाई जी ने व्यंग्य को विधा नहीं 'स्पिरिट' कहा था। जिस युग में उनके साथ पत्र-व्यवहार होता था तब 'डिजिटल संसार' नहीं था। मेरा सौभाग्य है कि मेरे पास श्रीलाल शुक्ल और रवींद्रनाथ त्यागी के भी पत्र हैं। व्यंग्यकारों के अतिरिक्त हरिवंशराय बच्चन, विष्णु प्रभाकर, धर्मवीर भारती, जगदीश गुप्त आदि साहित्य मनीषियों के भी पत्र हैं।

विदेशी हिंदी विद्वानों में मेरा पत्र व्यवहार जर्मनी के लोथा लुत्जे, फीजी के विवेकानंद शर्मा, मॉरीशस के अभिमन्यु अनत, रामदेव धुरंधर और राज हीरामन से रहा है। अब देश-विदेश के विद्वानों साहित्यकारों से संपर्क और पत्राचार डिजिटल होता है जो मुख्यतः मैसेंजर और व्हाट्सएप से होता है जिनमें जापान के तोशियो मिजोकामी, यू.के. के तेजेंद्र शर्मा, दिव्या माथुर, उषा राजे सक्सेना, जकिया जुबेरी, जया वर्मा, अचला शर्मा, अमेरिका के अनूप भार्गव, सुधा ओम ढींगरा, गुलशन मधुर, नरेंद्र टंडन व धनंजय कुमार, कनाडा की शैलजा सक्सेना व सरन घई, ऑस्ट्रेलिया की रेखा राजवंशी, शारजाह की पूर्णिमा वर्मन, ओमान की परमजीत ओबेरॉय, अर्चना पेन्यूली, बलगारिया की योरदांका, हंगरी की मारिया न्याजेशी और हॉलेंड की पुष्पिता अवस्थी हैं।

किंतु जो संतुष्टि पोस्टकार्ड, अंतर्देशीय पत्र आदि से होती थी वह डिजिटल से नहीं होती।

चंद्रकांता : आप प्रयोगधर्मी लेखक हैं। प्रयोग लेखक के वितान को समृद्ध करते हैं और साहित्य को परिष्कृत भी करते हैं। प्रयोगधर्मिता एकरसता को फलाँगकर लेखन को पाठकों के लिये रुचिकर बनाये रखने में भी सहायक होती है। हाफ लाईनर के बाद आपका बिंदु-बिंदु (बिंदुवार) व्यंग्य पढ़ने को मिला। साहित्यकारों के दस दुःख आपने बड़ी रोचक शैली में प्रस्तुत किये। भविष्य में क्या योजना है?

डॉ. हरीश नवल : धन्यवाद, आपने मेरे प्रयोगधर्मी लेखन को पहचाना और स्वीकृति दी। 'हाफलाईनर', 'बिंदु-बिंदु व्यंग्य' के बाद देखिए समय के साथ क्या नया प्रयोग होगा। अभी तो यही है। मैंने एक पत्रिका 'कल्पांत' (संपादक बालस्वरूप राही) में स्तंभ लेखन किया था। इस स्तंभ में केवल दिल्ली की परिस्थितियों पर व्यंग्य लिखने थे। मैंने एक प्रयोग किया कि इस बहाने दिल्ली के विगत पचास वर्षों (तत्कालीन) का इतिहास एक व्यंग्यकार की दृष्टि से व्यंग्य आलेखों के रूप में किया, जो कालांतर में 'दिल्ली चढ़ी पहाड़' नाम से संकलित हुआ और 'बागपत के खरबूजे' के बाद सबसे चर्चित हुआ।

प्रयोग नई जमीन तलाशने का अवसर देते हैं।

चंद्रकांता : साहित्य प्रत्येक देश और काल में परिवर्तित होता रहा है। साहित्य में युवा पीढ़ी को अक्सर आत्ममुग्ध, छपास पीड़ित धैर्यविहीन, उथला और पुरस्कार लोभी कहकर नवाजा जाता है। व्यंग्य में भी ठीक यही स्थिति है। आत्ममुग्धता, छपास का रोग और पुरस्कृत होने की लालसा किस कालखंड में नहीं थी? जो आचरण साहित्यिक विरासत में मिला है वही युवा पीढ़ी बरत रही है। आप इस बात से कितना सरोकार रखते हैं।

डॉ. हरीश नवल : मैं व्यंग्य ही नहीं समस्त युवा पीढ़ी से आश्वस्त हूँ। कॉलेजों में इकतालीस वर्ष युवाओं को पढ़ा कर उन्हें पढ़ा और समझा है। हिंदी गद्य व्यंग्य लेखन की हमारे बाद की दोनों पीढ़ियों ने बहुत विकास किया है। युग धर्म के अनुसार ही चलना अभीष्ट होता है। जेनरेशन गैप वहीं होता है जहाँ पुरानी पीढ़ी नई पीढ़ी को नकारती है। हमारा लक्ष्य और अभिमान जैसे हमसे पहले की पीढ़ी का था वैसे ही अगली पीढ़ी होगी। हम युगानुसार उसके अनुकूल और उन्हें अपने अनुकूल बनाने की कोशिश करेंगे तो यह गैप नहीं होगा या कम होगा।

चंद्रकांता : युवा पीढ़ी को अपने वरिष्ठ लेखकों के अनुभवों से सीख लेते रहना चाहिए। लेखकीय कर्म के साथ उन्हें पाठक के तौर पर भी सक्रिय रहना चाहिए। यह आचरण रचनात्मकता का विस्तार करता है। युवा पीढ़ी के लेखकों और व्यंग्य

रचनाकारों के लिये आप और क्या संदेश देना चाहेंगे?

डॉ. हरीश नवल : युवा पीढ़ी को मेरा संदेश यही है कि जल्दी में न रहें, जीवन में परिणाम से अधिक महत्व गुणवत्ता का है, सो चिंतन करे, फिर लिखें, ऊर्जा को बचा कर रखें तथा विनम्रता और औदात्य को अपना संस्कार बनाएँ।

चंद्रकांता : आपसे बातचीत बेहद रोचक और ज्ञानवर्द्धक रही। जिस वैचारिक स्पष्टता और बेबाकी के साथ आपने अपना पक्ष रखा वह सराहनीय है। हम आशा करते हैं कि साहित्य और युवा पीढ़ी आपके अनुभवों से समृद्ध और लाभान्वित होते रहेंगे। आपका बहुत-बहुत आभार। अभिनन्दन।

(अनुगुंजन पत्रिका, 2020)

व्यंग्य को नहीं मिले अच्छे आलोचक, हिंदी साहित्य के श्रेष्ठ आलोचकों ने इसकी उपेक्षा ही की...

–प्रस्तुति डॉ. कृष्णकुमार 'आशु'

'बागपत के खरबूजे', 'दिल्ली चढ़ी पहाड़', 'दीनानाथ के हाथ', 'इक्यावन व्यंग्य रचनाएँ', 'माफिया जिंदाबाद', 'वाया पेरिस आया गाँधीवाद' सहित डेढ़ दर्जन से अधिक व्यंग्य कृतियों के रचयिता एवं 'काका हाथरसी हास्य पुरस्कार', 'व्यंग्यश्री सम्मान' तथा 'काव्य मधुबन व्यंग्यश्री सम्मान' सहित दर्जन भर पुरस्कारों से नवाजे जा चुके देश के प्रतिष्ठित व्यंग्यकार हरीश नवल व्यंग्य को गंभीरता से लेने और उसे साहित्य की गंभीर विधाओं में शामिल कर सम्मानजनक स्थान दिलवाने वाले अग्रणी साहित्यकारों में शुमार होते हैं। वे व्यंग्य के शास्त्रीय पक्ष पर काम करने के लिए जाने जाते हैं। हिंदी साहित्य को विदेशों में प्रतिष्ठित स्थान दिलाने और फिल्मों में लिखने के कारण उन्हें विशेष पहचान मिली है। कई टी.वी. सीरियल्स के लिए आपने पटकथा लेखन का काम किया है। प्रस्तुत है इनसे हुई बातचीत के प्रमुख अंश :

कृष्ण जी : आपको व्यंग्य लिखने की प्रेरणा कैसे मिली?

हरीश नवल : लिखने का शौक मुझे बचपन से रहा है। स्कूल में 1961 में जैनेंद्र कुमार जी ने जो कहा, वही कॉलेज की पत्रिका के लिए 1965 में कहानी लिखी तो उसे पढ़कर हमारे प्राध्यापक ने कहा कि तुम व्यंग्य लिखो तो ज्यादा सफल होओगे। उस समय मैं व्यंग्य के बारे में ज्यादा नहीं जानता था। इसके बाद एक बार से.रा. यात्री ने मेरी कहानी देखकर कहा कि आपको व्यंग्य लिखना चाहिए। कुछ समय के अंतराल में यही बात उपेंद्रनाथ अश्क ने कही और जब एक दिन हजारीप्रसाद द्विवेदी ने भी मुझमें व्यंग्य की संभावनाएँ देखते हुए व्यंग्य ही लिखने की सलाह दी तो 1975 में तय कर लिया कि अब व्यंग्य ही लिखना है।

कृष्ण जी : क्या हिन्दी व्यंग्य उर्दू व्यंग्य जैसी ख्याति अर्जित कर पाया है?

हरीश नवल : एक समय था जब उर्दू के व्यंग्य लेखन की परंपरा बेहद समृद्ध थी। कृश्नचंदर, कन्हैयालाल कपूर, फिक्र तौंसवी, लतीफ घोंघी और जाने कितने व्यंग्यकार उर्दू में लिखकर इसे अत्यंत लोकप्रिय बना रहे थे। हालाँकि उन्हीं दिनों में शरद जोशी, हरिशंकर परसाई इत्यादि हिन्दी व्यंग्य लिख रहे थे। यह वह समय था जब हिन्दुस्तान में उर्दू पढ़ने-लिखने वालों की संख्या लगातार कम हो रही थी। हिन्दी का उत्थान हो रहा था और फिर शनैः-शनैः उर्दू व्यंग्य कम होता चला गया। परसाई और शरद जोशी ने जिस तरह हिन्दी व्यंग्य को आगे बढ़ाया, उससे व्यंग्य का सम्मान बहुत बढ़ गया और उनके बाद की पीढ़ी ने उसे और आगे बढ़ाया है। सच तो यह है कि उस समय उर्दू व्यंग्य जितना लोकप्रिय था, आज हिन्दी व्यंग्य उससे ज्यादा लोकप्रियता हासिल कर रहा है।

कृष्ण जी : व्यंग्य की वर्तमान दशा क्या है?

हरीश नवल : व्यंग्य के नाम पर आज बहुत कुछ लिखा जा रहा है। व्यंग्य के नाम पर टिप्पणियाँ लिखी जा रही हैं। चुटीली भाषा को लेकर चर्चा कर देते हैं या विनोद में लिख देते हैं। परंतु जो सचमुच व्यंग्य लिख रहे हैं, वे बहुत अच्छा काम कर रहे हैं। व्यंग्य सामाजिक सरोकारों से जुड़ा है और उसका उद्देश्य विद्रूपताओं पर चोट करके समाज में जागृति लाना है। चेतना जगाने का काम व्यंग्य करता है। खुशी है कि आज देश में अनेक नाम ऐसे हैं जो व्यंग्य को गंभीरता से लेकर उस पर काम कर रहे हैं। उनके काम में विविधता नजर आती है। उनकी भाषा और शैली में अलग-अलग रंग हैं। आज व्यंग्य के लिए विषयों की भरमार है। ऐसे में कहा जा सकता है कि व्यंग्य सही दिशा में जा रहा है।

कृष्ण जी : आखिर व्यंग्य को विधा मानने- नहीं मानने का झगड़ा कब खत्म होगा?

हरीश नवल : अब यह झगड़ा रहा ही नहीं है। आप परसाई से लेकर मुझ तक आएँ तो स्वयं सिद्ध हो जाएगा कि अब यह झगड़ा नहीं रहा है। दरअसल व्यंग्य हर विधा में झलकता है इसलिए शैली और विधा का नाम अलग हो जाए तो विवाद वाली बात ही नहीं रहेगी। जिस संपूर्ण रचना में व्यंग्य के माध्यम से विडम्बना, विद्रूपता, विसंगति पर प्रहार होता है समझिए वह व्यंग्य रचना है। जिसमें इसकी झलक दिखाई देती है वह जिस विधा में लिखी गई, उस विधा की रचना है।

कृष्ण जी : व्यंग्य को आज तक अच्छे आलोचक नहीं मिले। इसलिए इसका आलोचनात्मक मूल्यांकन नहीं हो पाया। इसका क्या कारण रहा?

हरीश नवल : दरअसल आरम्भ में प्रगतिवादी साहित्यकारों ने व्यंग्य को

तरजीह भी नहीं दी। इस कारण कहानी और कविता को तो आलोचक मिले लेकिन व्यंग्य को नहीं मिल पाए। हिन्दी साहित्य के श्रेष्ठ आलोचकों ने इसकी उपेक्षा ही की। बाद के वर्षों में व्यंग्य में आलोचना का काम जिन लोगों ने किया उनका कद स्थापित व्यंग्यकारों से बड़ा नहीं था। लिहाजा या तो वे खुलकर बात नहीं कर पाए या उनकी बात को गंभीरता से नहीं लिया गया। इसलिए व्यंग्य में गंभीरता से काम करने वाले कुछ साथी खुद ही व्यंग्य में आलोचना पर काम करते रहे हैं। अब स्थिति बदल रही है। डॉ. विश्वनाथ त्रिपाठी, डॉ. निर्मला जैन और डॉ. नित्यानंद तिवारी जैसे आलोचक भी अब व्यंग्य को मान्यता देते हैं।

कृष्ण जी : आप बहुत अच्छे कवि भी हैं परंतु व्यंग्य पर लगातार काम करने और व्यंग्यकार के रूप में राष्ट्रीय स्तर पर पहचान बनने के कारण आपके भीतर का कवि कहीं दब तो नहीं गया है?

हरीश नवल : आपने मेरी दुखती रग पर हाथ रख दिया है। कविता भी मुझे बेहद प्रिय है। वजह ये है कि कविताओं से सही में मेरी चिंताओं का शमन होता है। जब भी मन उद्वेलित होता है तो कविता लिखता हूँ और लिख-लिखकर रख देता हूँ। कविता की जापानी विधा हाइकू पर भी कुछ काम किया है। अब सोच रहा हूँ कि एक कविता संग्रह भी छपवा ही लूँ।

कृष्ण जी : लोग कहते हैं कि आज कविता मर चुकी है। क्या यह सच है?

हरीश नवल : नहीं ऐसा नहीं है। वास्तविकता यह है कि आज गद्य का जोर है और उसके पाठक बढ़े हैं। कविता में छंदबद्धता खत्म होने के बाद उसके पाठकों की संख्या कम हुई और कविता की किताब को खरीद कर पढ़ने की तो आदत ही लोगों में नहीं रही। विदेशों में आज भी लोग कविता की किताब को खरीद कर पढ़ते हैं। वहाँ बुक कॉफी शॉप है, जहाँ लोग कॉफी पीने और पुस्तकें पढ़ने जाते हैं।

कृष्ण जी : आम धारणा है कि विदेशों में साहित्यकार एक पुस्तक लिखकर करोड़पति हो जाता है। आप तो चालीस से ज्यादा देशों में घूम चुके हैं। साहित्य पर काम किया है, क्या यह सच है? विदेशी साहित्यकारों की तुलना में भारतीय साहित्यकारों को मिलने वाली रॉयल्टी एवं अन्य सुविधाओं में क्या फर्क महसूस करते हैं?

हरीश नवल : हर देश में ऐसा नहीं है? अमेरिका-इंग्लैंड सहित यूरोप में ऐसा है। अनेक देशों में अच्छे लिखे की कीमत ईमानदारी से दी जाती है। वहाँ पुस्तक के संस्कार लोगों में देखने को मिलते हैं। एशिया में स्थिति बहुत अच्छी नहीं कही जा सकती। भारत में तो रॉयल्टी की बात ही दूर, साहित्यकारों से पैसे लेकर किताबें छापने की परंपरा चल रही है। भारत में पुस्तक संस्कृति नज़र नहीं आती। महाराष्ट्र

और बंगाल में तो फिर भी है। वहाँ आज भी पुस्तक को श्रेष्ठ उपहार के रूप में देखा जाता है। साहित्यकारों को रॉयल्टी और सुविधाएँ तभी मिलेंगी, जब आमजन पुस्तक खरीदने की आदत डालेगा।

कृष्ण जी : प्रवासी भारतीयों में हिन्दी भाषा, साहित्य एवं संस्कृति के प्रति क्या रुझान है?

हरीश नवल : जो भारत से विदेशों में गए और वहाँ बस गए वे तो न सिर्फ हिन्दी बोलते हैं बल्कि हिन्दी साहित्य एवं संस्कृति को भी गंभीरता से लेते हैं। परंतु दूसरी पीढ़ी के बाद यह समस्या शुरू हो जाती है। फिर भी अनेक परिवार ऐसे मिल जाते हैं जो अपने बच्चों को भारतीय संस्कृति के अनुरूप संस्कार देने का प्रयास करते हैं। अनेक पंजाबी और दक्षिण भारतीय परिवारों में उनकी लोकसंस्कृति आज भी जिंदा है। वहाँ मन्दिरों में आज भी हिन्दी में ही भजन और प्रवचन होते हैं। लोग जाते भी हैं।

कृष्ण जी : आप तो फिल्म और टी.वी. से भी जुड़े हैं। क्या वहाँ आज भी लेखक की कद्र है?

हरीश नवल : बात फिल्म की हो या टी.वी. तो उनका मूल आधार तो लेखक ही होता है। यह जुदा बात है कि आज सभी का ध्यान टीआरपी पर है। इसके चलते वे धारावाहिक को और से और फैलाते चले जाते हैं। अच्छे लेखकों की कृतियों के साथ भी यही किया जा रहा है। वहाँ मूल्य नहीं, व्यापार होता है। सब कुछ व्यावसायिक हो गया है। इसलिए लेखकों को भी अच्छे पैसे तो मिलते ही हैं, लेकिन कतिपय परेशानियाँ भी रहती है। इसीलिए कई नामी साहित्यकार भी फिल्म जगत में गए और वापस आ गए।

कृष्ण जी : आपको राजस्थान में व्यंग्य की संभावनाएँ क्या नजर आती हैं?

हरीश नवल : राजस्थान में अच्छा व्यंग्य लिखा जा रहा है। यशवंत कोठारी, पूरन सरमा और देवेंद्र इंद्रेश मेरी पीढ़ी के यशस्वी व्यंग्यकार हैं। यहाँ के व्यंग्य में भी सरसता और रोचकता के साथ विविधता है। युवा रचनाकारों में लिखने का माद्दा है और आगे बढ़ने की ललक भी। निश्चित ही यहाँ के लेखक आगे जाएँगे।

कृष्ण जी : नए रचनाकारों के नाम आप क्या कहना चाहेंगे?

हरीश नवल : मैं बड़ी विनम्रता के साथ कहना चाहता हूँ कि नई पीढ़ी को अतिरंजना से बचना चाहिए। अपने आपको सबसे छोटी इकाई मानकर चलेंगे तो उतने ही सुरक्षित रिएक्शन कर सकेंगे और बेहतर लिख सकेंगे।

(सितम्बर, 2020)

निंदा, लोभ, स्वार्थ और मोह में मुझे मोह बुरा नहीं लगता, हाँ! अतिरिक्त मोह बुरा हो सकता है...

–प्रस्तुति सविता चड्ढा

सविता चड्ढा : जीवन में सबसे महत्त्वपूर्ण अवधि कौन सी होती है?

हरीश नवल : जीवन में सबसे महत्त्वपूर्ण मेरे विचार में बचपन है। हमारा बचपन सदा हमारे साथ रहता है। ताउम्र बचपन हमारे भाव व क्रिया-व्यापार का निर्धारण करता है, भले ही हमें ऐसा न महसूस होता हो। जीवन की आधार भूमि के रूप में हमारा बचपन होता है, वहीं नींव बनती है भविष्य की। जो संवेग व भाव बचपन के होते हैं, उन्हीं से बने संस्कार उसे दिशा देते हैं।

सविता चड्ढा : जीवन में भाग्य, कर्म और वाणी में किसकी भूमिका सबसे महत्त्वपूर्ण है?

हरीश नवल : जीवन में भाग्य, कर्म और वाणी तीनों की ही बहुत महत्त्वपूर्ण भूमिका है। अंततोगत्वा भाग्य का बल कारगर होता है।

कर्म का स्थान अत्यंत विशेष है। कर्म कैसा है सुकर्म या कुकर्म, उससे चरित्र का भान होता है। कर्मठता क्रियाशीलता का बोधक तत्त्व है। कर्मयोगी होना वरदान है। भाग्य में क्या है उसकी चिंता किए बिना कर्मरत रहना श्रेयस्कर होता है।

वाणी का महत्त्व इसी से भी सिद्ध है कि इसे 'सरस्वती' का पर्याय माना जाता है। वाणी का संयम प्रयोक्ता को सुफल देता है और असीमित वाणी प्रयोक्ता को हानि पहुँचा सकती है। मृदुवाणी और कटुवाणी के अपने अपने फल हैं जो विरोधी हैं। मृदुवाणी जय और कटुवाणी पराजय के नियोक्ता हो सकते हैं।

सविता चड्ढा : निंदा, लोभ, स्वार्थ और मोह के विषय में क्या कहेंगे? सभी बुरे माने जाते हैं?

हरीश नवल : निंदा, लोभ, स्वार्थ और मोह में मुझे मोह बुरा नहीं लगता। देश,

परिवार, माता-पिता, बच्चे, नगर आदि ये सब मोह के प्रदाता हैं। इनसे मोह बुरा नहीं है, अतिरिक्त अथवा व्यर्थ मोह बुरा हो सकता है।

निंदा, लोभ और स्वार्थ में मुझे व्यक्तिगत रूप से स्वार्थ सबसे बुरा लगता है। अपना स्वार्थ सिद्ध करने के लिए मनुष्य मिथ्याचरण का सहारा लेता है। पाखण्ड करता है। आडंबर से भ्रम प्रसारित करता है। परमार्थ हेतु स्वार्थ छोड़ना होता है और स्वार्थ हेतु परमार्थ। मैंने अपने जीवन में जब कभी स्वार्थ सिद्ध किया, अपने को तब तक अपराधी और पापी समझा जब तक कि यथोचित प्रायश्चित न कर लिया, यदि ऐसा नहीं हो पाया, (जहाँ जहाँ जब नहीं हो पाया) उसका खेद और उससे उत्पन्न स्वहीनभाव आज भी है।

सविता चड्ढा : धन, आत्मशक्ति और यथोचित निर्णय की भूमिकाओं के विषय में आपकी सोच?

हरीश नवल : धन, आत्मशक्ति और उचित निर्णय में मेरी सीमित सोच के अनुसार 'ठीक निर्णय' की भूमिका सर्वाधिक महत्त्वपूर्ण है। 'धन' या 'आत्मशक्ति' के सार्थक प्रयोगों में भी यथोचित निर्णय की भूमिका के कारण लक्ष्य प्राप्त होता है।

सविता चड्ढा : अपने लिए जीना और 'केवल दूसरों के लिए समर्पण' में से आप किसके पक्ष में है?

हरीश नवल : अपने लिया जीना और केवल दूसरों के लिए समर्पण में, मैं दोनों के पक्ष में हूँ। 'अपने लिये जीना' यदि नैतिक आचरण के नियमानुसार जीया जाए तभी उचित है और अपनों की अवहेलना कर 'केवल दूसरों के लिए समर्पण-भाव' में केवल शब्द हटा होना चाहिए। 'अपनों का स्थान' अपने लिए जीना में समझा जाए। अपने को समर्थ बनाने से ही दूसरों के लिए कार्य किया जा सकता है।

(2020)

साक्षात् हरीश नवल

–प्रस्तुति नंद कुमार झा 'कवि'

प्रश्न : लेखन की शुरुआत महज़ संयोग या विरासत?

हरीश नवल : जन्मजात लेखन संस्कार थे, अतः कह सकता हूँ कि विरासत में लेखन मिला। मेरे दादा पंडित त्रिलोक नाथ (आज़म जलालाबादी) उर्दू के रूहानी शायर थे। मेरे पिता श्री हरिकृष्ण नवल अंग्रेजी के लेखक-पत्रकार थे। मैं हिंदी का लेखक बना। दादा जी बताते थे कि मैं जब छोटा था, जब से ठीक से बोलने लगा था- सबसे कहता था कि 'मुझसे कहानी सुनो'। मुझे जो विषय दिया जाता, मैं तुरंत उस पर कहानी गढ़ने लगता। विषयों में चाँद, तारे, हाथी, घोड़ा, बारात आदि के बारे में दादा बताते थे। नौवीं कक्षा से मेरे लेख सर्वहितकारी (देहरादून) पत्रिका में प्रकाशित होने लगे थे। एक पत्रिका 'नीलम' (दिल्ली) थी जिसमें व्यंग्यपरक मेरा एक आलेख 1962 में छपा- 'युवतियों के नाम खुला पत्र' जिस पर मुझे पारितोषिक भी मिला। मेरा प्रथम (बाकायदा माना गया) व्यंग्य 'मिस्टर कमेंट्रीदास' सन् 1965 में आगरा की प्रसिद्ध हास्य और व्यंग्य पत्रिका 'नोंक-झोंक' में प्रकाशित हुआ था...अतः विरासत जो मिली वह शीघ्र पल्लवित होने लगी थी। भारत के लगभग सभी प्रमुख पत्र-पत्रिकाओं (धर्मयुग, साप्ताहिक हिंदुस्तान, सारिका, दिनमान समेत) मेरे व्यंग्य प्रकाशित होने लगे और सन् 1987 में मेरी व्यंग्य संकलन की पाण्डुलिपि पर 'युवा ज्ञानपीठ पुरस्कार' प्राप्त हुआ। इसे 'बागपत के खरबूजे' शीर्षक से 'भारतीय ज्ञानपीठ' ने छापा। टाइम्स ऑव इंडिया सर्वे के अनुसार इस पुस्तक को युवा लेखन का प्रतीक माना गया और बीसवीं शती की सर्वप्रसिद्ध पुस्तकों में स्थान दिया गया ...यह मेरा प्रथम व्यंग्य संकलन था। अब तो इनकी संख्या अधिक हो चुकी है।

प्रश्न : अधिसंख्य साहित्यकार मानते हैं कि अब व्यंग्य फूहड़ता का पर्याय बन रहा है। क्या आप सहमत हैं?

हरीश नवल : क्षमा कीजिए मैंने अधिसंख्य साहित्यकारों को 'व्यंग्य' के विषय में ऐसा मानते नहीं सुना। व्यंग्य किसी भी विधा में सहायक है। मैं यदि बात 'व्यंग्य

विधा' की है, कहना चाहता हूँ कि 'व्यंग्य' के नाम पर जो भी कुछ लिखा जा रहा है वह बहुधा व्यंग्य नहीं है। वह हास्य, विनोद, कटाक्ष, रसीली रपट, शब्दों की जगलरी, टिप्पणी या कुछ और होता है- 'व्यंग्य' नहीं होता। हिंदी गद्य व्यंग्य विधा के अनुरूप प्रायः तमाम पत्र-पत्रिकाओं ने (विशेषतः अखबारों में) इस विधा को बहुत छिछला बना दिया है। जहाँ तक पद्य व्यंग्य का प्रश्न है- तथाकथित कवि सम्मेलनों में चुटकुलाश्रित कविताओं में फूहड़ता जोर-शोर से परोसी जा रही है।

प्रश्न : व्यंग्य लेखकों की पौध तेज़ी से बढ़ रही है। इसे किस रूप में देखते हैं?

हरीश नवल : स्पष्ट है कि 'व्यंग्य' लोकप्रिय है। उपयुक्त व्यंग्य लेखकों की आज कोई कमी नहीं है। आजादी के बाद की व्यंग्यकारों की पाँच पीढ़ियाँ लगातार साथ-साथ लिख रही हैं। श्रेष्ठ व्यंग्य लेखकों की तादाद बढ़ रही है। मुझे नवोदित पीढ़ी पर असीम विश्वास है। ध्यान रहे मैं यह बात क्लासिज़ के लिखने वालों के लिए कह रहा हूँ- मासेज़ वालों के लिए नहीं।

प्रश्न : आप किन व्यंग्यकारों को पढ़ना पसंद करते हैं?

हरीश नवल : हरिशंकर परसाई, शरद जोशी और रवीन्द्रनाथ त्यागी की पीढ़ी के बाद के व्यंग्यकारों (जिनमें श्रीलाल शुक्ल भी हैं) के अतिरिक्त ज्ञान चतुर्वेदी, प्रेम जनमेजय, सुभाष चंदर, गिरीश पंकज, दामोदर दत्त दीक्षित, सुरेशकांत, यशवंत व्यास, सुशील सिद्धार्थ, पंकज प्रसून, अनूपमणि त्रिपाठी, निर्मल गुप्त, श्रवण कुमार उर्मिलिया, प्रकाश पुरोहित, अरविंद तिवारी, अतुल चतुर्वेदी, सूर्यबाला, अलका पाठक, रामदेव धुरंधर (मॉरीशस) को पढ़ना पसंद करता हूँ। ये नाम बिना किसी वरीयता क्रम के हैं- और भी हैं जिन्हें पढ़ता हूँ, जिनके नाम तुरंत ध्यान आए- लिख दिए। नयों में मीना अरोड़ा, अलंकार रस्तोगी, सुनीता शानू, वीरेंद्र सरल मेरे जेहन में हैं।

प्रश्न : क्या सोशल मीडिया साहित्य का प्लेटफार्म है?

हरीश नवल : वह साहित्य की चौपाल का रूप धारण कर रहा है। उसमें त्वरित प्रतिक्रिया प्राप्त हो सकती है। उसमें प्रकाशन की दिक्कत भी नहीं है- जो-जो साहित्यकार उसमें शामिल होते जा रहे हैं- उन्हें अच्छा महसूस हो रहा है। हिंदी व्यंग्य विमर्श तो मानो सोशल मीडिया पर प्रिय विषय बन कर उभर चुका है।

प्रश्न : कुछ सम्मानों के बारे में बताइए जो आपको मिले।

हरीश नवल : विनम्रता से बताना चाहता हूँ कि राष्ट्रीय स्तर के मुझे लगभग चार दर्जन सम्मान मिले हैं जिनमें 'युवा ज्ञानपीठ', भारत सरकार का 'गोविन्द बल्लभ

पंत सम्मान', उत्तर प्रदेश का 'माध्यम', दिल्ली का 'व्यंग्यश्री', उत्तराखण्ड का 'अलकनंदा सम्मान', हरियाणा का 'फिक्र तौंसवी सम्मान', बिहार का 'साहित्यमणि' भी सम्मिलित हैं। विदेश से प्राप्त सम्मानों में मुझे 'अन्तरराष्ट्रीय हिंदी समिति वाशिंगटन', आर्य समाज न्यूयार्क 'हिंदी स्पीकिंग यूनियन- मॉरीशस', 'विश्व हिंदी साहित्य परिषद उज़्बेकिस्तान संगोष्ठी', 'हिंदी निधि' (त्रिनिडाड एवं टुबैगो) आदि से भी सम्मान/पुरस्कार प्राप्त हुए...परन्तु सबसे अधिक और सार्थक मुझे मेरे पाठकों से प्राप्त हुए, मेरे साहित्य पर शोध करने वाले शोधार्थियों से मिले। भारत और भारत से बाहर के पाठकों के पत्र मेरी अमूल्य निधि हैं। अभी तक नौ शोधार्थियों ने पी-एच. डी., एम.फिल. आदि उपाधियों के लिए शोध पूर्ण किए। तीन अभी और हैं जो कर रहे हैं, वे मुझसे पत्राचार और सोशल मीडिया से जुड़े हुए हैं।

प्रश्न : आजकल बेस्ट सेलर का ट्रेंड जोरों पर है। आप क्या कहना चाहते हैं?

हरीश नवल : हिंदी में 'बेस्ट सेलर' का ट्रेंड कहाँ है? एक ज़माना था जब गुलशन नंदा, दत्त भारती, वेद प्रकाश काम्बोज, राजहंस, कर्नल रंजीत जैसे लेखकों के लिए यह ट्रेंड था। क्षमा चाहता हूँ, इन्हें साहित्यिक दायरे में नहीं रखा जाता, यह लोकप्रिय सेन्सेशनल लेखक मण्डल अपनी ही किस्म का था। हाँ बेस्ट सेलर (बिना ट्रेंड भी) धर्मवीर भारती का 'गुनाहों का देवता', दुष्यंत कुमार का साये में धूप', आज भी जितना छाप लो बिक जाता है- यह वास्तविक साहित्यिक श्रेणी है। हिंदी में प्रेमचंद हों, वृंदावनलाल वर्मा हो, बच्चन हों या फिर कमलेश्वर, परसाई या अज्ञेय अथवा इसी स्तर के अन्य कद्दावर लेखक- वे भी व्यावसायिक स्तर पर इस ट्रेंड में बहुत अधिक खरीदे जाने पर भी बेस्ट सेलर वैसे नहीं हैं जैसे कि अंग्रेजी के लोकप्रिय लेखक।

प्रश्न : आप किन रचनाकारों को पढ़ना, सुनना पसंद करते हैं?

हरीश नवल : मुझे चंद्रधर शर्मा गुलेरी, बाल मुकुंद गुप्त, प्रेमचंद, कमलेश्वर, अज्ञेय, उदय प्रकाश को पढ़ना अच्छा लगता है। भारतेंदु के नाटक, प्रसाद की 'कामायनी', प्रेमचंद का 'गोदान', जैनेंद्र का सुनीता, रेणु का 'तीसरी कसम', हरिशंकर परसाई की व्यंग्य कथाएँ बार-बार पढ़ने पर भी बहुत आनन्द देते हैं।

प्रश्न : कहते हैं जो काम आप करते हैं वह आपकी आदतों से झलकने लगता है। क्या आपके साथ भी ऐसा है?

हरीश नवल : जी हाँ मेरे साथ भी है। मेरा परिवार, मेरे मित्र, मेरे विद्यार्थी, मेरे सहयोगी प्राध्यापक अन्य कर्मी, पड़ौसी और यहाँ तक कि मेरे पारिवारिक डॉक्टर से लेकर मेरा सब्जी विक्रेता सब मेरी बातों, शैली, हँसी आदि से जानते हैं कि यह

व्यंग्यकर्मी है, इसकी बातों का अभिप्राय कुछ और होता है।

प्रश्न : हिंदी साहित्य से नई पीढ़ी दूर हो रही है, इससे आप कितना सहमत हैं?

हरीश नवल : हिंदी ही क्यों- नई पीढ़ी साहित्य से दूर हो रही है। सिनेमा, टी.वी., फेसबुक आदि साहित्य को बहुत कम परोस रहे हैं। रिमिक्स, चुटकलीय कवि सम्मेलन, टीवी शोज़ ने साहित्य को दबा दिया है। महानगरों की नई पीढ़ी इससे दूर हो रही है। हिंदी साहित्य अभी बिहार, झारखण्ड, उत्तर प्रदेश, हिमाचल, मध्य प्रदेश और उत्तराखण्ड में थोड़ा बहुत नई पीढ़ी के पास है।

प्रश्न : आजकल आप क्या लिख रहे हैं?

हरीश नवल : आजकल छिटपुट व्यंग्य लेखन और कविताओं के अतिरिक्त दो उपन्यासों पर काम कर रहा हूँ जिनमें एक व्यंग्य-उपन्यास होगा। टीवी लेखन पर भी एक पुस्तक पूर्ण हुई है।

प्रश्न : आपने अनेक देशों का भ्रमण किया है, क्या आप वहाँ भी हिंदी के विषय में कुछ करते हैं?

हरीश नवल : मैं हिंदी हेतु ही विदेश जाता हूँ। अन्तरराष्ट्रीय हिंदी गोष्ठियाँ और सम्मेलनों के अतिरिक्त मैं विश्वविद्यालयों में 'विजिटिंग प्रवक्ता' के रूप में हिंदी और हिंदी व्यंग्य पर पेपर आदि प्रस्तुत करता हूँ। भारतीय प्रतिनिधि के रूप में मैं अब तक पचास देशों में जाने का अवसर प्राप्त कर चुका हूँ। सोफिया विश्वविद्यालय (बलगारिया) शेरवुड विश्वविद्यालय, वाशिंगटन वि.वि. (अमरीका) टोक्यो विश्वविद्यालय (जापान) लंदन विश्वविद्यालय (इंग्लैंड) और मॉरीशस विश्वविद्यालय में वक्तव्य दे सका हूँ। मैं प्रायः 'हिंदी व्यंग्य' संदर्भित संगोष्ठियों में शिरकत करता हूँ। ओमान, शारजाह, उज्बेकिस्तान, मॉरीशस, वियतनाम, थाईलैंड आदि देशों में व्यंग्य गोष्ठियों में नेतृत्व करने का अवसर भी मिला है।

प्रश्न : अपनी कुछ पुस्तकों के नाम बतायेंगे?

हरीश नवल : जी हाँ, 'बागपत के खरबूजे', 'पीली छत पर काला निशान', 'दिल्ली चढ़ी पहाड़', माफिया ज़िंदाबाद', 'दीनानाथ के हाथ', 'वाया पेरिस गाँधीवाद', 'इक्यावन व्यंग्य रचनाएँ', 'हरीश नवल : संकलित व्यंग्य', 'कुछ व्यंग्य की कुछ व्यंग्यकारों की', 'गाँधी जी का चश्मा', 'गौरतलब व्यंग्य', 'अथ गरीब चिंतन' और 'अमरीकी प्याले में भारतीय चाय' मेरी प्रतिनिधि व्यंग्य केंद्रित पुस्तकें हैं। इनके अतिरिक्त 'हिंदी रंगमंच', 'हिंदी नाटक : तीन दशक', 'मादक पदार्थ और पुलिस',

‘छोटे पर्दे का लेखन’, ‘शब्दों के झरोखों से’, ‘नव साहित्य की भूमिका’ अन्य विधाओं में हैं। एक बायोपिक उपन्यास ‘रेतीले टीले का राजहंस’ और एक व्यंग्य उपन्यास ‘बोगी नंबर 2003’ भी प्रकाशित हुआ है।

प्रश्न : अंतिम सवाल - आपका खुश रहने का क्या फार्मूला है? आपने कैंसर की लगभग अंतिम अवस्था में पहुँच कैंसर को हराया है, तब भी इतनी ऊर्जा कैसे?

हरीश नवल : स्वस्थ आशावादी दृष्टिकोण। दुनिया में रहते हुए भी उससे अलग रहने का प्रयास, परिवार के साथ सर्वाधिक समय हँस-खेल कर व्यतीत करना, शाकाहारी भोजन, मादक द्रव्यों का प्रयोग कदापि नहीं, चिन्ता न करने का स्वभाव और स्वयं तथा औरों पर विश्वास। सबसे सीखते रहना। बस यही फार्मूला है।

❏ ❏ ❏